序　言

把握好全球服务外包大发展这一历史机遇，对于我国无疑具有极为重要的现实意义和深远历史意义，尤其是"十二五"时期。

我国政府高度重视服务外包，出台了一系列促进政策，我国服务外包产业出现了前所未有的好势头。2011 年前三季度，服务外包产业的合同执行金额超过了 2010 年全年的总和。但理论研究滞后于产业发展，产业发展十分需要服务外包的研究专著。

王晓红博士近年来一直从事服务外包领域的研究工作。她的新著《中国服务外包：跨越发展与整体提升》立足于"十二五"的宏观背景，站在全球视野的角度，进行了较为全面、系统、前瞻性的研究，将对我国服务外包领域的理论研究、政策研究和实际操作层面产生积极影响。专著主要有以下几个特点：

一是注重全球视野和战略高度。专著运用翔实的数据和资料为我们描述了全球服务外包发展的现状、特点与趋势。分析了金融危机后，信息技术发展的新趋势、产业结构调整的新变化，将给未来国际服务外包产业带来持续增长空间，全球服务外包市场将呈现以信息技术外包（ITO）为主导，业务流程外包（BPO）、知识流程外包（KPO）快速增长的趋势，以及接包市场、外包业务价值链、交易方式、业务模式产生的变化与创新，这些对于我们及时把握和判断全球局势，正确制定自身战略具有重要作用。专著重点研究了我国服务外包产业"十一五"的形势和"十二五"的发展趋势。从服务外包产业规模、业务扩展、区域布局、聚集效应、企业结构、发包国家特点等方面，为我们刻画了"十一五"时期中国服务外包呈现的发展态势、基本格局和全球地位。同时提出了"十二五"的重大战略思路，其中包括：重点发展的服务外包领域、培育高端服务外包集群、培育具有世界影响力的服务外包企业和品牌、促进区域协调发展、在岸与离岸联动发展、推动服务外包开放发展等方面，这些观点把服务外包产业与我国服务经济、区域经济的大发展、大开放紧密联系在一起。

二是注重理论创新和指导作用。服务外包是一个新兴产业，其中许多理论问题都在探讨之中，比如，它的基本含义、理论框架等。作者总结了国内外专家学者、权威机构的服务外包理论创新成果，综合运用国际分工、规模经济、区域经济、产业经济、跨国直接投资等经济学理论，研究了国际服务外包的定义分类、产生基础、发展动因、技术外溢效应等问题，具有理论创新价值。尤其是运用上述理论研究了中国服务外包发展的重大实际问题，既有实践基础，又有理论根基。如，通过对21个示范城市的实证分析，研究了中国建设全球服务外包交易中心与交付中心的要素条件、综合竞争力测评方法；通过选取设计服务这一典型行业，对中国承接国际服务外包的技术外溢效应进行实证研究。这些研究对我们正确认识服务外包的发展意义，促进中国服务外包产业的合理布局，提升国际竞争力具有重要意义。

三是注重调查研究解决问题。作者把重点放在解决当前中国服务外包产业发展的瓶颈问题和政策障碍上，力求通过扎实的调查研究探讨解决路径。针对当前服务外包的产业结构、区域布局、园区发展、平台建设、人才培养、促进政策等一系列问题，通过对服务外包示范城市的政府部门、代表性企业、行业协会、培训机构、高等院校进行座谈走访、问卷调查等调研，获得了大量鲜活的一手资料。如，通过对苏州、成都、合肥服务外包人才队伍和专业化培训状况的调查，分析了我国人才需求和培训层面存在的问题，提出了加大财政补贴、创新培训模式、强化高级人才引进等一系列政策措施。通过对成都、西安、合肥、武汉、重庆的调研认为，应把发展服务外包作为中西部地区开放型经济发展的重要突破口。这些观点为中央制定相关政策提供了有力的支撑。

四是注重典型引路。专著突出对典型行业和典型案例的研究。作者选取了具有代表性的行业：软件与信息服务外包、设计服务外包、生物医药研发服务外包和商务服务外包，对其现状及发展趋势进行分析，这4个行业也是我国"十二五"时期着力发展的战略性新兴产业和新兴服务业。在案例研究中，作者选取了有代表性的

中国服务外包：
跨越发展与整体提升

王晓红 著

CHINA

OUTSOURCING

LEAPFROG

DEVELOPMENT

AND

UPGRADE

山西出版传媒集团　山西经济出版社

示范城市、园区、领军企业、培训机构的发展经验。这些案例可操作性强，其先进经验和做法对同业发展具有较高的示范价值。

五是注重借鉴国际经验。他山之石，可以攻玉。作者在研究我国服务外包促进政策时，重点研究了印度、爱尔兰、巴西、俄罗斯、菲律宾等主要承接国家的政策和经验，上述国家在制定产业规划、财税政策、人才培养、园区开发建设、知识产权保护、行业协会作用等方面都取得了成功经验，各具特色，为我国未来的政策制定提供了宝贵借鉴。

这是一本好书，我乐于推荐给读者。

朱晓明

中欧国际工商学院院长、管理学教授
《中国服务外包发展报告》主编

目　录

第一编　理论研究与总体分析

第二编　典型行业研究

第三编　调查研究与案例分析

第四编　国际经验与政策研究

导　言

一、研究意义与目的

　　服务外包作为全球信息技术发展与产业结构调整的强大引擎，已经成为 21 世纪以来经济全球化的重要推动力量，其历史影响之深远不可估量。它通过先进的信息技术手段使全球服务资源跨越时空概念得到重新组合与优化配置，通过外包方式加速了制造业和服务业分离，推动了全球服务专业化分工，使人类劳动生产率又一次得到了极大提高。服务外包带来了生产方式又一次重大而深刻的变革，由企业内大而全，企业间、产业间相对独立的传统生产方式，发展成为企业专业化、企业间相互协作、制造和服务融合互动的现代化生产方式。与此同时，服务外包也改变了传统的生活方式，由传统的面对面服务发展为虚拟网络的服务形态，为人类展现了一个由信息化驱动的、崭新的、现代的、丰富多彩的生活世界。由此可见，服务外包产业的发展，将推动企业组织方式创新、国际分工发展、全球服务业创新、产业结构整体优化和新兴服务业培育，尤其是服务外包所导致的全球产业链和价值链分工，将给发展中国家和新兴经济体带来历史性机遇。20 世纪 80~90 年代，许多发展中国家通过承接跨国公司制造业转移，从事代工生产活动而受益，在财富、技术、资金、人力资本等方面得到积累，完成了从农业国家向工业化国家的转型。与上一轮制造外包相比，新一轮服务业离岸的主要领域是软件与信息技术、生物制药、金融、物流、教育培训、研发设计、文化创意等高新技术产业和现代服务业，充分体现了知识密集、高附加值、高科技含量的特点。把握好服务外包机遇，对于发展中国家发挥后发优势，提高国际分工地位，实现由工业化向服务经济为主的产业结构转型无疑具有重要意义。

　　近年来，党中央、国务院高度重视发展服务外包产业，国务院副总理王岐山强调指出，我国发展服务外包产业具有难得机遇和独特优势，前景广阔，要把发展服务外包产业作为落实科学发展观的具体实践；加快发展服务外包产业是国务院作出的重要决策，发展好这个专业技能密集型产业，对当前保增长、促进就业，特别是高校毕业生就业，调整和优化产业结构，具有重要意义。[①]

我国作为国际服务外包主要目的地国家，具有较大的市场优势、人才优势、环境优势和制度优势。大力发展服务外包产业对于推动我国"十二五"时期经济发展方式转变，加快经济结构的战略性调整，尤其是推动服务业发展和开放具有极为重要的意义。主要体现在：有利于提高国际分工层次。20 世纪 90 年代中期以后，我们通过承接国际制造业转移成为全球制造基地，不仅实现了由初级产品向机电产品出口升级、由加工贸易向一般贸易的转型，而且催生了一批以电子信息技术为主的先进制造业发展。通过承接国际服务外包，参与新一轮的国际分工，将加快改变我国从事代工生产活动所处于价值链低端的国际分工地位，提升自主创新能力和高端价值链分工水平。有利于促进国内服务业大发展，服务外包作为一种新兴服务业态，能够推动我国由工业化向服务业为主的经济结构发展，尤其是加快培育高端服务业；有利于提高利用外资水平，国际服务外包作为一种新的外资形式，对于我们培育新的外资经济增长点，优化外资结构，提高外资质量都十分有益；有利于推动外贸发展方式转变，尤其是提高信息服务、金融、专利咨询、设计研发、文化教育等服务贸易出口，促进服务贸易发展；有利于促进企业组织创新、技术创新和管理模式创新，企业通过外包将更加注重在竞争中加强协作，在专业化中提高核心竞争力，在国际市场中谋求发展；有利于促进以大学生为主的知识群体就业，通过学习国际先进技术、知识和理念，加快国际化人才培养，提高人才素质。同时，服务外包作为低能耗、无污染的产业，有利于实现国家节能减排的目标。

本书基于上述国际国内背景和环境进行研究，其主要目的是为中国"十二五"时期发展服务外包产业提供理论依据和现实方法。

二、研究创新、难点及方法

（一）研究创新之处

近年来，服务外包已经成为国内外学者研究的热点领域，这方面的理论研究文章、专著可谓"海量"，国外学者从 20 世纪 90 年代开始关注这一问题，国内学者对

[①]新华社：《王岐山：努力将服务外包产业打造成新的增长亮点》，中央政府门户网站 www.gov.cn，2009 年 2 月 3 日。

这一领域的研究主要在 2005 年以后①，所涉及的理论主要包括：国际分工、国际贸易、国际直接投资、服务经济、合约理论、企业组织等方面，这些成果为本书的研究提供了重要的理论基础。

本书的突出特点是立足"十二五"，着重对国际服务外包的理论问题与现实发展进行前瞻性、可操作性的研究和探讨，着力点放在解决中国服务外包产业发展的一些重大问题。具有 3 个层面的意义：一是为学术界对服务外包理论的研究从宏观政策层面、理论层面、现实层面提供参考，二是为政府部门制定服务外包政策提供依据，三是为服务外包企业、服务外包城市、服务外包园区发展提供具体的经验和路径。

其主要创新之处体现在以下方面：

第一，理论层面。针对当前存在分歧的服务外包基本理论问题进行梳理和研究。如，服务外包的有关概念和边界。综合运用国际分工、国际贸易、国际投资、产业经济、区域经济等理论，研究了国际服务外包这一经济现象的理论根源，产生的驱动因素、发展趋势及影响等问题；通过对典型外包行业研究，证明了服务外包的技术外溢效应；通过对 21 个示范城市的实证分析，对中国建设全球服务外包交易中心与交付中心进行了科学评估。

第二，现实层面。本书对全球服务外包的现状、特点和趋势进行较为系统的分析。重点分析了中国服务外包产业发展的现状、趋势及"十二五"的发展思路。在行业层面，选择了 4 个具有代表性的行业：软件与信息服务外包、设计服务外包、医药研发服务外包、商务服务外包进行剖析；在区域层面，通过对中西部 5 个城市的调查，提出把发展服务外包作为提高中西部开放型经济水平突破口的思路；在瓶颈问题层面，抓住服务外包人才培养这一当前亟待解决的问题，通过对部分示范城市的调查提出解决路径。

第三，政策层面。重点研究了当前服务外包主要承接国家（印度、爱尔兰、巴西、俄罗斯、菲律宾等）促进服务外包发展的经验和政策，同时对我国服务外包产

---

①这一时期具有代表性和影响力的理论研究成果《服务外包与中国服务业发展丛书》（江小涓主编，2008），是我国最早研究服务外包的一套理论丛书。丛书由《服务全球化与服务外包：现状、趋势及理论分析》、《金融服务外包：国际趋势与中国选择》、《软件外包：技术外溢与能力提升》、《中国设计：服务外包与竞争力》、《承接服务外包：印度经验比较研究》、《全球服务外包与分工理论》等 6 部专著组成，从基本理论、重点行业、国际经验等方面对服务外包进行了系统研究。

业政策进行了梳理总结，将对于下一阶段我国制定服务外包政策提供借鉴。

第四，操作层面。本书选取了示范城市、示范园区、领军企业、培训机构的典型案例进行分析，通过研究其发展历程和发展经验，将从操作层面解决城市如何发展服务外包产业、服务外包园区如何建设、服务外包企业如何做大做强、培训机构如何加快发展等问题。

（二）研究难点

本书研究最大的难点问题是缺乏行业统计数据。目前，全球对服务外包行业没有建立官方统计体系，该行业主要使用国际数据公司的统计数据，由于各公司在统计口径、统计方法、统计边界上存在一定差异，其结果也不相同。我国服务外包统计制度刚刚建立，数据系统还很不完善，缺乏细化，尤其是许多业务流程外包缺乏单项数据，数据可得性较差给研究带来了困难。

（三）研究方法

本书运用理论与实际相结合，定性分析与定量分析相结合的方法对问题进行研究。主要采用了以下研究方法：一是文献和理论研究。本书搜集参阅了大量国内外相关文献资料，并运用有关经济学理论进行分析、综合判断和抽象。试图在理论体系框架下把握国际服务外包这一经济现象的本质特征和规律。二是比较研究。在政策研究中，通过对典型国家的政策比较，更加强了我国制定政策的针对性、有效性和可行性。三是问卷和调查研究。调查研究是本书获得大量第一手资料和数据的重要来源，也是本书最重要的研究方法。通过问卷调查，研究了承接国际设计服务外包的技术外溢效应；通过实地走访、座谈等调查，对中西部服务外包产业发展，以及我国服务外包人才培养问题进行研究。四是典型案例研究。"典型引路"也是本书的研究方法之一。这些典型案例极具示范价值，窥一斑而见全豹。五是注重使用权威性的数据。本书在研究中，尽可能使用有行业影响力、有权威性的数据，以增加研究的科学性和准确性。数据主要来源于3个方面，一是商务部等有关国家部委、行业协会的统计数据；二是国际数据公司的统计数据；三是被调查机构提供的数据。

三、结构安排与主要内容

全书分为4编，共13章。

第一编：理论研究与总体分析，包括第一、二、三、四、五章内容。侧重研究服务外包的一些重大理论问题，用有关理论框架对现实问题进行实证研究，对全球和中国服务外包发展的总体趋势进行分析。

第一章研究了国际服务外包的几个相关理论问题。研究了国际服务外包的概念与分类，通过对国内外学者的观点、主要国际行业机构的观点和我国目前服务外包定义分类的研究，得出相关结论。通过分析国际分工发展的主要阶段、当代国际分工的主要变化与趋势，以及服务外包带来的国际分工新变化和新进展，研究了国际服务外包产生的基础是国际分工，发展中国家的成本优势仍然是跨国公司服务业离岸的主要驱动因素，企业提高核心竞争力是服务外包发展的重要动因，技术外溢效应是发展中国家获得的主要收益。

第二章研究了全球服务外包发展的现状及趋势。分析认为，近年来全球服务外包市场以信息技术外包（以下简称"ITO"）为主导发展迅速，离岸市场持续扩大；发包方以美国发达国家为主，承接方以印度等发展中国家为主。未来5年，全球服务外包将呈现持续增长趋势，离岸市场仍有巨大增长空间，接包市场综合优势和多元化趋势明显，国际服务外包价值链由低端向高端发展，企业外包动因由成本驱动向构建核心能力转变，国际服务外包交易方式和业务模式不断创新。服务外包使发达国家和发展中国家共享全球化收益。

第三章为中国服务外包："十一五"回顾与"十二五"展望。分析认为，"十一五"时期中国服务外包产业增长迅速，初具规模；以ITO为基础逐步向业务流程外包（以下简称"BPO"）和知识流程外包（以下简称"KPO"）扩展，美国、日本和中国香港是主要发包方，服务外包主要集中在中国东部沿海地区，示范城市聚集效应明显，服务外包优势企业开始显现，民营和外资成为主要力量。但仍然存在着竞争力较弱、区域发展不平衡、缺乏科学规划和综合引导、人才匮乏、服务体系和法律法规不够完善等问题。从发展趋势判断，"十二五"时期将呈现良好发展态势，应把握以下战略思路：着力发展重点领域，加快形成一批高端服务外包产业集群；进一步优化区域布局，促进协调发展；积极培育具有世界影响力的服务外包企业和品牌；加快培养中高端服务外包人才；促进国际国内服务外包联动发展；打造服务外包公共服务平台；引进来和走出去相结合推动服务外包开放发展；建立与国际接轨的服务外包技术标准。

第四章研究了中国承接国际服务外包的技术外溢效应。运用技术外溢理论，通过选取设计服务这一典型行业，对80家设计公司承接国际设计外包业务进行问卷调查和实证研究，证明了承接国际服务外包存在显著的外溢效应。通过承接国际设计外包业务，本土公司业务规模扩大、利润显著提高，学习速度、设计能力、服务水平得到提升，价值链不断向高端延伸，开拓国际市场、品牌创建的能力得到增强；外资设计公司通过承接本土业务的竞争效应和示范效应，促进了本土制造企业和设计公司的竞争力提升。外溢效应对国内企业迅速掌握国际前沿知识与规范、做大做强、创建自主品牌、实现国际化发展、延伸产业链和提升价值链具有重要意义。

第五章为建设国际服务外包交易中心与交付中心的分析。通过运用分工理论、规模经济、区域经济和产业经济等理论，研究了服务外包交易中心和交付中心形成的要素条件以及综合竞争力的测评方法。通过对 21 个示范城市的实证分析，认为，北京、上海有可能成为未来全球服务外包交易中心，大连有可能成为区域性交易中心。南京、无锡、苏州、成都、西安、武汉有可能形成全球或区域性服务外包交付中心。中国有条件构建承接国际服务外包全产业链和价值链的布局，发展服务外包产业有必要、也有可能在示范城市之间形成错位竞争、梯度发展的格局。

第二编：典型行业研究，包括第六、七、八、九章内容。选取 4 个典型外包行业：软件与信息服务外包、设计服务外包、生物医药研发服务外包和商务服务外包进行分析。这 4 个行业是近年来发展速度快、影响范围大、吸纳就业能力强、对于结构调整和新兴战略性产业发展贡献突出的行业。各章分别从基本概念、全球发展趋势、中国发展现状与趋势进行研究。

第六章为中国软件与信息服务外包的发展及趋势。描述了全球软件与信息服务外包现状及发展趋势。认为，中国软件与信息服务外包增长势头强劲、吸纳就业能力增强、业务结构调整逐步高端化，基本形成了国际国内市场双向拓展的格局，企业实力逐步增强，但存在着企业规模较小、缺乏核心竞争力、业务较低端、服务品质待升级、人才结构不合理、人才培养与管理较弱、市场规范化滞后、相关法律和政策配套措施有待完善等问题。从趋势判断来看，离岸外包逐渐向高层次、多元化发展，在岸外包市场将不断扩大，企业整合并购趋势明显，业务交付模式创新多样化。

第七章为中国设计服务外包的发展及趋势。描述了全球设计服务离岸外包的现状、原因、特点及趋势。认为，信息技术的空前发展为设计离岸外包提供技术支持，降低创新成本、强化构建企业核心竞争力是主要驱动因素，各国不同的比较优势加速了设计外包全球化发展。其主要特点是以设计资源协作为基础的分包协作成为主要方式，发达国家仍占据主导地位，设计服务向发展中国家转移趋势明显。分析了中国承接国际设计服务外包的现状、主要特点及趋势。中国基本具备了全面承接国际设计服务外包的能力，逐步形成了宽领域、多层次的格局，跨国公司设计机构加速转移，外资设计公司在华业务活跃，本土设计公司竞争力不断增强。从趋势判断来看，将呈现出中国设计创新能力不断增强，国际设计外包市场进一步扩大，国内外设计机构持续快速发展，设计人力成本优势继续保持的良好态势。

第八章为中国医药研发服务外包的发展及趋势。描述了全球医药研发外包的现状及趋势。认为，全球医药研发增长态势强劲，美国占主要份额，欧洲和日本市场具有较好的成长性，印度等发展中国家具有较大的承接优势，未来向亚洲国家转移的势头加快，医药研发外包联盟、并购重组趋势更加明显。重点研究了中国医药研发外包发展的现状、问题与趋势，认为，中国医药研发外包总体发展迅速，企业发展较快，专业性人才优势和成本优势突出，专业园区和产业基地集聚示范效应初步显现；从趋势判断来看，将呈现出国内外医药研发外包市场规模持续扩大，行业集中度、专业化及综合化水平大幅提高，战略联盟将成为我国医药研发企业提高国际竞争力的主要模式，欧洲、美国和日本等发达地区和国家仍是主要发包来源地。

第九章为中国商务服务外包的发展及趋势。描述了全球商务服务外包的发展现状、特点及趋势。认为，商务服务外包已经成为BPO业务的主要增长点，北美、欧洲和日本是主要发包地区，承接国逐步向发展中国家转移。中国承接国际商务服务外包发展速度较快，业务范围迅速扩展，发包方主要来自中国香港，欧洲，美国、日本等地区和国家，外资企业占据明显优势。从趋势判断来看，国际国内商务服务外包市场需求旺盛，大规模的就业队伍和教育资源储备为中国商务服务外包提供人才保障，一线城市和区域中心城市仍是商务服务外包发展的主要区域。

第三编：调查研究与案例分析，包括第十、十一、十二章内容。

第十章是对我国服务外包人才队伍和专业化培训状况的调查。通过对苏州、成都、合肥的调查，总结了3个城市在制定服务外包人才培养政策，加强财政资金支持，探索"学分互换"、产学研相结合的培训模式，建立高校、企业、培训机构、协会共同合作的培训服务体系，形成特色专业培训，建设培训平台，加快高级人才引进等方面的成功经验。从服务外包人才需求层面、培训层面分析了存在的主要问题：服务外包人才总量缺口较大、高端人才短缺、能力较弱、流动性较强，优秀高等院校和高级培训机构参与程度低，服务外包培训以中低端为主，教学与企业需求脱节，专业师资队伍难以满足需要，缺乏人才培养标准和认证体系，财政资金支持力度不够等。提出了加大财政补贴，创新培训模式，加强培训平台建设，加强培训的组织规划、管理和宣传，强化高级人才引进等政策措施。

第十一章是对中西部城市服务外包产业发展的调查。通过对合肥、武汉、西安、重庆、成都 5 个示范城市的调研认为，应把发展服务外包作为中西部开放型经济发展的突破口。调研认为，中西部 5 个城市服务外包产业发展势头强劲，人才优势、成本优势和环境优势已经显现，政策服务环境明显改善，服务外包培训体系逐步形成，逐步成为服务外包交付中心，并提出了实行服务外包区域差别政策，建立服务外包人才培养体系，不断完善服务外包政策体系，继续发挥跨国公司的示范带动作用，积极培育国内服务外包市场等政策建议。

第十二章为案例研究。从不同侧面分别选取了具有典型意义的案例进行解剖，这些案例代表了不同的区域、不同的领域，从城市层面、园区层面、企业层面、培训机构层面探讨服务外包发展路径，提供经验和示范。在服务外包城市发展案例中，选取了苏州和昆山两个不同层级城市的经验；在服务外包园区发展案例中，选取了苏州工业园区、天府软件园、合肥高新区动漫产业园的经验；在服务外包企业发展案例中，选取了博彦科技、瑞友科技的经验；在服务外包培训机构和平台发展案例中，选取了维多利亚加中教育集团、欧索软件公司、西源软件、成都信息工程学院、成都服务外包在线培训平台的经验。

第四编：国际经验与政策研究（第十三章）。

重点介绍了印度、爱尔兰、巴西、俄罗斯、菲律宾以及埃及、墨西哥促进服务外包产业发展的经验。这些国家的政府都十分注重对服务外包的政策扶持，制订产业发展计划，实行税收优惠和财政资金补贴，建立多层次的外包人才培养和教育体系，注重外包园区开发建设，严格完善知识产权保护体系，充分发挥行业协会作用。同时，对我国服务外包政策进行梳理。认为，我国形成了较完善的服务外包政策支持体系，形成了在宏观政策、专项政策、地方政策上相互呼应的政策组合。但存在政策门槛标准过高、覆盖范围过窄、针对性不够强、知识产权保护不力、统计政策不健全等问题。并提出，应针对服务外包产业发展实际，完善创新财税优惠政策，强调离岸外包与服务业发展、在岸外包的政策组合，政策适用范围应由示范城市向全国覆盖，加强服务外包产业政策的分行业、分区域研究，加大教育和培训投入及高端人才引进政策力度，建立与国际接轨又适合国情的统计标准体系和知识产权保护法律法规体系等建议。

第一编 理论研究与总体分析

第一章 国际服务外包的几个相关理论问题

全球离岸外包兴起于 20 世纪 80 年代的制造业领域，到 90 年代，随着跨国公司制造业向发展中国家大量转移，许多发展中国家为发达国家从事代工生产活动，全球制造外包达到高潮。进入 21 世纪以来，伴随着跨国公司制造业外包规模的不断扩大，对制造业具有支撑性作用的生产性服务业需求越来越强，由此而引发了大量服务业的离岸。因此，以服务业转移为主要特征，服务外包产业为主要载体的新一轮全球产业转移，正在从兴起逐步走向高潮。与此同时，发展中国家经过长期改革开放，不断发展积累，产业结构不断优化升级，人力资源水平不断提高，招商引资环境不断改善，已经具备了承接发达国家服务外包的条件。随着全球化的深入，与上一轮全球制造外包相比，国际服务外包在企业离岸的性质、目的、内涵、模式等方面都发生了深刻的变化，其概念的内涵和外延在不断拓展。本章着重从国际服务外包的概念、经济理论意义层面进行分析。

一、国际服务外包的概念与分类

（一）离岸外包概念的界定

1. 企业业务外包的基本概念

企业业务外包（Outsourcing），是企业战略的重大转变，也是经营管理理念的重要创新。传统意义认为，外包是企业为了降低成本、提高效益，把部分非关键性业务以合约方式委托给公司之外的生产或服务供应商。根据业务形态来划分，外包可分为制造外包和服务外包，制造外包指将部分生产加工环节进行外包，服务外包指将部分服务环节进行外包。根据地理分布状况来划分，外包又可以划分为两种类型：在岸（Onshoring）外包和离岸（Offshoring）外包。在岸（国内）外包指外包商与其供应商来自同一国家，生产或服务活动在国内完成。离岸（国际）外包则指外包商与其供应商来自不同国家，生产或服务活动跨国完成。由于劳动力成本的差异，外包商通常来自成本高的国家。如，欧洲、美国和日本等发达地区和国家，外包供应商则来自劳动力成本较低的国家。如，印度、中国等发展中国家。

2. 国外学者的相关阐述

关于离岸外包的概念，许多国外学者有过阐述。Loh 和 Venkatraman（1992）通过研究信息技术（以下简称"IT"）业外包对"企业业务外包"进行了定义，他们分析认为，"企业业务外包"是由外部供应商所分担的实物或人力资源以及与两者相关的，或 IT 基础结构在消费者组织中的特定组成部分。从这一定义可以看出，外包可以是货物或服务，但它一定发生在企业外部。Robet D.Atkinson（2004）通过研究美国 IT 服务外包认为，"企业业务外包"，就是由一家公司与另一家公司签订合同去经营指定商业任务的过程，公司可以外包工作给美国本土公司，也可以外包给其他国家的公司。他们还认为，人们真正抱怨的"企业业务外包"其实是离岸。"当美国公司将分支机构设在海外时，将有关的工作转移到这些国家，其中包括货物和服务两类。"David L.Levy（2005）认为，"离岸"通常是指将特定的生产商业活动转包给外国公司或供应商，尽管不需要是独立企业。也就是说，它包括跨国公司与国外子公司之间的企业内部贸易；"企业业务外包"则是指转包给独立公司，其中包括国内公司或国外公司。Marcia Robinson 和 Ravi Kalakota（2004）认为，"离岸"是企业将价值链的部分或全部转移到低成本地区，它取决于通过劳动力或技术套汇的成本管理。因此，"离岸外包"是一种行政管理的授权，也就是将工程、研发或技术支持工序给低成本地区的第三方供应商。拉胡·森（Rahul Sen）、M. 沙伊杜·伊斯兰（M.Shahidul Islam）（2005）认为：外包现象就是企业战略地运用外部资源来进行过去用本地人力物力进行的经济活动。

3. 国内学者的相关阐述

随着服务外包在中国迅速发展，中国学者也逐渐开始关注和研究这一经济现象。江小涓（2008）认为，服务外包是指服务产品生产过程中的部分流程或制造品生产过程中的部分服务环节从特定企业内部以合同方式转移到企业外部完成，服务业务委托方称为发包方，服务提供商称为接包方。如果外包合同的发包方与接包方属于不同的国家，则称为国际服务外包或离岸外包。如：提供服务的员工在中国，服务对象在国外，中方业务不直接向市场提供，而是海外公司整体业务中的一部分。这是国际服务外包的典型形态。企业签订境外供应合约完成过去在内部进行的服务活动。其中有两个要素：一是将原本在企业内部的业务外移出去；二是包出去的业务还是企业整体业务的组成部分，只是合约方式从境外供给。詹晓宁、邢厚媛（2005）认为，服务外包是指作为生产经营者的业主将服务流程以商业形式发包给本企业以外的服务提供者的经济活动。服务外包的本质，是企业以价值链管理为基础，将其非核心业务通过合同方式发包，分包或转包给本企业之外的服务提供者，以提高生产要素和资源配置效率的跨国生产组织模式。章嘉林（2004）认为，所谓外包，是指企业将自己的一部分生产和劳务分包出去，利用外界的劳动力（通常较低廉）来完成，从而减少公司的雇员，达到节省劳工成本、提高竞争力的目的。

通过上述分析判断，可以得出如下结论。

第一，离岸外包是指企业充分利用国际资源和企业外部资源，为了降低服务成本、提高效率，将生产、服务转移到海外其他企业的一种经营行为。也就是说，它首先是一种跨国交易行为，其交易活动发生在企业外部。因此，它是企业外部性的表现，也是经济全球化不断发展的结果。通过表1-1可以看出离岸外包中企业间的关系。第二，离岸外包是基于发达国家跨国公司利用发展中国家的成本优势进行的产业转移活动，这也是离岸外包发生的基础条件。第三，离岸外包主要转移非核心业务，这是由企业强化核心业务的目标所决定的。

表1-1　离岸外包中的企业关系

承接企业	发包企业
外资公司	海外子公司、其他海外公司、本土公司
本土公司	海外公司

（二）主要机构对于国际服务外包的概念界定与分类

1. 基于服务贸易对于国际服务外包的定义与分类

国际服务外包首先是一种跨境服务活动，因此，它是服务贸易的一种方式。因此，广义的国际服务外包可以定义为，发包方依据服务贸易协议将某项服务活动委托授权给境外服务提供商执行。根据世界贸易组织《服务贸易总协定》的分类标准，国际服务外包可分为：商务服务外包、金融服务外包、物流服务外包、通信服务外包、健康服务外包、建筑和工程服务外包、教育服务外包、环境服务外包、旅游服务外包、文化创意服务外包、运输服务外包等。[①]

---

① 世界贸易组织将服务贸易分为商业服务、通信服务、建筑及相关的工程服务、分销服务、教育服务、环境服务、金融服务、与医疗有关的服务与社会服务、旅游及与旅行有关的服务、娱乐文化和体育服务、运输服务、其他服务等12个类别。每个部门下又再分为若干分部门，共计155个分部门。

2. Gartner 基于信息技术服务对服务外包的定义与分类

Gartner 公司按最终用户与 IT 服务提供商所使用的主要购买方法把 IT 服务市场分为离散式服务（特定项目的合约安排）和外包服务。服务外包是指多年期合约公司，在特定的功能、服务条款上，持续性地提供服务。除持续提供 IT 服务外，外包也对服务提供商进行某种管理职责的转移。服务外包包括：管理 IT 基础设施（数据中心、桌面或网络）、企业应用与业务流程等。外包协议通常包括来自于管理类别、交易处理、细分业务管理方面的服务，并且可能包括产品支持、咨询以及开发与集成服务等。[①]

Gartner 将服务外包分为 ITO 和 BPO。ITO 包括产品支持与专业服务，用于向客户提供 IT 基础设施和企业应用服务，ITO 进一步细分成数据中心、桌面、网络与企业应用外包等。BPO 则是"把一个或多个 IT 密集型业务流程委托给一家外部提供商，让它拥有管理和控制选定的流程"。业务流程包括：物流、采购、人力资源、财务会计、客户关系管理、其他管理或面向消费者的业务功能等。具体业务分类包括：①客户需求管理；②供应管理（采购、仓储/库存管理、物流与运输、分销、供应链规划及管理流程等）；③企业服务（人力资源、财务与会计、支付服务、行政管理）；④运营服务（金融服务、政务与教育、制造、零售、批发与运输业务、卫生保健、通信与公共事业）。

Gartner 将服务外包交付模式划分为：①现场服务是在客户所在地点进行交付的。如，项目管理、客户接口与业务分析等。②本土/非现场服务是通过一个卓越中心、共享式服务中心或开发中心进行远程交付的。如，软件系统集成与测试等。③近岸服务是从一个邻近国家进行交付的。④离岸服务是在位于远离客户位置的国家内的中心进行交付的。

3. IDC 对于服务外包的定义与分类

IDC 公司认为，服务外包是企业为了将有限资源专注于其核心竞争力，以信息技术为依托，利用外部专业服务商的知识劳动力来完成原来由企业内部完成的工作，从而达到降低成本，提高效率，提升企业对市场环境迅速应变能力并优化企业核心竞争力的一种服务模式。双方签订多年或基于年金的合约，服务商按照条约规定的功能、服务水准持续性地为发包企业提供服务。

服务外包按照业务类型可划分为 IT 服务、业务流程服务和研发设计服务（图

---

① 洪刚：《外包定义与国际市场》，现代服务业招商网 www.shzhaoshang.net，2009 年 7 月 3 日。

1-1)。按照服务交付的地理分布可划分为离岸、近岸和在岸。离岸市场指服务承接方的交付资源位于发包方总部所在地之外的国家。近岸市场指转移方和承接方来自于邻近国家。在岸市场指在发包方总部所在地签订合同，服务交付资源也位于同一区域。

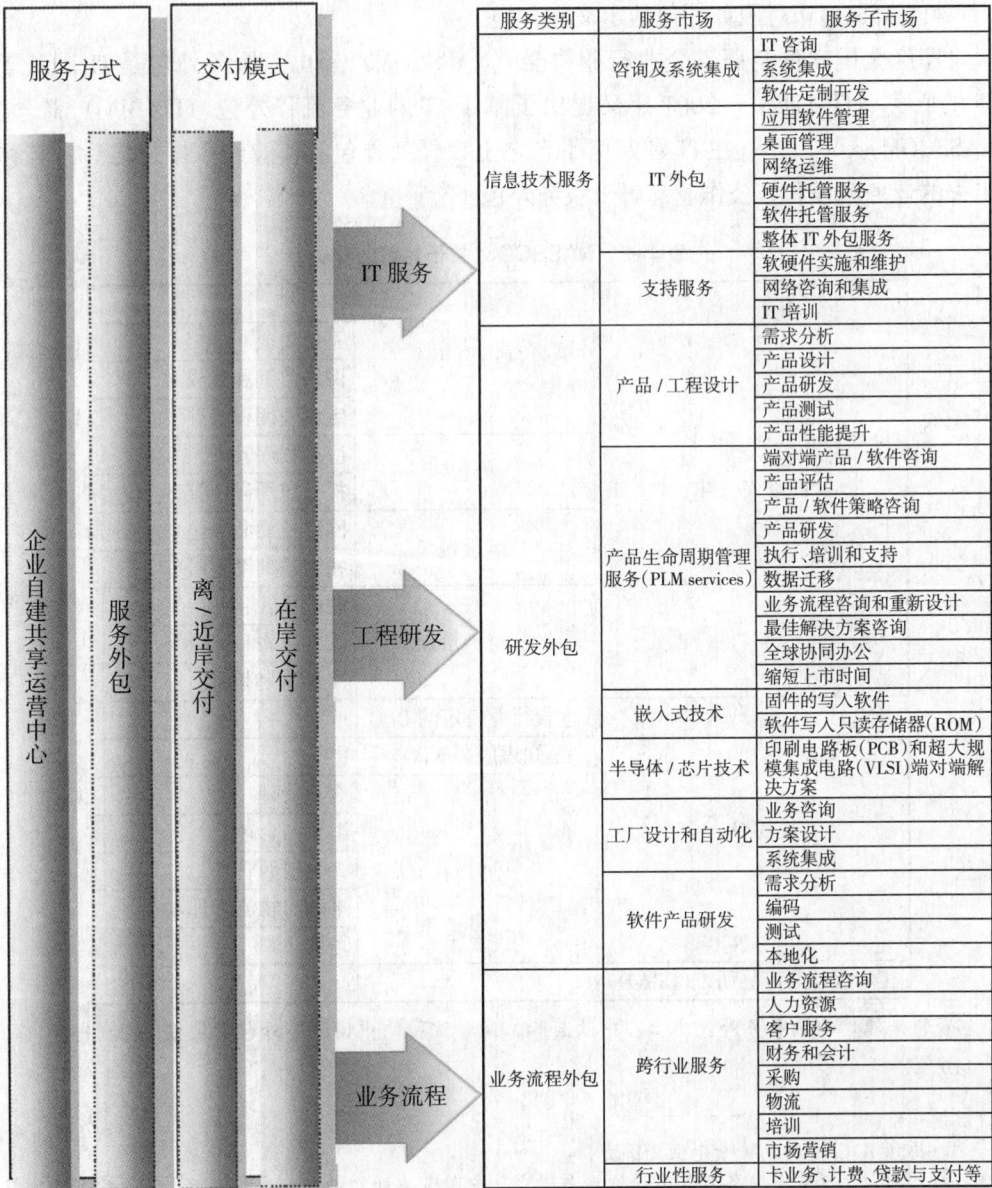

服务类别	服务市场	服务子市场
信息技术服务	咨询及系统集成	IT 咨询
		系统集成
		软件定制开发
	IT 外包	应用软件管理
		桌面管理
		网络运维
		硬件托管服务
		软件托管服务
		整体 IT 外包服务
	支持服务	软硬件实施和维护
		网络咨询和集成
		IT 培训
研发外包	产品 / 工程设计	需求分析
		产品设计
		产品研发
		产品测试
		产品性能提升
	产品生命周期管理服务（PLM services）	端对端产品 / 软件咨询
		产品评估
		产品 / 软件策略咨询
		产品研发
		执行、培训和支持
		数据迁移
		业务流程咨询和重新设计
		最佳解决方案咨询
		全球协同办公
		缩短上市时间
	嵌入式技术	固件的写入软件
		软件写入只读存储器（ROM）
	半导体 / 芯片技术	印刷电路板（PCB）和超大规模集成电路（VLSI）端对端解决方案
	工厂设计和自动化	业务咨询
		方案设计
		系统集成
	软件产品研发	需求分析
		编码
		测试
		本地化
业务流程外包	跨行业服务	业务流程咨询
		人力资源
		客户服务
		财务和会计
		采购
		物流
		培训
		市场营销
	行业性服务	卡业务、计费、贷款与支付等

图1-1 IDC 服务外包市场的范围

数字媒体和检验检疫为服务外包新的研究领域。数字媒体涉及动漫、游戏、影视作品后期制作、广告设计等相关的设计和制作，不包括公司相关的自创业务；检验检疫属于检测与认证的范围，包括检验检疫、行业标准认定等具体内容。[①]

4. NASSCOM 对服务外包的定义与分类

印度全国软件与服务企业行业协会（NASSCOM）提出，服务外包是 IT 和基于 IT 的服务（IT-ITES），2007 年又提出了基于 IT 的业务流程外包（IT-BPO）概念。NASSCOM 认为，建立在 IT 和网络平台之上，任何外包的作业经数据化之后，转移出去的业务流程和办公作业都属于服务外包。[②]

表 1-2　NASSCOM 关于外包的分类

IT 服务支出	基于工程	IT 咨询
		系统集成
		网络咨询和集成
		定制应用程序开发
	外包	应用程序管理
		托管应用程序管理
	IS 外包	网络及桌面外包
		托管基础设施服务
	支持和培训	硬件部署和支持
		软件部署和支持
		IT 教育和培训
BPO	垂直行业特定的 BPO	
	知识服务 KPO	
		客户管理
		财务与会计
		人力资源管理
		采购与物流管理
		培训
工程设计与产品研发（ER&D）		

资料来源　中国服务外包中心、中欧国际工商学院：《中国服务外包发展报告 2010-2011》，第 119 页。

---

① 感谢 IDC 公司武联峰先生提供资料。
② 江维：《关于完善服务外包统计体系刍议》，见中国服务外包中心、中欧国际工商学院：《中国服务外包发展报告 2010-2011》，第 119 页。

（三）我国目前对服务外包的定义与分类

目前，我国将服务外包定义为，企业（发包商）将信息系统构架、应用管理和业务流程优化等业务，发包给本企业以外的服务提供者（承接商），以降低成本、优化产业链，提升核心竞争力。[①]国际服务外包则指境内企业承接境外的服务外包业务。

服务外包分为三类：信息技术外包（ITO）、业务流程外包（BPO）、知识流程外包（KPO）。ITO 是服务外包的基础，随着 IT 服务需求不断扩大，交付方式逐步成熟，以及发包企业对信息服务需求范围在业务流程领域的快速拓展，服务外包的范围逐步拓展到 BPO 领域。KPO 则是 BPO 业务高端的延伸发展，其核心是通过提供专业知识为客户创造价值，具有高附加值、高利润率的特点。表 1-3 说明了 ITO、BPO、KPO 的业务范围。

表 1-3　ITO 、BPO、KPO 的业务范围

	类　别	适　用　范　围
信息技术外包服务（ITO）	**软件研发及外包**	
	软件研发及开发服务	用于金融、政府、教育、制造、零售、服务、能源、物流和交通、媒体、电信、公共事业和医疗卫生等行业，为用户的运营 / 生产 / 供应链 / 客户关系 / 人力资源和财务管理、计算机辅助设计 / 工程等业务进行软件开发，定制软件开发，嵌入式软件、套装软件开发，系统软件开发、软件测试等
	软件技术服务	软件咨询、维护、培训、测试等技术性服务
	信息技术研发服务外包	
	集成电路设计	集成电路产品设计以及相关技术支持服务等
	提供电子商务平台	为电子贸易服务提供信息平台等
	测试平台	为软件和集成电路的开发运用提供测试平台
	信息系统运营维护外包	
	信息系统运营和维护服务	客户内部信息系统集成、网络管理、桌面管理与维护服务;信息工程、地理信息系统、远程维护等信息系统应用服务
	基础信息技术服务	基础信息技术管理平台整合等基础信息技术服务(IT 基础设施管理、数据中心、托管中心、安全服务、通讯服务等)

[①]规划编写组:《中国国际服务外包产业发展规划纲要 2011-2015》,2011 年 5 月。

续表

	类 别	适用范围
技术性业务流程外包服务（BPO）	企业业务流程设计服务	为客户企业提供内部管理、业务运作等流程设计服务
	企业内部管理数据库服务	为客户企业提供后台管理、人力资源管理、财务、审计与税务管理、金融支付服务、医疗数据及其他内部管理业务的数据分析、数据挖掘、数据管理、数据使用的服务；承接客户专业数据处理、分析和整合服务
	企业运营数据库服务	为客户企业提供技术研发服务，为企业经营、销售、产品售后服务提供的应用客户分析、数据库管理等服务。主要包括金融服务业务、政务与教育业务、制造业务和生命科学、零售和批发与运输业务、卫生保健业务、通讯与公共事业业务、呼叫中心等
	企业供应链管理数据库服务	为客户提供采购、物流的整体方案设计及数据库服务
技术性知识流程外包（KPO）		知识产权研究、医药和生物技术研发和测试、产品技术研发、工业设计、分析学和数据挖掘、动漫及网游设计研发、教育课件研发、工程设计等领域

资料来源：商务部网站。

2008 年，中国国际投资促进会调查选取了 237 家服务外包企业，将垂直行业分为金融服务、政府和教育、制造、零售、服务、能源、运输、卫生健康等八大类。统计结果，中国服务外包企业主要服务于服务业（含通信）、金融服务、卫生健康、制造业、政府和教育五大行业。因此，ITO、BPO、KPO 作为不同的服务模式，主要服务于金融、制造、通信、零售、能源、物流、创意、医疗卫生等垂直行业市场（表 1-4）。

表 1-4 ITO、BPO、KPO 与垂直行业的关系

行业		ITO						BPO				KPO		
		软件咨询	解决方案	软件开发与测试	IT基础设施服务	维护与服务	软件本地化开发	客户服务	人力资源管理	财务会计	数据处理	研究	设计	开发
金融	银行													
	保险													
	证券													
	期货													
零售														
政府	中央													
	地方													
教育	普通教育													
	职业教育													
	培训													
通信	产品													
	运营服务													
制造	制药													
	汽车													
	石化													
	轻纺													
	船舶													
能源	电力													
	石油													
	煤炭													
	新能源													
物流	交通运输													
	仓储													
	供应链管理													
创意	动漫网游													
	设计													
	音乐													
	影视													
	出版													
医疗卫生	医院													

二、国际分工是国际服务外包产生发展的基础

国际分工指世界各国不同的产业分工，它是产生国际贸易和世界市场的前提条件，而国际分工的前提主要源自于比较优势，即各国比较优势的不同而导致在全球价值链中的不同分工地位。

(一) 国际分工发展的主要阶段

国际分工发展大致经历了 4 个阶段。[1]

第一阶段：国际分工的萌芽阶段（15 世纪末 ~16 世纪上半期）。这一时期里，随着手工业向工场手工业的过渡，资本主义进入了原始积累时期，西欧国家推行殖民政策，对殖民地国家进行掠夺式开发和种植，出现了宗主国与殖民地之间最初的分工形式。

第二阶段：国际分工的发展阶段（18 世纪 60 年代 ~19 世纪 60 年代）。随着产业革命的完成，英国等西方国家建立了大机器工业，资本主义生产方式得到完全确立，生产能力得到迅速扩张，因此，国际分工基本上是以英国为中心形成的，在英国的分工体系下安排分工，英国成为世界工厂，而世界各国"成为英国工业品的销售市场，同时又供给它原料和粮食"。[2]

第三阶段：国际分工体系的形成阶段（19 世纪 70 年代 ~1945 年之前）。在此期间，第二次科技革命发生，一些国家完成了产业革命，由自由资本主义过渡到帝国主义，资本输出代替商品输出占统治地位，国际分工中心从英国发展到数国，形成了以经济部门为主的国际分工关系。如，挪威专门生产铝、比利时专门生产铁和钢，芬兰专门生产木材加工产品等。国际分工体系的形成，加强了世界各国经济的相互依赖关系以及对国际分工的依赖性。正如"德国的铁制品不仅销售到欧洲邻近诸国，而且远达南美与澳洲。皮革制品由德国输往所有的欧洲国家；玻璃制品、砂糖、手套等输往英国、美国和印度，几乎行销全世界所有经商的国家。另一方面，德国国民不管在生产上还是日常消费上，每一步都免不掉依赖外国及其他国民的产品。由

---

① 薛荣久：《国际贸易》，第 37 页，成都，四川人民出版社，1994 年 8 月。
② 恩格斯：《英国工人阶级状况》，《马克思恩格斯全集》，第 22 卷，第 375 页，北京，人民出版社，1965 年。

此可见，我们在德国得以生活与劳动，差不多都是依赖所有国家与国民为我们服务，而我们也是为所有国家服务。"①

第四阶段：当代国际分工阶段（1945年至今）。第二次世界大战以后，由于新科学与新技术的发展，尤其是现代信息技术的迅速发展和广泛使用，出现了部门内分工加强的趋势，而且部门内的分工越来越多地跨越国界，形成国与国之间的部门内分工。发达国家与发展中国家之间的工业分工在发展，出现了简单加工与复杂加工工业间的分工；劳动密集型工业、资本密集型与技术知识密集型工业间的分工；劳动密集型工序或零部件生产与资本密集型和技术知识密集型工序或零部件生产之间的分工。发展中国家开始广泛深入地参与国际分工，出现了世界性的分工格局。国际分工的客体从有形商品向无形服务和技术方面发展。各国参与国际分工的形式呈现出多样化、垂直型分工与水平分工交互发展的趋势。

（二）当代国际分工的主要变化与趋势

与前几个阶段的国际分工相比，以现代信息技术和高新技术发展为基础的当代国际分工主要呈现出以下趋势和特点。

1. 以国家主导的产业分工向以跨国公司为主导的企业内分工转变

20世纪50年代之后，国际分工主要表现为以跨国公司为载体的企业内分工，即由跨国公司主导的全球生产网络的产品内分工。第二次世界大战以后，发达国家跨国公司获得了蓬勃发展，跨国公司将各国作为生产车间在全球范围进行产业布局，将同一产品的不同工序、生产和服务环节分布在世界各地，世界经济体系的联系由传统的"国际贸易网络"转变为"全球生产网络"，国际分工由产业间的分工转向产品内分工，跨国公司通过全球生产网络将全球资源整合到国际分工体系中来，形成一个基于分工网络的共同利益。在从传统的产业间分工、产业内分工向产品内不同工序、区段、环节和流程分工转变的过程中，产品的价值链被分解了，导致国与国之间的优势更多地体现为价值链上某一特定环节上的优势，这一分工特点对于发展中国家具有尤为重要的意义，只要发展中国家在某一方面具有比较优势，都可以在国际分工的产业链条中找到自己的位置，获得发展机会。

2. 跨国公司的全球一体化战略使国际分工加速向发展中国家扩展

在跨国公司以成本为主导、以利润最大化为原则的全球一体化生产布局下，发

---

① 卢森堡：《国民经济学入门》，彭尘舜译，第18~19页，上海，三联书店，1962年3月。

展中国家被广泛地纳入其全球产业链分工，发展中国家参与国际分工的领域和范围越来越广泛。其主要原因，除自然要素资源禀赋外，全球信息技术的大发展，发展中国家技术进步能力、人力资本水平不断提高，以及边干边学效应不断增强等都是重要因素。

Frobel（1977）分析了新国际分工发生的根本原因，一是技术进步使得距离和地理位置对于生产的重要性减少；二是技术进步、企业组织的改进使得复杂的生产过程可以分解为基本的简单步骤，即便是受教育很少的人也可以很快学会；三是发展中国家提供了大量廉价劳动力。Krugman（1987）提出的贸易模型认为，比较优势不是由一国的资源禀赋所决定的，而是通过"干中学"的过程动态演变的。在他的模型中，一国一旦确立了某种专业化模式，该模式将具有随时间而巩固的趋势。Lucas（1988）考察了边干边学与比较优势的演变，认为，在均衡状态下，一国的生产模式是由其比较优势所决定的，每一个国家所生产的产品都是与其所拥有的人力资源禀赋相对应的，由于"干中学"的效应，一国将会积累其所擅长生产的技术，从而强化其比较优势。Young（1991）考察了边干边学对国际贸易的动态影响，认为在某一产业中存在的边干边学效应能够溢出到其他的产业，存在外部性的边干边学也会使得新产品的引入成为可能。Dollar（1993）的研究证明，教育的强大投资和外向型经济是发展中经济体保持了经济持续增长的两个关键因素。发展中国家之所以具有赶超发达国家的可能性，是因为其优势在于可以借助来自发达国家的技术。他通过对亚洲的中国香港、台湾，新加坡等地区经济增长的分析，认为跨国公司通过直接投资方式，使当地企业学到了新的技术、新的工艺流程和产品，这些与当地优质的教育水平相结合，实现了经济的内生增长和产业结构升级，尤其是一些重工业取得了较高的生产率，产生了大量的现代技术。查尔斯·P.金德尔伯格与布鲁斯·赫里克（Charles P. Kindleberger&Bruce Herrick）认为，"天赋要素并不是固定不变的。物质资本、人力资源，甚至自然资源会随着时间和技术的进步而变化。他们也会由于资本和劳力的国际转移而变化。在贸易为资本形成和劳动培训敞开机会的国家，以及在中间产品（它本身就是生产要素）的出口在总产出中占极大比重的国家，与其说是天赋要素解释了贸易，不如说是贸易解释了天赋要素的水平。"[1]这些理论基本解

---

[1] 〔美〕查尔斯·P.金德尔伯格、布鲁斯·赫里克：《经济发展》，第 322 页，上海，上海译文出版社，1986 年 2 月。

释了国际分工向发展中国家扩展的原因。

3. 离岸外包成为当代国际分工中产业转移的主要形式

外包作为一种新的生产方式起于 19 世纪上半叶，由于社会分工和专业化的发展，个人或家庭越来越可以将生产活动集中于较少的几种简单操作上进行独立生产，这种独立的个人生产者数量不断发展，并使他们直接与商人建立固定的订货关系，这种关系的发展导致了大量的分包形式出现。即商人预付定金甚至提供原料，不同的生产者分别生产由商人指定的某产品的某零部件或完成某一工序。这一时期，分包形式成为联结个人生产者的主要形式之一。正如《现代英国经济史》所描述："厂外加工制渐渐成为英国资本主义工业组织的占优势的形式"。①

离岸外包是企业充分利用国外资源和企业外部资源进行产业转移的一种形式，主要是指跨国公司利用发展中国家的成本优势将生产和服务外包到发展中国家。与对外直接投资（以下简称"FDI"）相比，由于离岸外包更具有降低成本、强化核心能力、扩大经济规模等作用，因此，越来越多的跨国公司将离岸外包作为国际化的重要战略选择。离岸外包作为国际产业转移的重要形式，在当代国际分工中占有越来越重要的地位，对于加速世界新产业的形成和经济快速融合，对于发挥各国比较优势，推动产业结构快速升级具有重要作用。

第一，加速新兴产业的分离和培育。企业通过将同一产品生产活动中的某一工序、零部件分包给其他企业，使接包企业迅速在中间产品生产和服务环节扩大生产规模，形成若干新产业。20 世纪下半叶，在日本经济高速发展过程中，分工和专业化最显著的特点就是多层分包制度的形成。这种分工关系主要表现为大型企业将其一部分零部件生产和工艺加工下包给一些较小的企业，这些较小的企业再将一些零部件下包给一些规模更小的企业，这些企业再继续下包。如，丰田成品车制造厂有 5437 家二级下包工厂，31703 家三级下包工厂。这些下包企业与发包企业之间存在着较为稳定的关系。由于这种多层下包制度的发展，1976 年日本制造业的中间品投入率高达 66.4%。②

第二，提高各国产业相互依存程度。由于跨国公司将同一产品的生产和服务活动外包到不同国家和地区，使得世界各国都成为跨国公司产业链条上的一个环节，

①〔英〕克拉潘：《现代英国经济史》，上卷，第 230 页，北京，商务印书馆，1964 年 8 月。

②盛洪：《分工与交易》，第 60 页，上海，上海三联书店，上海人民出版社，1994 年。

其生产和服务活动紧紧围绕跨国公司进行，产业间的相互依赖不断加深，推进了全球贸易和直接投资的大发展，尤其推动了发展中国家国际贸易和直接投资的增长。以2006年为例。2006年，全球贸易额达到117600亿美元，是1994年（40900亿美元）的2.9倍，其中发展中国家在全球贸易中所占的份额从1996年的29%增加到2006年的37%，1998~2006年，发展中国家经济体实际出口额翻了一番以上，其中东亚和南亚增长率为160%。[①]全球贸易增长的一个重要原因是"由于跨境纵向生产关系，企业内、产业内和区域内贸易日益成为主流。这些集团形成的关键在于更趋于多样化产业经济的密集联系衍生出各种外部经济，这些外部经济又维持了生产力与毗邻性之间的关联"。[②]2006年全球直接投资流入量达到13060亿美元，比上年增长38%，是1996年（3490亿美元）的3.7倍。其中发展中国家的外资流入量为3790亿美元，比上年增长21%。2006年全球78000家跨国公司和其780000家海外子公司的增加值和出口，分别占全球国内生产总值的10%和出口额的1/3。[③]

第三，推动世界产业结构快速升级。随着跨国公司离岸外包由制造业向服务业的发展，从低端产业向高端产业的发展，有效地缩小了发展中国家与发达国家的产业结构差距。使发展中国家加快完成了由以农业、初级产品为主向以工业制成品为主的结构升级，由传统制造业向先进制造业的结构升级，继而由以工业为主向服务业快速发展的结构升级，尤其为发展中国家培育了一批高新技术产业和新兴服务业，促进了这些产业的创新与发展。

（三）国际服务外包中国际分工的新变化和新进展

新一轮服务业离岸外包大量发生的根本原因仍然是基于各国比较优势的差别。从整体上看，国际服务外包的分工仍然是发达国家与发展中国家的垂直分工所导致。但与上一轮的制造业离岸外包相比，在发展条件、比较优势、分工结果等方面都发生了显著变化。

1.发展条件

信息技术全球化和服务全球化"双轮驱动"推动国际服务外包产生和发展。

---

① 联合国贸易和发展会议：《2007年世界贸易和发展报告》（概述）。
② 联合国贸易和发展会议：《2007年世界贸易和发展报告》（概述），第15页。
③ 联合国贸易和发展会议：《2007年世界投资报告》。

（1）全球信息技术的蓬勃发展和应用不仅为国际服务外包产业发展创造了技术条件，同时创造了市场空间。传统的服务产品作为无形产品，具有生产和消费同时进行的特征，是不可储存、不可贸易的。萨伊（1997）说明了服务的不可储存性："有一种这样的价值，它必定是实在价值，因为人们非常珍视它，愿以贵重和经久的产品交换它，但它却自己没有永久性，生产出来，便立即归于毁灭。"信息技术的产生使服务成为可储存、可贸易的产品。服务产品的跨国生产、交易活动都可以通过互联网进行。如：在中国，通过互联网将为美国公司定制的软件产品进行交付，由此完成了与美国公司的软件服务交易；在印度，通过视频为美国企业监视旅店的安保工作，由此完成了美国企业委托的旅店安保服务交易；美国企业在中国可以通过视频、网络直接管理全球财务、进行资金结算等业务，这一离岸中心由此完成了跨国公司总部的财务、金融服务交易。

与此同时，这些信息服务产品的广泛应用，创造了全球的信息技术服务外包巨大市场。随着信息技术不断创新，如：云计算①、物联网②等新技术的广泛应用，平台即服务（以下简称"PaaS"）、软件即服务（以下简称"SaaS"）、测试即服务（以下简称"TaaS"）、基础设施即服务（以下简称"LaaS"）、商业流程即服务（以下简称"BPaaS"）等新平台、新模式的出现，都将推动服务外包的技术手段、服务方式创新，同时，为全球服务外包产业创造了新的市场空间。

（2）服务全球化的深入发展为国际服务外包提供了一个巨大的世界市场。服务全球化的主要特征从3个方面可以得到体现。

第一，全球服务业的需求和供给明显增加。2004年以来，服务业增加值占全球国内生产总值的比重均在68%以上。

第二，全球服务业跨国投资规模和增速都超过制造业。2007年，全球服务业跨

---

①云计算(cloud computing)，是一种基于互联网的计算方式，通过这种方式，共享的软硬件资源和信息可以按需提供给计算机和其他设备，其核心思想是将大量用网络连接的计算资源统一管理和调度，构成一个计算资源池向用户按需服务。云计算包括几个层次的服务：平台即服务(PaaS)、软件即服务(SaaS)、测试即服务(TaaS)、基础设施即服务(LaaS)、商业流程即服务(BPaaS)。

②物联网(The Internet of things)就是物物相连的互联网。物联网的核心和基础仍然是互联网，是在互联网基础上的延伸和扩展的网络。其用户端延伸和扩展到了任何物品与物品之间，进行信息交换和通信。物联网的定义是：通过射频识别(RFID)、红外感应器、全球定位系统、激光扫描器等信息传感设备，按约定的协议，把任何物品与互联网相连接，进行信息交换和通信，以实现对物品的智能化识别、定位、跟踪、监控和管理的一种网络。

国直接投资占 FDI 总量的 63.84%，2002~2007 年平均占 61%。1990~2007 年，服务业 FDI 存量规模从 9481.06 亿美元增加至 100204.83 亿美元，17 年内增加了 9.57 倍；2002~2007 年期间，年均增长 18.45%，同期制造业年均增长率为 12.05%，比服务业低 6.4 个百分点。

表 1-5　1990~2007 年世界各行业 FDI 流入存量　　　　单位：百万美元、%

年份	总额	服务业	比重	初级产业	比重	制造业	比重
1990	1950303	948106	48.61	182500	9.36	806915	41.37
2002	7371554	4363371	59.19	448901	6.09	2442563	33.13
2003	8760408	5153826	58.83	594321	6.78	2876102	32.83
2004	9488089	5883341	62.08	440528	4.65	3040134	32.08
2005	10047967	6110761	60.82	790478	7.87	2975519	29.61
2006	12415288	7720025	62.18	988732	7.96	3520571	28.36
2007	15696875	10020483	63.84	1172436	7.47	4245834	27.05

资料来源：根据 UNCTAD 的 World Investment Report（2004~2009 年）整理。

第三，服务产品跨国交易规模明显扩大。近年来，世界服务贸易出口增速大多高于货物贸易（表 1-6），由此可以判断，服务全球化的趋势在增强。

表 1-6　2007~2009 年全球产业跨国并购情况　　　　单位：亿美元

Sector/industry	Value			Number of cases		
	2007	2008	2009	2007	2008	2009
Total	1023	707	250	7018	6425	4239
Primary	74	90	48	485	486	433
Agriculture, hunting, forestry and fishing	2	3	1	64	59	63
Mining, quarrying and petroleum	72	87	47	421	427	370
Manufacturing	337	326	76	1993	1976	1153
Food, beverages and tobacco	50	132	10	213	220	109
Chemicals and chemical products	117	74	33	325	316	225
Non-metallic mineral products	38	29	0	130	91	22
Metals and metal products	70	14	-3	218	199	95
Machinery and equipment	20	15	2	228	265	134

续表

Sector/industry	Value			Number of cases		
	2007	2008	2009	2007	2008	2009
Electrical and electronic	24	14	18	266	309	203
Motor vehicles and other transport equipment	3	12	9	86	95	74
Services	612	290	126	4539	3962	2653
Electricity, gas and water	103	49	62	135	159	130
Construction	13	2	10	149	114	96
Trade	41	17	4	588	590	324
Transport, storage and communications	66	34	16	436	343	211
Finance	249	74	10	712	563	458
Business services	102	101	17	1972	1681	1109

注：表内数据因保留小数位数不同，会产生误差，但不影响统计分析。下表出现同类问题，参考此注。

资料来源：UNCTAD，cross-border M&A database，www.unctad.org/fdistatistics。

表1-7　2005~2009年世界服务和货物出口情况　　　　　单位：亿美元、%

项目	金额	增长率			
	2009	2005~2009	2007	2008	2009
货物出口	124610	4	16	15	−23
服务出口	33116	7	20	12	−13

资料来源：世界贸易组织秘书处。

（3）服务需求持续扩大将导致服务外包趋势进一步增强。

第一，随着专业化分工发展，企业、政府部门将过去内置的服务环节外包的现象越来越多，导致全球对服务业需求增加。尤其是企业信息化、政府政务信息化的发展，对信息技术服务的需求不断增加，软件研发、网络运营维护、数据处理等信息服务源源不断地外包给专业公司。这是服务外包产生的直接原因，形成了全球服务外包以信息技术服务外包为主导、为主要发展动力的特色。

第二，服务业和制造业相互融合的趋势增强，导致了企业对服务的中间投入增加，带动了全球各类生产性服务业的发展，其中许多服务通过在岸或离岸的外包方式实现。研究表明，服务中间投入成本占制造企业中间投入成本的比例可以达到70%左右。江小涓（2008）对联想、海尔、中兴、华北制药等14家国内大型制造企业的调研证实，其产品从开始投入到实现销售全周期中有80%以上的时间处于流通销售过程中，服务投入占中间投入的比重在30%~60%。杨玉英（2010）研究也证实，对生产性服务的有效需求近69%来自于第二产业，中间需求较高的生产性服务业主要包括：研发、邮政、租赁和商务服务、交通运输及仓储、金融、综合技术服务、信息传输计算机服务和软件。

第三，随着跨国公司全球生产网络的布局，企业内分工、产品内分工的特征更加突出，由此带动了服务业离岸转移增多。王晓红（2008）研究证实，进入21世纪以来，跨国公司在中国设立研发中心、设计创新中心的数量明显增加。由于跨国公司的制造业转移导致对于生产性服务的需求增加，使得以软件信息服务为主的高端生产性服务业外包成为主要特征。如，跨国公司在转移生产加工基地后，通常要求配套的物流、金融等服务体系；为了适应本土化战略需要，跨国公司通常要进行本土化的研发和设计，除设立独资研发创新中心外，还大量采用委托方式将这些服务外包给本土专业公司。

第四，一些新兴经济体、欠发达国家正处于经济高涨时期，除向发达国家供给服务外，自身对服务的需求也明显增加，尤其是对本国无法提供的高端服务往往需要发达国家提供。如：非洲、东南亚地区等一些欠发达国家，由于信息化速度加快，对信息技术服务需求增加，一些新兴经济体由于城市化、国际化、市场化速度加快，对建筑工程设计、咨询等服务需求增加，这些服务都源源不断地委托给发达国家提供商。

2. 国际分工优势

发展中国家与发达国家的差距明显缩小。

第一，发展中国家与发达国家技术优势的差别在缩小。由于经济全球化的影响，发达国家和发展中国家的相互渗透加深，科技水平都得到普遍提高，尤其是发展中国家通过上一轮国际制造业转移获得了大量的技术积累，各国都存在着不同的技术领先优势。例如，在手机设计制造领域，北欧国家具有相对技术优势；在信息安全领域，以色列具有相对技术优势；在光电、机器人和半导体领域，日本具有技术领先优势；在航空航天领域，中国也已经获得了技术领先优势。这些技术上比较优势的不同导致了各国之间技术的相互依存度提高，这是目前全球大量高新技术产业外包的重要根源。

第二，发展中国家与发达国家人力资源优势的差别在缩小。例如，在高级知识人才上，美国的比较优势有所下降，而中国、印度等发展中国家的比较优势相对上升。据 Brookings Institution 的调查表明，1995~1999 年中国和欧盟颁发的工科学位分别增长 37% 和 22%，而同期美国这一数字下降了 4%。这一重要特征是导致新一轮服务业离岸外包的主要原因。实践也证明，中国、印度等发展中国家经济、社会、科技、教育、文化的发展是跨国公司服务业外包转移不可忽视的因素。由于这些国家拥有大量优质的高端技术人才，使得跨国公司高端服务业通过向发展中国家的外包，既获得了高质量的商品，又大幅度降低了人力成本。

第三，发展中国家与发达国家的基础设施及环境优势差别缩小。随着 20 世纪末发展中国家大力改革开放，在城市基础设施建设、交通通信设施建设、办公信息化网络建设、城市市容环境建设等方面都获得迅速发展，为吸引国际服务外包转移提供了良好的硬件环境。

第四，发展中国家与发达国家制度优势的差别缩小。目前，市场经济已经成为全球经济发展的主流体制，以中国、俄罗斯为代表的计划经济体制国家已经基本完成了向市场经济体制国家的转型和过渡，逐步建立起了较完善的市场经济体制。这一制度转型为承接国际服务外包提供了良好的外部环境。

3. 分工结果

服务外包将推动发达国家与发展中国家从垂直分工逐步向水平分工发展。

总体上看，新一轮服务业转移以各类高端服务业为主，国际服务外包仍然体现的是发达国家和发展中国家的垂直分工关系。即在全球服务业价值链中，发达国家具备高端优势，而发展中国家的优势仍在低端。如设计外包的动因主要有两种，一种是企业为了专注核心业务，将非核心的设计业务外包，这类情况主要是发达国家向发展中国家外包设计业务。另一种是由于企业缺乏设计能力而导致的设计外包，这类情况通常发生在发展中国家向发达国家发包。如汽车、飞机、电子产品等核心关键设计以及大型建筑项目设计等，发展中国家通常不具备相应的设计能力和水平，大多采取向发达国家购买设计的方式。但是，发展中国家将在承接服务外包中获得学习能力提高，自主创新能力增强，新兴服务业的崛起，高素质国际化人才规模扩大等效应，这些都将使双方的垂直分工关系逐步演变为水平分工。目前，IBM、微软等跨国公司在中国设立的软件研发机构与在全球其他地区设立的研发机构之间已经实现了水平分工，承接的软件外包项目处于国际先进水平。

表 1-8 反映了国际分工的演变、发展路径以及国际产业转移的发展趋势。

表 1-8　国际分工主导下产业转移的变化与发展

国际分工与产业转移	发展与变化趋势
国际分工的历史演进	部门专业化(农业、手工业和商业等生产部门专业化)→产品专业化(仅完成某一产品生产)→零部件专业化(仅完成产品中的某一零部件生产)→工艺过程专业化(仅完成生产过程中的一项工艺如锻造、电镀等)→服务专业化(仅为生产过程提供专业化服务)
国际分工单位的变化	以国家为主导→以企业(跨国公司)为主导
国际分工形式的发展	以全球贸易网络为主导→以全球生产网络为主导→全球离岸外包(制造业离岸外包→服务业离岸外包)
国际产业转移领域的发展	制造业转移(如:服装、鞋、玩具、家具、家电产品组装、汽车组装、机械零部件加工等)→高新技术产业、现代服务业转移(如:通信、计算机、微电子、制药、生物技术、软件信息服务、金融、文化创意、教育培训等)
国际分工产业链的延伸	生产加工环节→服务环节(信息服务、研发、设计、财务管理、结算、物流、供应链管理、企业管理、呼叫中心、人力资源服务等)
国际分工价值链的提升	低端(低附加值、低科技含量、劳动密集型)→高端(高附加值、高科技含量、知识密集型)
国际分工主导地位的变化	以发达国家为主导→发达国家主导、发展中国家广泛参与
国际分工层次的发展	垂直分工→水平分工

三、发展中国家成本优势是国际服务外包的主要驱动因素

（一）跨国公司服务业离岸主要基于发展中国家的成本优势

大量的理论和实际案例研究表明，发展中国家的成本优势仍然是跨国公司新一轮服务业离岸外包的主要驱动因素。

李威松、王淑云（2004）研究认为，无论是从交易的全过程还是从交易费用的决定因素来看，企业与外部企业建立起较长期的合作性外包关系，都有助于降低交易费用。从交易的全过程来看，基于较长时间的伙伴关系，双方时常保持沟通，可以使搜寻交易对象的信息成本降低，互惠互利的伙伴关系可以降低履约风险。Hartmut Egger 和 Peter Egger（2004）通过对欧盟 12 国 1991~1998 年间 66 个行业的分析认为，这期间通过国际外包，低端产业的边际成本价格平均降低 0.5%，高端产业的边际成本价格降低 0.1%。Mahendra Jain（2003）通过对电子产业研究认为，汽车产业电子设计一年内设计工具的提供达到 40 亿美元。设计和生产成本的提高，使公

司正在寻找一种节约资金、集中核心业务的办法。因此，出售设计对于企业资金在系统中运用或提高企业核心能力，恰恰是最后的管理效用。David Bursky（2004）通过研究芯片行业外包得出结论，高成本导致许多芯片制造商不仅将制造部分外包，而且大多数都购买设计、测试等服务，他们通过外包，一部分生产能力可以去做更优秀的产品。这其中设计服务同样也有转移的趋势，通过不同组织提供设计、测试、包装等服务，公司可以从事新的业务计划。一些国际调查咨询机构的研究也得出同样的结论。纽约业务外包研究所通过对企业"外包"动机的调查发现，节约经费是企业"外包"的重要原因，有64%的企业由于"经费问题"而实施外包。德勤会计师事务所TMT服务小组曾经对全球固定通信、移动通信领域的42家通信网络运营商调查的结果显示，53%的受访者认为，外包的主要动力是能够削减成本，其中主要包括人员工资、场地费用等。印度O2I公司的研究证明，在世界e建筑和机械设计行业中，电脑系统、软件、办公场所和绘图设备都需要公司大量投资。为了减少费用开支，需要各种资源集中运用到能产生较高利润额的工作中去。因此，降低成本最好的选择就是把重复性的劳动密集型过程外包。IDC在对2011年全球服务外包发展预测中也同样证实，降低成本仍然是服务外包的关键因素。[①]

（二）降低人力成本是离岸服务外包的核心内容

国际服务外包主要是现代服务业的转移，人力成本是服务业需要支付的主要成本。尤其是设计、研发、软件、信息服务、金融服务、供应链管理、文化创意等领域，科技含量高，人力资本具有投入大、可得性差、不确定性强、风险大等特点。如在软件开发中，人力成本占总成本的75%左右；在一项设计创新中，人力成本占75%~80%；在咨询服务中，人力成本占80%左右。因此，与制造外包相比，人力成本的节约对于推动国际服务外包具有更加重要的意义。江小涓（2008）运用合约理论研究认为，"人力资本对合约形态有特殊重要的影响。人力资本有主观能动性，采用市场合约配置时，预见成本、缔约成本和证实成本昂贵，交易成本很高"。[②]服务外包的特点是："发包企业对接包企业中的人力资本没有控制权，但对这些人力

---

① IDC: Analyze the Future, Worldwide Outsourcing Services 2011 Top 10 Predictions.

② 江小涓等:《服务全球化与服务外包:现状、趋势及理论分析》,第117页,北京,人民出版社,2008年11月。

资本提供的劳务活动保持着类似于企业内部的控制权"①，因此，"服务外包的本质是人力资本市场合约和劳务活动企业合约的统一，兼取两种合约的优势"②。这一观点反映出服务外包对于企业节约人力成本的本质特征。美国 Manufacturing 和 Technology News 的一份研究报告表明，IC 设计一直是芯片制造领域最为昂贵的部分，设计工程师成本与制造成本相比要高 10 倍，中国、印度设计工程师的薪酬比美国工程师要少 80%。因此，降低劳动力成本是服务外包的主要驱动力。

以设计为例，设计服务所支付的人力成本通常包括：设计人才的搜寻成本、培训成本、流失成本、维持成本等。对于一个具有自主设计能力的通信厂商来说，自己需要拥有不同专业的设计团队，其人才获得成本无疑是很高的；由于技术日新月异的发展，公司为了保持设计人员的能力水平，必须动态地支付学习、培训费用，随着市场竞争的不断加剧，公司必须不断地投入和追加这种培训成本，以保持设计领先地位，这就是高昂的人才培训成本；与此同时，由于设计人员"跳槽"现象经常发生，意味着公司的相当一部分培训成本转化为沉没成本；由于企业设计人才不断流失，公司要不断选拔、招聘充实新的设计人员，这是企业所要支付的人才流失成本；为了维持设计团队长期稳定，企业必须不断提高设计人员薪酬待遇，至少支付不低于行业平均水平的工资报酬，这就是人才维持成本。因此，要保持一个稳定的设计团队企业就必须支付上述昂贵的人力成本，这对一般企业而言是一个不小的负担。因此，多数中小制造商选择外包设计的方式，以降低供养设计团队的成本。

（三）企业提高核心竞争力是国际服务外包全球化发展的重要动因

Loh 和 Venkatraman（1992）分析了 IT 业外包因素的主要层面：在经济层面，产品趋势的时间和周期可以激励公司通过分配外包使 IT 基础结构的管理合理化；在产业层面，竞争压力可以导致企业与 IT 供应商建立基础的伙伴关系（partnership-based）；在企业层面，寻求竞争优势对于 IT 外包具有关键促进作用。从这一分析可以看出，随着国际市场竞争的日趋激烈，提高企业竞争力已经成为企业外包的重要动因。许多研究表明，企业为了提高竞争力，专注核心业务，而将非核心业务外包。Quinn 和 Himer（1994）认为，企业应该持续地在具有核心能力的业务上进行投资，外包非核

① ② 江小涓等：《服务全球化与服务外包：现状、趋势及理论分析》，第 121 页，北京，人民出版社，2008 年 11 月。

心活动可使企业进一步集中管理注意力，加大对绩效显著工作的资源分配。企业通过专注于具有核心能力的产品生产或服务，将非核心业务或职能交给外部组织承担，不仅可以降低成本，而且可以提高质量。因此，外包可使企业专注于核心竞争力。

与制造外包相比，国际服务外包最为显著的变化就是，企业的设计、研发、营销等核心关键业务开始外包。从产品价值链来看，关键核心业务只存在于服务环节之中，这些环节通常是企业核心能力的最关键部分被自身控制，以支持企业获取垄断利润。但是，随着全球技术创新和管理模式创新速度加快，企业独立完成核心业务的成本不断提高，尤其是独立获取新技术的难度越来越大。因此，越来越多的核心业务和关键技术开始通过外包形式借助外部资源完成，这是企业基于提高核心竞争力发生离岸外包的重要动因，也是全球服务业离岸外包大规模迅速发展的主要原因，这一解释不仅适用于发达国家向发展中国家的外包，也同样适用于发展中国家向发达国家的外包。

根据美国 EIU（The Economic Intelligence Unit）1993 年对 50 多家世界级大企业的调查报告显示：大多数企业承认，在 20 世纪 90 年代，接近或超过 1/2 的技术竞争力来源于企业外部。外包的技术也从企业的非核心技术、容易购买的成熟技术、标准化技术转变为决定企业未来技术竞争优势的研发、设计等项目外包。

（四）技术外溢效应是发展中国家在国际服务外包中获得的主要收益

技术外溢效应是衡量一个国家利用外资效率高低、成功与失败的重要标准。理论研究和实践表明，发展中国家通过承接国际服务外包，对于创造就业、优化产业结构、技术创新与管理模式创新、提高人才素质等方面都存在正相关关系。

发展中国家通过承接国际服务外包获得技术溢出效应的途径主要来自以下 4 个方面。

一是外包培训。离岸服务外包的起步阶段：跨国公司为了降低成本在发展中国家设立的各种离岸服务中心和机构，其目的是为海外母公司提供各类服务。因此，跨国公司也是国际服务外包的先行者。在承接离岸服务外包项目时，跨国公司为了满足自身的技术标准、管理与质量标准，通常要对本土企业进行知识培训。这种培训直接提高了本土企业人员的技术素质、管理素质，为本土产业发展缔造了一支人才队伍。在集成电路离岸设计中，较为典型的模式是派一个工作小组去离岸地，由组织培训提升本地工程师能力开始，使本地员工可以接手一部分设计，这种活动经过数年，本地员工运用得到的经验和专业技术开始继续新设计，并转变为从事高级设计的角色。

二是人才流动。国际服务外包产业的人才流动是产生技术外溢的重要途径。一方面，本土公司为了承接离岸外包业务，大多聘用部分国外技术人员和管理人员，使本土公司技术管理水平得到提升；另一方面，外资公司为了承接本土业务大量雇用本土的软件工程师、设计师以及高层管理人员，这些本土员工将有机会触摸到国际行业发展的脉搏以及先进的思想、理念，获得行业知识和管理技能。随着人才市场化流动，这些本土员工将通过自主创业等方式创建本土服务外包企业。目前，中国许多高科技企业的管理人员都有外资企业的工作经历，在软件、设计、咨询、信息服务等行业创业的本土公司高层管理人员中许多来自外资企业。根据江小涓（2008）的研究表明，外资服务企业特别是外包企业的员工、技术骨干流动率较高，平均达到15%/年以上。到2006年年底，超过2/3的外资研发机构有部门经理以上的骨干流动，其中约有一半进入本土企业。韩国大量的技术转移是通过本土人员带入当地企业的。台湾也发现了同样结果，在20世纪80年代中期，为跨国公司分支机构工作的人员中，有50%的工程师和63%的技术工人在调换工作时加入了本地企业。

三是学习示范效应。本土服务外包企业通过在承接跨国公司外包业务过程中不断学习，加速吸收掌握先进技术，获取自主创新能力。刘绍坚（2008）在2006~2007年期间，对150家中国软件外包企业进行问卷调研，证明了承接国际软件外包示范效应显著，所产生的外溢效应可以促进本土研发能力的提升。

四是产业关联。发展中国家通过承接跨国公司设计研发、金融物流、市场营销等服务外包业务，所获得的知识能够大量为国内制造业服务，由此推动国内制造业水平提高，带动国家产业结构的整体升级。

四、结论

上述分析可以看出，全球服务外包产业的兴起与发展，不仅适用于一般意义上的经济学理论解释，也突破和创新了传统理论。国际分工不断深化仍然是服务外包产生并蓬勃发展的基础，信息技术全球化和服务全球化是推动服务外包发展的动力。

就趋势而言，服务外包创新发展的速度很快，为今后的理论探索提出了新的问题。第一，从边界范围来看，随着越来越多的业务流程外包，服务外包的边界已经突破了信息技术的范围并进一步拓展，越来越多非信息服务的业务流程被纳入外包的视野。如：动物实验、翻译服务、快递服务等。第二，从企业发包驱动因素来看，越来越多离岸服务外包的发生不仅是基于降低成本的因素，而且是提高核心竞争力的需要。第三，从发包方与承接方关系来看，未来呈现出发达国家与发展中国家相互发包的趋势，不仅是发展中国家承接发达国家外包业务，而且是大量跨国公司承接发展中国家的外包业务。第四，从外包业务链条来看，企业在构建核心竞争力战略下不仅发包非核心业务，一些核心业务也采取外包方式。如：研发、设计、供应链管理等环节。尤其是在发展中国家缺乏技术优势的条件下，一些核心业务往往采取外包形式。第五，从发包主体来看，国际服务外包已经突破了企业业务外包边界，一些政府、机构等服务也通常采取外包方式。

国际服务外包的发展不仅优化了全球服务业的资源配置，加速了要素流动，同时，为发展中国家提供了重要的发展机遇。服务外包所产生的外溢效应，对于发展中国家提高技术创新、管理模式创新能力，提高企业参与国际经济大循环的能力，对于塑造新兴服务业，提升国际分工地位都将产生重要影响。实践证明，印度软件业就是通过承接国际服务外包由空白走出了一条自立的发展道路，打造了强大的软件产业，其宝贵的经验为我国提供了借鉴。我国经济增长中面临的资源约束加剧、生态环境恶化、节能减排压力等问题，都需要我们进一步探索新的发展模式，拓宽发展路径。服务外包产业不仅能够有力地支撑制造业的发展，成为加速产业升级和利润增长的有效路径，而且能够成为实现资源节约、生态环境和谐友好的增长路径。

参考文献：

1.恩格斯.英国工人阶级状况.马克思恩格斯全集.第22卷.北京：人民出版社，1965：375.

2.卢森堡.国民经济学入门.彭尘舜，译.北京：三联书店，1962.

3.〔美〕查尔斯·P.金德尔伯格，布鲁斯·赫里克.经济发展.上海：上海译文出版社，1986.

4.〔英〕克拉潘.现代英国经济史.北京：商务印书馆，1964：230.

5.盛洪.分工与交易.上海：上海三联书店，上海人民出版社，1994：60.

6.萨伊.政治经济学概念.北京：商务印书馆，1977.

7.江小涓，等.服务全球化与服务外包：现状、趋势及理论分析.北京：人民出版社，2008.

8.王晓红.跨国公司发展与战略竞争.北京：人民出版社，2004.

9. 王晓红. 中国设计：服务外包与竞争力. 北京：人民出版社，2008.

10. 杨玉英. 中国生产性服务业发展战略. 北京：经济科学出版社，2010.

11. 刘绍坚. 软件外包：技术外溢与能力提升. 北京：人民出版社，2008.

12. 薛荣久主编. 国际贸易. 成都：四川人民出版社，1993.

13. 章嘉林. 美国关于外包的争论及对中国的影响. 社会观察，2004(9).

14. 李威松，王淑云. 基于交易费用与核心能力相融合的外包研究. 北京航天大学学报（社会科学版），2004-03.

15. 詹晓宁，邢厚媛. 服务外包：发展趋势与承接战略. 国际经济合作，2005(4).

16. 拉胡·森（Rahul Sen），M. 沙伊杜·伊斯兰（M.Shahidul Islam）. 全球外包浪潮中的东南亚：趋势、机遇与挑战. 东南亚纵横，2005(4).

17. 洪刚. 外包定义与国际市场. 现代服务业招商网 www. shzhaoshang.net，2009-07-03.

18. 联合国贸易和发展会议. 2007 年世界贸易和发展报告（概述）.

19. 联合国贸易和发展会议. 2007 年世界投资报告.

20. 规划编写组. 中国国际服务外包产业发展规划纲要 2011-2015.

21. 商务部. 中国服务贸易发展报告. 2010.

22. 中国服务外包中心，中欧国际工商学院. 中国服务外包发展报告（2010-2011），2011.

23. Folker Frobel, Jurgen Heinrichs and Otto Kreye. The new international division of labour. Cambridge University Press, 1977.

24. Krugman，P.The Narrow Moving Band,the Butch Disease,and the Competitive Consequences of Mrs Thatcher：Notes on Trade in the Presence of Dynamic Scale Economies. Journal of Development Econoics,1987,27(1):41~55.

25. Robert E.Lucas，Jr. On The Mechanics Of Economic Development. Journal of Monetary Economics, 22(1988)3-42, North-Holland.

26. Alwyn Young. Learning By Doing and The Dynamic Effects of International Trade . Working Paper，No.3577，Nations Bureau of Economic Research 1050 Massachusetts Avenue Cambridge, MA02138, January, 1991.

27. David Dollar and Edward N.Wolff, Competitiveness, Convergence, and International Specialization.The MIT Press, 1993, Cambridge, Massachusetts London, England.

28. Lawrence Loh and N. Venkatraman，Determinants of Information Technology

Outsourcing: A Cross—Sectional Analysis. Journal of Management Information Systems, Vol. 9, No.1.Summer, 1992.

29. Quinn J.B., HilmerFF, Strategic Outsourcing. Sloan Management Review, 1994 (40).

30. Patricia Carrillo. Technology transfer on joint venture projects in developing countries. Construction Management and Economics, 1996(14).

31. Mahendra Jain. Outsourcing design realization1 Electronic Design time, 2003—11—17.

32. Rohet D1Atkinson, Understanding the Offshoring Challenge1 Policy Report, 2004—05.

33. Hartmut Egger, Peter Egger. On the Relationship Between International Outsourcing and Price—Cost Margins in European Industries. Review of Industry Organization, 2004 (25).

34. David Bursky, Design Outsourcing. Are Companies Doing Too Much. Electronic Design time, 2004—12—04.

35. Marcia Robinson, Ravi Kalakota. Offshore Outsourcing. Business, ROI and Best Practices. http://www. ebstrategy. com, 2004.

36. David L.Levy. Offshoring in the New Global Political Economy. Journal of Management Studies, 2005—05.

37. What's the reason for offshoring design. e.times, 2006—08—04.

38. IDC Analyze the Future. Worldwide Outsourcing Services, 2011 Top 10 Predictions.

第二章　全球服务外包发展的现状及趋势

进入 21 世纪以来，随着服务业全球化的趋势日益增强，国际服务外包已经成为经济全球化的主要载体、新一轮全球产业结构调整和国际产业转移的主要推动因素。离岸外包兴起于制造业，是企业充分利用国外资源和企业外部资源进行产业转移，实现全球资源优化配置的重要形式。与外商直接投资（FDI）相比，由于离岸外包更具有降低成本、强化核心能力、扩大经济规模等优势，越来越多的跨国公司将离岸外包作为国际化的重要战略选择。近年来，全球服务外包的规模、区域范围、业务领域都在迅速扩展，其对全球经济的深刻影响已经远远超过了全球制造业外包。本章着重对全球服务外包发展的现状、主要特点和趋势，以及对发达国家与发展中国家所产生的重要作用进行分析。

一、全球服务外包发展的现状

全球服务外包市场潜力巨大，离岸服务外包规模持续扩大，已经成为推动全球服务贸易增长的主要动力和全球跨国直接投资增长的主要引擎。

（一）全球服务外包市场发展迅速

近年来，全球服务外包市场由于受金融危机影响，2009 年出现了近 5 年来的最低增长。2010 年后开始出现反弹。根据 IDC 的统计，2010 年全球服务支出市场规模为 7994.36 亿美元，相当于 2006 年（6662.9 亿美元）的 1.2 倍，保持了较大规模的增长，其中 IT 服务支出为 5826.03 亿美元，占 72.9%，业务服务支出为 2168.3 亿美元，分别相当于 2006 年的 1.2 倍（图 2-1）。

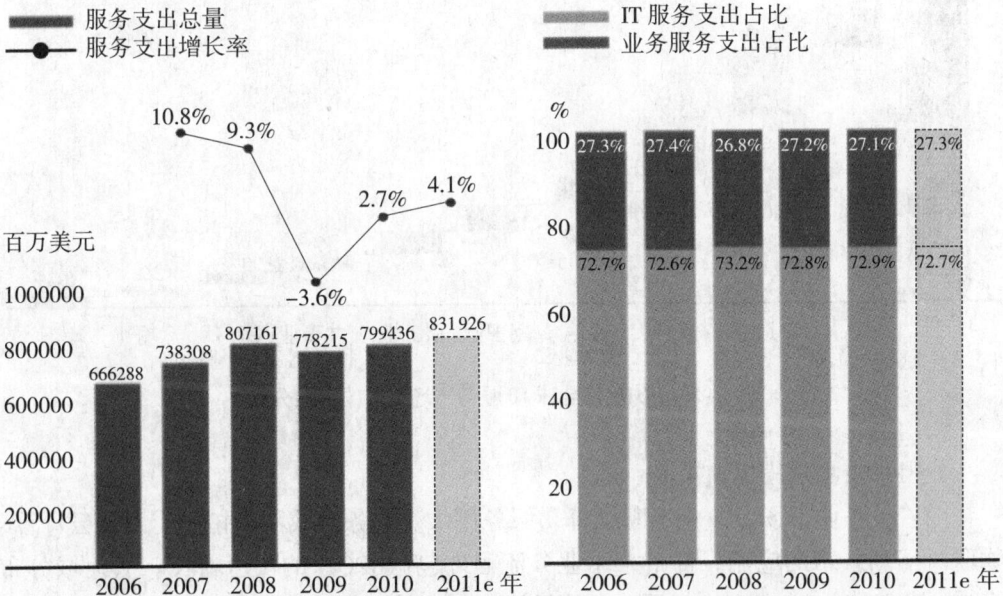

图 2-1　2006~2011 年全球服务支出市场规模和增长率

资料来源：国际数据公司（IDC）。

1. 全球服务外包以 ITO 为主导

全球信息技术服务外包（ITO）保持了稳定、长期增长的态势。2009 年，ITO 占全球服务外包总量的 60%。据联合国贸易和发展会议（UNCTAD，以下简称"联合国贸发会"）统计，1990 年 IT 服务外包市场为 90 亿美元，2002 年达到 1200 亿美元，是 1990 年的 13 倍。从地域分布来看，北美和西欧等发达经济体 IT 服务支出约占全球总量的 83%，美洲地区约占 42%，欧洲、中东、非洲地区（EMEA）占 42%，亚太地区占 16.1%。从业务类型来看，2010 年全球 IT 外包支出在 IT 服务总体市场中占最大份额，达到 40.6%；项目型服务、支持与培训分别达到 1997 亿美元和 1461 亿美元。

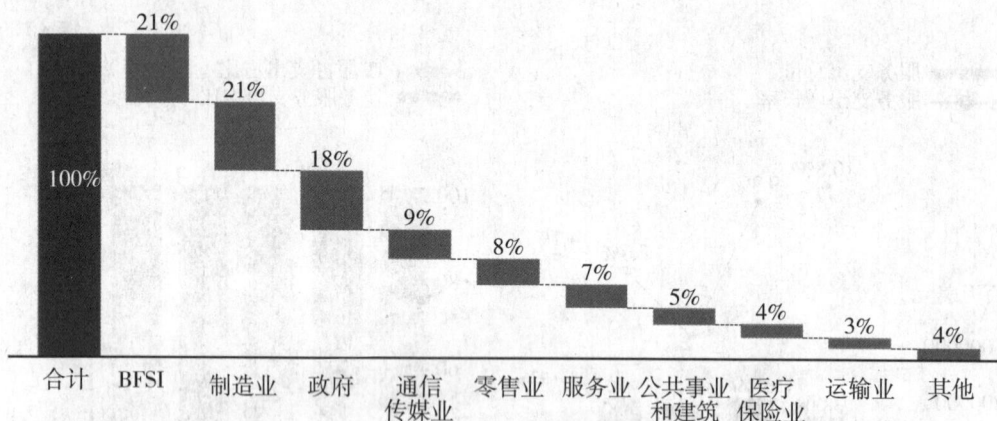

图 2-2　2010 年全球 IT 服务市场支出的行业分布

资料来源：NASSCOM。

2. BPO 市场规模迅速扩大

随着服务业市场专业化不断细分，服务提供商业务领域不断拓展，以及云计算、物联网等新技术的应用，都带来了业务流程外包（BPO）的快速增长。从地域分布来看，2009 年，美洲市场与西欧发达经济体支出约占全球的 85%，其中，美洲市场占 54.8%，欧洲、中东、非洲占 30.3%，亚太地区占 14.9%。2009 年，亚太地区业务服务支出为 330 亿美元，增长率达到 7%，是增长最快的市场。

2010 年，全球 BPO 服务支出达到 1582.3 亿美元，增长 4%；从业务类型来看，人力资源服务、客户服务、财务与会计是较为成熟的市场，其中人力资源为 682.3 亿美元，占 43.1%；其余分别为客户服务（543 亿美元）、财务与会计服务（263.52 亿美元）、培训服务（66.42 亿美元）、采购服务（27 亿美元）。

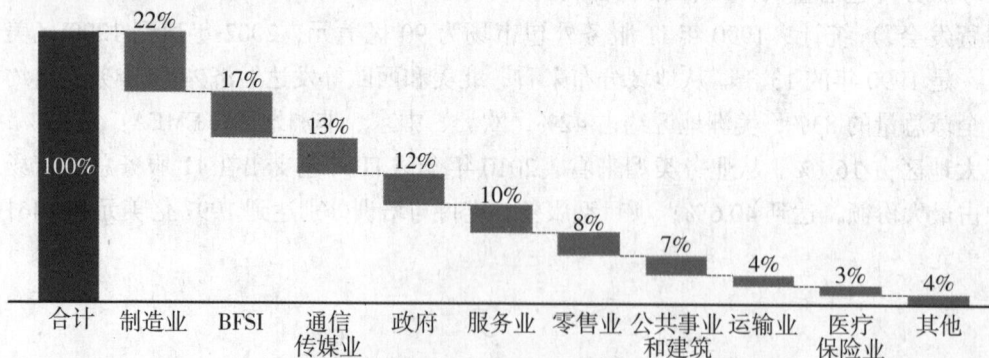

图 2-3　2010 年全球 BPO 服务支出的行业分布

资料来源：NASSCOM。

（二）全球离岸服务外包市场持续扩大

1. ITO 在全球离岸市场中仍占据主导

2009 年，全球离岸 IT 服务支出市场规模为 315.29 亿美元，从业务类型来看，信息技术服务、业务流程服务、设计研发服务分别占市场份额的 75%、13.3% 和 11.7%；在离岸 IT 服务外包市场中，应用软件定制开发、系统集成、应用管理外包分别为 80 亿美元、63.3 亿美元、51.5 亿美元。2010 年，全球离岸 IT 服务外包市场规模达到 323 亿美元，其中，应用软件定制开发、系统集成、应用管理外包、基础设施管理外包分别达到 80.2 亿美元、64.96 亿美元、52.29 亿美元、26.8 亿美元，均呈现出不同程度的增长。

2. 离岸服务外包逐步向 BPO 和 KPO 拓展

目前，虽然 BPO 离岸市场较小，但 2007~2012 年复合增长率将达到 25.1%，高于离岸 ITO（18.8%）的复合增长率。据联合国贸发会预测，KPO 的市场规模以 46% 的复合年增长率增长。近年来，随着全球产业结构调整速度加快，国际分工日益细化，导致服务外包产业链正加速向上下游两端延伸，尤其是向上游的研发设计环节、下游的售后服务环节延伸，业务类型逐渐由基础信息技术层面的外包业务向较高层次的流程外包业务拓展。服务外包几乎涵盖了 IT、金融、通信、研发、设计、企业管理、人力资源、咨询、文化创意等各个领域。尤其是高技术含量、高附加值环节所占比例逐渐提高。据美国商务部统计，2003 年美国呼叫中心及数据输入工作外包达 773 亿美元，比 2002 年增加了近 800 万美元。Harris Interactive2005 年调查表明，大约有 29% 的亚洲企业大部分或全部的供应链管理进行了外包，欧洲和美国则有 27% 的企业外包了供应链管理业务。在制造业设计研发方面，全球潜在离岸规模为 1200 亿美元左右，仅有 150 亿美元左右实现离岸，2010 年离岸规模超过 200 亿美元。以市场研究、整体解决方案、金融研究、数据挖掘、设计开发等为主的高端外包活动在全球开始兴起和发展。

（三）全球服务外包发包方以发达国家为主

目前，全球服务外包发包市场仍主要集中在美国、西欧和日韩三大市场。2007 年，三大市场分别占比为 66%、18% 和 4.9%。2009 年，来自三大市场份额分别占 64.7%、17.9% 和 5.6%（图 2-4）。从离岸方式来看，美国主要选择印度、中国、菲律宾等国家，这些地区虽然距离较远，但成本低、人力资源丰富。欧洲、日本则以近岸外包为主要特征，主要选择距离较近、文化相近的区域。欧盟侧重于东欧、俄罗斯等国家，日本外包业务的40%以上是在中国市场完成。

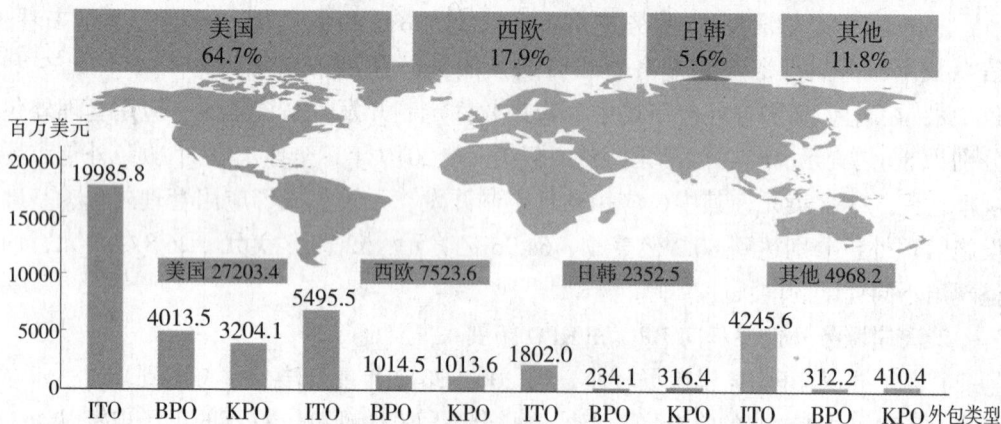

图2-4 2009年全球离岸服务外包转移方市场规模和区域分布

资料来源：国际数据公司（IDC）。

（四）全球服务外包承接方以发展中国家为主

目前，全球承接离岸服务外包主要来自亚洲、拉美和东欧3个地区。

从三大接包地区来看，亚洲是全球承接离岸外包最多的地区，约占全球份额的45%。但由于成本、文化、区位、语言、技术能力等因素影响，不同地区的接包特色、接包优势也逐步显现。拉美地区主要承接美国与西班牙语系国家的外包业务；东欧地区主要凭借与发包方地域接近的优势，承接面向西欧国家的外包业务；亚洲地区正逐步发展成为面向全球的离岸服务外包目的地。

从承接国家来看，印度、中国、菲律宾、爱尔兰、俄罗斯、巴西等国家由于具有成熟度高、交付能力强、人力资源丰富、成本较低等优势，成为世界离岸服务外包的主要承接国家。与此同时，中东和非洲国家，如：埃及、约旦、突尼斯等，由于教育水平不断提高，劳动力成本较低，逐步成为重要的承接地，越来越多的欧美和亚洲公司选择在这些国家设立地区或全球中心（表2-1）。

表 2-1　部分承接国家优势的比较

优势	代表地区
BPO 客服中心行业	埃及、突尼斯、摩洛哥、毛里求斯、加纳和南非
与西欧市场的紧密联系	捷克、斯洛伐克、罗马尼亚、俄罗斯、乌克兰
西班牙语相关的技能服务	墨西哥
企业资源计划（ERP）支持和维护	巴西
分享服务	哥斯达黎加

资料来源　Garnter：《全球前 30 位离岸外包目的地》；其他公开资料整理。

印度仍然是离岸服务外包最大的承接国家。长期以来，印度凭借其在语言、IT 专业人才规模、长期积累的国际渠道、服务外包质量，以及国家产业政策支持等方面的优势，占全球 ITO 与 BPO 市场 40% 以上的份额。2010 年，全球 KPO 的 70% 转移到印度，30% 左右转移到中国和其他发展中国家。在全球二十大 ITO、BPO 供应商中，有 7 家是印度公司。但是，近年来，由于印度开始出现人才供给能力减弱、招募成本和难度上升等问题，跨国公司出于自身经济安全和分散风险的考虑，开始重视对中国、马来西亚、菲律宾、俄罗斯、墨西哥、巴西、罗马尼亚以及非洲等其他发展中国家发包，这些新兴国家正成为印度强有力的竞争者。

二、全球离岸服务外包的主要趋势

（一）未来 5 年全球服务外包将呈现持续增长趋势

总体上看，金融危机以后，全球服务发包商和提供商在全球范围扩展市场的趋势没有减慢，未来 5 年全球服务外包将呈现持续快速增长的趋势。

1. 全球 IT 服务支出的增长

据 IDC 预测，到 2015 年，全球 IT 服务支出将达到 7273.48 亿美元，相当于 2010 年的 1.2 倍（图 2-5、表 2-2）。

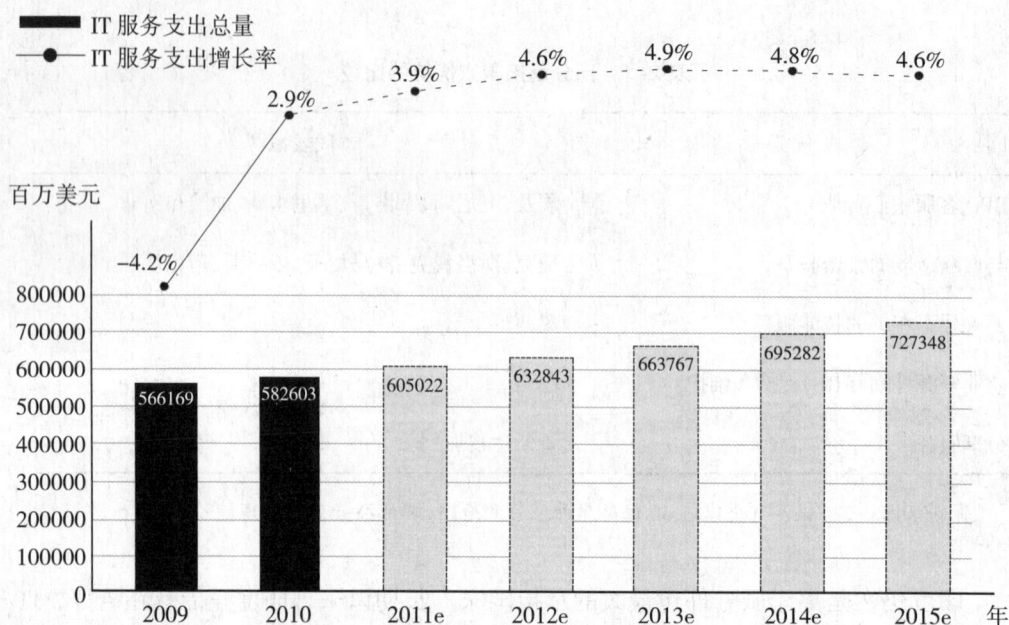

图 2-5　2009~2015 年全球 IT 服务支出

资料来源：国际数据公司（IDC）。

表 2-2　2010~2015 年全球 IT 服务细分市场规模　　　　　　　单位：百万美元

项目	2010	2011e	2012e	2013e	2014e	2015e
IT 外包	236723	247631	259802	273106	287025	301173
项目型服务	199747	207483	217982	229743	241075	252472
支持与培训	146133	149907	155059	160918	167182	173703
总计	582603	605022	632843	663767	695282	727348

资料来源：国际数据公司（IDC）。

2. 全球业务服务市场支出的增长

据 IDC 预测，到 2015 年，全球业务服务市场支出将达到 2883.7 亿美元，相当于 2010 年的 1.3 倍（图 2-6、表 2-3）。

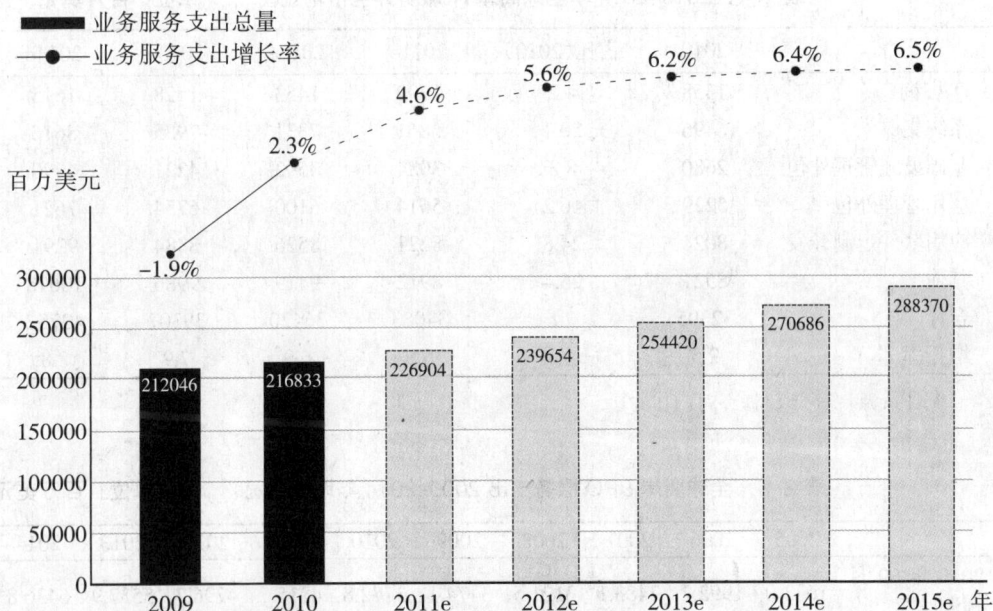

图 2-6 2009~2015 年全球业务服务市场规模

资料来源：国际数据公司（IDC）。

表 2-3 2010~2014 年全球业务流程外包（BPO）细分市场规模 单位：百万美元

	2010	2011e	2012e	2013e	2014e
人力资源	68226	71294	74967	79127	83639
采购	2701	3037	3401	3798	4232
财务与会计	26352	28221	30322	32614	36056
客户服务	54307	57145	60873	65046	69101
培训	6642	7091	7667	8123	8466
合计	158229	166788	177230	188708	201493

资料来源：国际数据公司（IDC）。

3. 全球离岸市场的增长

据 IDC 预测，到 2014 年，全球离岸 IT 服务外包市场规模将达到 427.52 亿美元，相当于 2010 年的 1.3 倍；到 2014 年，全球离岸 BPO 业务增长 64 亿美元左右，相当于 2010 年的 1.7 倍、2005 年的 4 倍（表 2-4、表 2-5、图 2-7）。

表 2-4　2010~2014 年全球离岸 IT 服务外包市场规模　　单位：百万美元、%

	2010	占比(2010)	2011e	2012e	2013e	2014e
IT 咨询	1358	4.2	1392	1453	1528	1615
系统集成	6496	20.1	6861	7331	7935	8616
基础设施管理外包	2680	8.3	3084	3592	4221	4990
应用管理外包	5229	16.2	5614	6100	6754	7621
应用软件定制开发	8021	24.8	8221	8526	8884	9291
其他	8521	26.4	8912	9419	9986	10618
合计	32305		34083	36420	39307	42752
增长率	2.5		5.5	6.9	7.9	8.8

资料来源：国际数据公司（IDC）。

表 2-5　全球离岸 BPO 服务支出 2005~2014 年增长情况　　单位：百万美元

	2005	2006	2007	2008	2009	2010	2011	2012	2013	2014
2010 年 09 月预测结果	1633.0	1992.2	2483.1	3121.5	3474.1	3772.8	4215.7	4796.7	5537.9	6436.8
2009 年 11 月预测结果	1633.0	1992.2	2483.1	3121.5	3480.1	4018.9	4717.0	5606.7	6705.8	NA

资料来源：国际数据公司（IDC）。

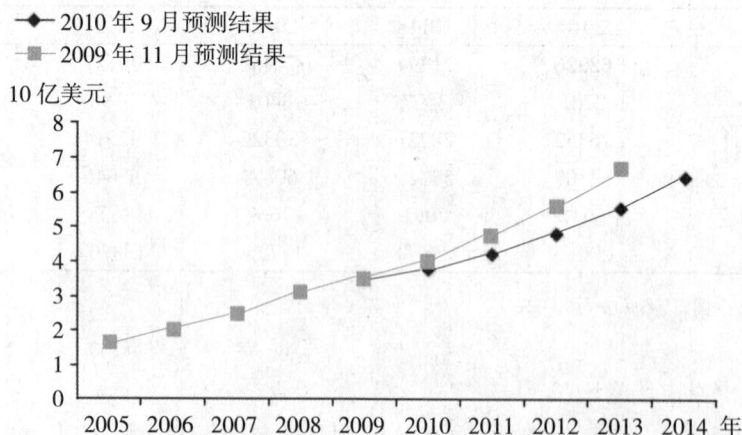

图 2-7　全球离岸 BPO2005~2014 年服务支出预测

资料来源：国际数据公司（IDC）。

据麦肯锡预测，全球离岸服务外包市场将从目前的 800 亿美元增长到约 5000 亿美元。其中，IT 服务、业务流程、工程服务分别为 2400 亿、1500 亿、1200 亿。目前，在 5000 亿美元的潜在市场中，仅有 12% 实现了离岸，到 2012 年，潜在市场中将有 32% 实现离岸，市场规模将达 1600 亿美元。到 2020 年，潜在市场需求将达到 1.65 万亿 ~1.8 万亿美元，其中，中国、印度、巴西和俄罗斯新增 4500 亿 ~5000 亿美元（图 2-8）。

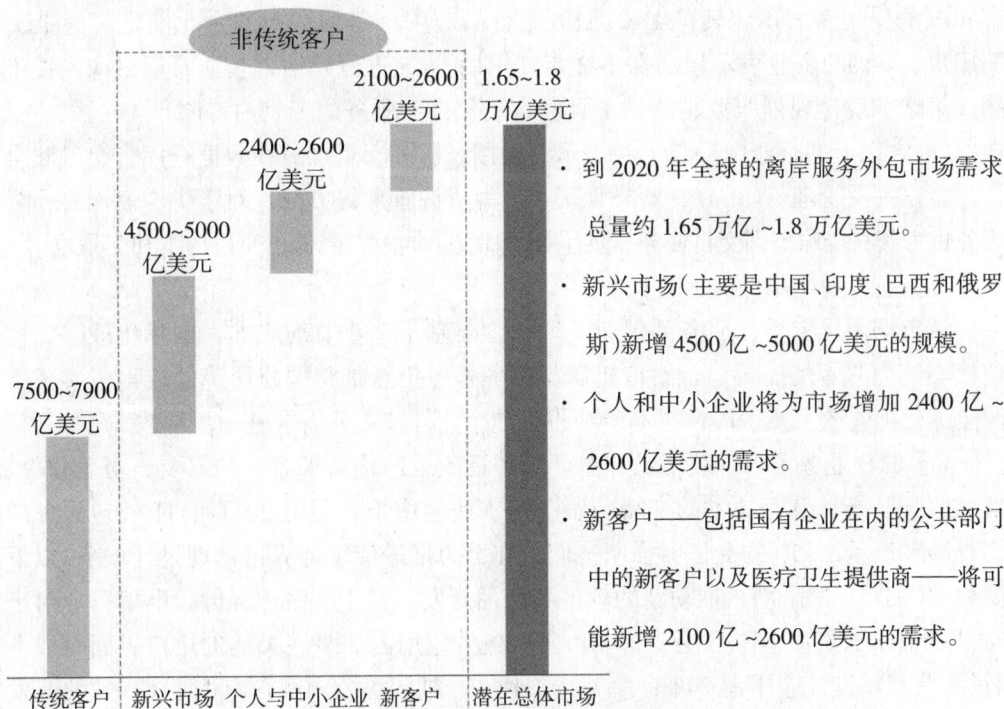

图 2-8　2020 年全球离岸服务外包市场预测

资料来源：麦肯锡咨询公司。

（二）服务外包市场增长动力强劲

1. 以云计算服务为主的新一代信息技术发展

从技术手段上看，信息和通讯技术的不断创新是推进服务外包发展的技术驱动力。据 IDC 的调查显示，利用互联网企业的市场交易成本可以降低 70% ~90%，云计算服务可以降低新型业务壁垒。随着全球信息技术运用更加广泛，尤其是互联网、物联网、云计算等新一代信息技术不断涌现，导致全球服务外包在区域范围和业务领域上进一步拓展。

　　云计算服务对扩大外包市场需求将发挥十分重要的作用。云服务的兴起与发展对于发包商和接包商都具有重要的意义。据 IDC 预测，以云服务为基础的信息服务方式正在逐步替代传统的交易模式。当客户开始把云服务（PaaS、SaaS、TaaS、LaaS、BPaaS 等模式）作为一种新的外包服务模式时，他们的预期开始改变。根据美国 2011 年 IT 外包服务的调查，美国有 36% 的受访者已经确定为 PaaS 的当前用户，有 40% 的受访者表示将转向 PaaS 服务平台的应用；美国 27% 的企业确定成为 TaaS 的用户，49% 的企业表示计划在 1~2 年内采用 TaaS 进行评估；企业希望供应商提供测试策略、设计规划服务、测试工具和自动化框架服务的分别占 34%、34%、27%；在 1000 人以上的企业中，有 13% 表示将采用云服务，重点放在数据仓库、金融和会计、客户关系管理（CRM）、薪酬管理、人力资源管理等方面。对于供应商而言，云服务也为其在全球范围交付业务提供了技术保障，同时，降低了交付成本和交易成本。

　　2. 企业专业化服务需求增长

　　从市场需求上看，服务外包业务增长主要基于企业节约成本、国际化战略、构建核心能力三者的需要。金融危机后，服务外包仍然是跨国公司降低成本，实现资源全球化配置的主要手段，成本节约将推动企业外包业务需求进一步释放。

　　（1）ITO 业务需求继续增长。企业为了适应全球化市场竞争的需要，对于软件、信息服务、云计算等技术的支持与服务需求快速增长。美国 2011 年 IT 外包服务的调查结果显示，35% 的受访者强调他们正在努力推进传统计算机辅助设计服务（以下简称 "CAD"）的采用，推动新的软件和产品开发。其中，医疗保健、电信行业对于 CAD 的需求分别占 40% 以上；移动广告服务的应用占 22%，关键的用户界面（以下简称 "UI"）设计应用占 24%；萨蒂扬、HCL、戴尔等公司都在专注于 COEs 的开发与应用，以不断满足制造商的需求。

　　（2）BPO 业务有巨大的增长潜力。为了降低成本，提高全球竞争力，跨国公司将更加关注如何加强自身的战略管理。如何改善财务管理，如何节约资金、提高资金使用效率，如何优化运营管理，如何有效快捷获取所需人才，如何实现品牌差异化，如何应对众多债务纠纷的挑战等，这些都将释放出大量的战略咨询、财务、企业管理、人才招聘、广告营销、法律服务等业务流程外包业务。

　　3. 新兴产业发展带来外包需求扩大

　　从产业需求上看，金融危机后，全球产业结构调整加速，尤其是新技术革命、绿色革命所导致的信息技术、生物技术、新能源、新材料等新兴产业加速发展。与此同时，将围绕这些产业催生出一批新的服务外包产业，尤其是以研发、测试、数据分析、咨询、人力资源等服务为主体的 BPO 和 KPO 业务的需求。

4. 接发包国家市场不断扩大

从发包方上看，美国、欧洲、日本仍然是主要国家，但发展中国家由于产业结构转型升级、技术创新和国际化速度加快，也将产生发包需求。由于全球各国参与程度不断提高，产业政策不断优化，承接方将逐步呈现多地区格局，亚洲仍然是主要的目的地。

（三）离岸服务外包市场仍有巨大增长空间

1. 离岸服务外包成为企业国际化战略的主要选择

企业国际化战略是全球离岸服务外包发展的主要推动力。据 Gartner 公司调查，2002 年仅有 1% 的美国企业愿意将部分业务离岸外包，到 2004 年，愿意选择离岸外包的公司已经增加到 50% 以上；欧洲前 500 强公司中有近 50% 的企业计划将更多的服务业务离岸外包。1996 年，美国销售额 5000 万美元以上的大公司中有 25% 选择了外包，2000 年销售额 1000 万 ~5000 万美元的中小企业也很快加入外包行列，到 2004 年年底，美国年收入超过 1 亿美元的公司中有 40% 离岸外包，约有 1/20 的 IT 职位转移到海外。美国 ForrestResearch Inc. 预测，2000 年以来，美国大约离岸 40 万个服务业工作岗位，到 2015 年，美国将有 330 万白领工作岗位和 1360 万美元的工资转移到海外。

2. 全球离岸服务外包市场呈现增长态势

根据 BoozAllen 的研究，2008 年全球工程服务支出为 8860 亿美元，仅有 100 亿~150 亿美元被离岸外包，主要集中在加拿大、中国、墨西哥和东欧。2020 年市场规模将达到 1 万亿美元，将有 25%~30% 离岸。2008 年，制造业服务外包合同总额增长 80.5%，为 222 亿美元；电信业随着 3G 网络的大规模建设，网络运营维护专业化分工加强，以及市场开放度提高，电信业服务外包合同总额增长 59.3%，为 215 亿美元；金融业服务外包合同总额为 110 亿美元。

3. 金融危机后传统发包市场继续释放

金融危机虽然导致了发达经济体萎靡不振，全球经济低迷，发包企业数量有所减少，但美国、欧洲等主要发包市场总体增长的趋势并没有发生变化。根据 Hackett Group Inc. 对 200 家跨国公司的调查显示，企业计划外包的技术类职位比例由 2008 年的 15.4% 增加到 2010 年的 25.5%。根据 EquaTerra 对 200 多家 IT 外包服务供应商的调查显示，金融危机后，欧美国家四成以上的企业为了降低成本，减少对软硬件开发的投资，加大了对业务的外包力度。欧洲 IT 企业的外包需求比美国企业更大，64%的欧盟受访企业认为外包需求会增加。近年来，发达经济体的各种经济刺激政策、社会福利改善政策等都将引发各类外包需求。

4. 美国仍然是世界最大的发包市场

据 IDC 统计，2010 年，美国外包服务市场的交易量上涨了 30%左右。2009 美国离岸 BPO 市场规模为 25 亿美元，2014 年将增加到 35 亿美元，5 年的复合增长率为 8.9%。2010 年，美国通过以保护患者权益和保证医疗支出的医疗改革提案，客户每年将增加医疗管理方面的业务外包。美国多数万人以上的制造公司表示，他们将通过转移新的岗位来重组离岸业务。除银行、保险等金融服务外包外，还包括医疗保健、专业服务、批发零售等业务流程外包。

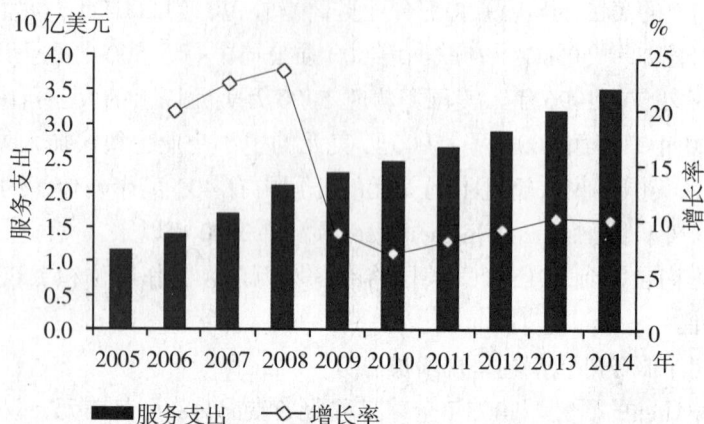

图 2-9　美国 2005~2014 年离岸 BPO 服务支出和增长情况

资料来源：国际数据公司（IDC）。

5. 新兴发包市场增长加速

近年来，在信息技术全球化和经济全球化的推动和影响下，亚太、中欧、中东、非洲、拉美等发展中国家市场 IT 服务消费额已经占全球的 15.4%，这些新兴市场的服务外包发展势头较快。从 2008 年的 IT 服务消费增长率来看，中欧、中东和非洲地区增长 14.7%，拉美地区增长 10%，亚太地区（除日本外）增长超过 10%。2009 年年初，塔塔咨询公司将东欧、中东、非洲和拉美的 4 个业务部门合并为新兴市场部，拓展这些新兴市场业务。据 IDC 统计，2009 全球离岸 BPO 进口地区支出份额分别为美国 66.2%，欧洲、中东和非洲 28.8%，亚太地区 4.3%，加拿大 0.7%;到 2014 年，美国市场份额将下降为 54.7%，而欧洲、中东和非洲市场的贡献上升到 35.7%，亚太地区大幅度增长为 9.1%。印度将以其企业规模大、稳定的国际渠道等优势，继续保持主要接包国地位。

表 2-6　全球离岸 BPO 业务 2005~2014 年的区域市场增长情况　　单位：百万美元、%

	2005	2006	2007	2008	2009	2010	2011	2012	2013	2014	复合年均增长率
美国	1162.5	1395.0	1710.0	2115.0	2301.3	2462.2	2661.4	2906.1	3202.0	3523.4	8.9
加拿大	19.0	20.0	21.1	22.5	24.2	25.8	27.7	30.0	32.5	34.8	7.5
欧洲、中东、非洲	403.3	512.2	662.0	859.0	999.6	1097.5	1281.8	1535.4	1870.1	2296.3	18.1
亚太地区	48.1	65.0	90.0	125.0	149.0	187.4	244.7	325.1	433.4	582.2	31.3
合计	1633.0	1992.2	2483.1	3121.5	3474.1	3772.8	4215.7	4796.7	5537.9	6436.8	13.1

6. 国际并购快速发展将推动离岸外包规模化发展

近年来，服务外包行业的国际大型并购案增加。2008 年 8 月，惠普公司以 139 亿美元收购 EDS，HCL 以 6.58 亿美元收购 Axon，TCS 和 Wipro 分别以 5 亿元和 1.3 亿美元购买花旗的 BPO 和技术部门。2008 年，印度企业并购数量为 98 起，并购金额 34 亿美元。这些大型国际并购使服务外包企业快速形成了自己的离岸机构，提高了离岸承接能力和业务拓展能力，同时，也加速了全球服务外包的规模化发展。金融危机后，更多提供商将面临全球市场竞争的压力，为了应对新技术、新服务模式的挑战，进一步扩大经营范围，获得专业人力资源，优化业务流程和商业运作模式，提高全球交付质量和速度，服务外包企业兼并重组数量将更多、规模将更大、范围将更广。

(四) 接包市场综合优势和多元化趋势明显

1. 离岸服务外包向发展中国家转移成为必然趋势

发展中国家以其诸多优势促使发达国家服务业离岸外包。LOCO monitor 调查了 25 个公司 2002~2003 年在发展中国家和转型经济体建立呼叫中心的原因。其结果是，24 个公司认为低成本是重要因素，23 个公司认为能够获得熟练劳动力，13 个公司认为语言技能是主要原因，5 个公司认为技术通信设施是重要因素，3 个公司则认为规章制度或商业环境也是建立呼叫中心的决定因素。

综合上述因素可以看出，主要原因来自3个方面。①低成本优势是服务外包向发展中国家转移的最重要原因。②发展中国家劳动力素质的提高。③发展中国家的投资环境日益改善对发达国家的吸引力不断增强。如：发展中国家呼叫中心劳动力成本占发达国家总成本的50%~70%，但外包到印度，劳动力成本比英国低80%~90%，除去设施、培训、管理等相关成本，在印度设立呼叫中心节约费用约为30%~40%。又如：越南开发软件成本比美国低九成，仅为在印度开发软件所需成本的1/3到1/7，而且越南IT业较低的费用可以留住主要雇员，低消耗地维持项目团队，从而保持客户的延续性与熟悉程度。

除成本优势外，由于承接服务外包可以带来就业增加、产业结构提升、技术溢出效应等，许多发展中国家不断制定和完善服务外包政策与法规，加强信息安全和知识产权保护，改善通信、电力等技术基础设施，加大服务外包教育培训力度，使承接服务外包的综合优势日益明显。由于跨国公司在降低成本的前提下，同样保持了服务质量，向发展中国家离岸服务外包的趋势将持续。

2. 接包国家的综合优势成为吸引离岸业务的主要优势

2007年，科尔尼对全球离岸服务目的地指数研究发现，单纯地依靠低成本竞争已经不足以吸引离岸业务。维持未来长期竞争力的关键，在于依靠改善人员技能、业务环境、监管环境、商业环境、基础设施投资等要素的组合。

伴随着中国、印度、巴西、俄罗斯等新兴经济体的持续发展，综合优势不断显现，将带来大量外包机会。除ITO业务外，金融、零售、电信等业务流程外包机会也将大大增加。应该看到，近年来，主要接包国家都存在不同程度的成本上升。中国和印度平均薪酬成本分别上升约30%和20%，但两国的人才优势、基础设施优势、业务环境优势、体制优势、政策优势等方面弥补了成本优势的下降，在全球离岸服务外包中依然保持优势地位。此外，菲律宾工资提高约30%，但在财会、人力资源管理、薪资管理、后勤保障等服务外包方面能力提升；巴西工资上升，但大学生增长快、IT行业优势突出，导致业务流程外包、SAP和其他数据服务业务规模快速拓展；智利由于商业环境、税收结构等因素十分有利，实现了服务外包增长；迪拜发展离岸服务主要凭借宽松的税收、投资和居住政策；埃及则拥有在中东地区最庞大的人才资源，吸引越来越多的跨国公司设立外包中心。南非、以色列、土耳其等国家，由于政治环境和基础设施有所改善，也开始逐步吸引离岸外包业务。

表 2-7 2007 年科尔尼全球离岸服务目的地指数

排名	国家	财务吸引力	人员和技能可得性	商业环境	总分
1	印度	3.22	2.34	1.44	7.00
2	中国	2.93	2.25	1.38	6.56
3	马来西亚	2.84	1.26	2.02	6.12
4	泰国	3.19	1.21	1.62	6.02
5	巴西	2.64	1.78	1.47	5.89
6	印度尼西亚	3.29	1.47	1.06	5.82
7	智利	2.65	1.18	1.93	5.76
8	菲律宾	3.26	1.23	1.26	5.75
9	保加利亚	3.16	1.04	1.56	5.75
10	墨西哥	2.63	1.49	1.61	5.73
11	新加坡	1.65	1.51	2.53	5.68
12	斯洛文尼亚	2.79	1.04	1.79	5.62
13	埃及	3.22	1.14	1.25	5.61
14	约旦	3.09	0.98	1.54	5.60
15	爱沙尼亚	2.44	0.96	2.20	5.60
16	捷克共和国	2.43	1.10	2.05	5.57
17	拉脱维亚	2.64	0.91	2.00	5.56
18	波兰	2.59	1.17	1.79	5.54
19	越南	3.33	0.99	1.22	5.54
20	阿联酋	2.73	0.86	1.92	5.51

注: 三大类别的权重分配为 40∶30∶30。财务吸引力的分值为 0~4 分，人员和技能可得性以及商业环境的分值为 0~3 分。

资料来源: 科尔尼公司。

3. 接包市场多元化格局趋势明显

据科尔尼公司研究，目前有更多国家进入接包市场。全球有 70 多个国家和地区出台了促进服务外包产业发展的政策。中国、印度、爱尔兰、以色列、东欧国家等已将服务外包产业发展作为重要的国家战略。同时，一些发达国家的欠发达地区为促进就业和本地经济发展，也出台相关政策以促进产业发展。如: 美国爱达荷州、印第安纳州也开始通过承接服务外包来促进本地就业与经济发展。

(五) 离岸服务外包价值链由低端向高端发展

1. 离岸服务外包产业链向高端发展

与上一轮的玩具、内衣、机电加工产品等劳动密集型产业转移相比，新一轮的离岸服务外包具有知识密集、附加值高的特征。从行业来看，软件信息技术服务、金融服务、通信服务、生物技术服务、制造业服务、医疗服务、公共服务、文化创意服务等都是服务外包的主要领域。从生产环节来看，企业从外包简单的制造加工环节，发展到外包研发、设计、金融、供应链管理、物流等核心业务环节，外包主要集中在产业价值链的高端环节。有关数据统计，低端外包服务全球业务收入从2003年的77亿美元增长到2010年的398亿美元，年增长率为26%；而高端外包服务全球业务收入从2003年的12亿美元增长到2010年的170亿美元，年增长率为46%。目前，美国离岸服务外包中有50%以上是技术密集型行业，到2015年这个比例将达到70%。

2. 知识流程（KPO）离岸趋势成为显著特征

KPO是跨国公司将业务流程的高端项目离岸外包到低工资国家。与BPO相比，KPO是通过提供业务专业知识使企业获得高附加值。由于新技术的迅速发展，一个企业往往难以把各个环节的技术做全面，知识化流程越来越多的外包。例如，数据研究、市场分析、研发设计、律师服务、知识产权研究、决策支持系统等。根据IDC（2011）的研究，金融危机后，越来越多的客户开始采用BPO的业务分析功能，其目的是利用BPO服务提供商的专业知识，以及对服务基础设施、商务智能工具等技术的咨询能力，通过帮助客户制定长期发展战略、解决日常决策问题，提升服务价值。

近年来，企业核心关键业务的离岸外包大量发生已经反映出KPO业务的增长趋势，值得关注。尤其是一批高技术企业，为了面对世界新技术革命所带来的产品生命周期缩短、工程技术人员短缺、研发周期缩短等挑战，将增加研发投入，增加研发外包比例。2011年，全球产品研发和工程服务收入呈现出明显增长，尤其反映在核心产品开发和本地化产品开发的支出方面。

此外，设计业务离岸大量发生。以半导体产业为例。20世纪90年代，半导体供应商开始将封装和测试环节外包，随着集成度的提高，制造设备的成本支出增长，半导体器件供应商又将前端制造工序外包，只保留设计环节，以便牢牢掌握核心技术。2000年以后，随着半导体市场开发成本不断上升，许多厂商设计开发费用随着销售收入的下降而减少。于是，位于产业链最高端的设计环节也开始外包。2004年EETimes（《电子工程专辑》）发布一项调查结果，调查对象为北美年均销售额23亿美元的半导体供应商，其中36%有设计外包；大多采用芯片设计外包，其中后端芯片级设计外包占45%，前端芯片级设计外包占35%。80%的设计外包依靠专业设计公司完成，这些设计公司以小规模为主，其中5人以下的约占33%，项目平均时间从18个月缩短到12个月。

3.跨国公司高端服务业转移加速

近年来，跨国公司高端服务环节向发展中国家转移的现象大量出现，推动了全球服务外包价值链向高端发展。飞利浦公司向中国转移了手机生产环节后，又将手机研发、设计外包给中国电子（CMC）。2005年12月，美国摩根大通银行、英特尔、微软相继在研发和处理复杂衍生品交易等高附加值领域向印度等国家转移7500个工作岗位。2006年，通用汽车计划在未来5年内外包150亿美元的信息技术业务，包括汽车设计、制造支持系统以及全球供应链管理等。印度塔塔技术中心组建2000多名设计人员的团队承接汽车设计外包业务。

跨国公司高端服务业转移的主要原因有3个：一是产业转移的需要。跨国公司在上一轮的制造业转移中，东道国产生了大量的服务需求，推动了高端服务的跟进。二是获取全球创新资源的需要。目前，跨国公司离岸外包的目的已经不仅仅是降低人力成本，而是充分利用各国人才和创新要素，向开发新产品、新业务、新技术等综合能力转变。三是发展中国家技术积累增强，教育水平提高，高素质人才增加，已经具备了承接跨国公司高端服务业转移的能力。

（六）企业外包动因由成本驱动向构建核心能力转变

企业外包业务的动因除降低成本之外，更多地为增强核心竞争力，这是国际服务外包的重要特点，驱动着企业不断地外包自己不擅长的业务，专注于自己擅长的业务。外包对企业核心能力的强化主要体现在，构建核心技术、突出核心业务、改善体制弊端等方面。

1.全球技术创新速度的加快要求企业组合全球资源构建核心能力

由于全球技术创新速度加快，新技术、新工艺成本壁垒不断提高，一个企业往往难以独立拥有所有的核心技术资源，这就需要大力借助外部资源提升技术开发能力。如诺基亚在8个国家拥有制造基地，却在11个国家设有研发中心，这些大量离岸的研发中心就是跨国公司充分利用东道国技术资源，强化自身核心能力的表现。又如，爱立信将生产和供应两个环节外包，主要基于3个方面的原因：一是成本因素。瑞典工人最低月工资为1.3万瑞典克朗，而一些亚洲国家工资水平不足瑞典的1/10。二是发挥公司专长。即把有限的资源集中用在产品研发、设计等擅长的领域，而将相对薄弱的生产和供应环节外包。三是缩小核心团队规模。通过外包解决经济不景气时企业规模、裁员问题。这些显然是企业保持核心竞争力的需要。

2. 企业通过外包构建核心能力的重要标志是核心业务外包

通常来看，企业业务流程大致分为三类：一是具有后台管理性质的业务，如：IT、人力资源、金融和财务、设施管理等，这一部分业务最适合外包。二是运营业务，如物流、客户服务等，这一部分可以根据企业决策需要进行外包。三是具有核心竞争力的关键业务，如核心技术研发、设计，市场营销等，这一部分通常不实施外包。但是，随着消费市场的日益发达，产品生命周期缩短，消费者的个性化需求不断增加，要求企业提供的产品越来越柔性化，需要企业迅速提高市场开发能力，企业开始将核心业务外包给专业公司。Christina Eiston（2005）对医疗行业外包分析认为，公司规模已经不是企业外包的决定因素，不仅小公司在寻求研发外包，而且"像Avail这样大公司也在外包产品开发"。过去，大的医疗器械公司往往外包非核心业务。近年来，越来越多的大公司将专业知识领域外包（ex-pertise），作为一种缩短产品生命周期的竞争方式。有规模的公司都在尝试用更少的人员去开发更多的产品。因此，公司的利润增长更多依靠外包。

3. 外包核心业务成为发展中国家构建企业核心能力的重要手段

由于发展中国家在许多领域的核心技术、设计方面十分薄弱，往往采取向发达国家外包，然后购买其知识产权方式取得所有权。如中国的汽车、机械、航空以及电子产品等行业的许多核心设计技术都是通过这种方式获得的。此外，外包具有改善发展中国家体制，完善竞争机制的作用。一个计划如果在企业内部实现，往往受内部官僚机构的影响，外包则充分利用外部机构，可以减少内部机构的摩擦，降低企业制度成本。据上述分析判断，未来，发展中国家向发达国家发包的规模将逐步扩大。

（七）服务外包交易方式和业务模式不断创新

1. 服务外包交易方式不断创新

从交易方式上看，离岸服务外包已经由传统的"一对一"向"一对多"的外包发展，由传统的"在岸—离岸"向在岸和离岸混合模式发展。服务外包使跨国公司如同一棵枝繁叶茂的参天大树，而承接企业则像大树上的枝杈，会越来越多，越分越细。传统的外包方式大多限于甲、乙双方之间，即乙企业承接甲企业外包项目，负责生产加工、服务，并向甲企业交货。由于承接商规模不断扩大，渠道增多，大规模的总承包商更多地进行转包和分包，即乙承接甲业务，乙将业务转包给丙，由丙为甲生产，如此，外包业务链条不断延伸。为了减少地域差异，降低风险和管理成本，跨国公司的许多外包业务，采取通过海外子公司转包给东道国的本土公司或其他公司的方式完成，形成混合模式，这一模式将为本土服务外包企业创造更多的市场机遇。

2. 服务外包模式不断创新

从服务发包商与承包商之间的关系上看，他们的关系已经逐渐成为新型的战略合作伙伴关系，很多承包商已经成为跨国公司全球价值链上的重要组成部分。越来越多的发包商需要供应商为他们提供战略咨询、业务流程优化、企业经营管理等与企业生存关系密切的核心内容服务，通过提供这类服务将使发包商与承包商融为一体，共生共荣。

从服务方式上看，外包服务已经由单纯的项目外包发展到离岸共享中心、全球交付、现场服务、ITO 和 BPO 捆绑服务等模式。随着信息技术升级，越来越多的 IT 服务提供商将向业务流程服务领域渗透，为客户提供整合服务。如：软件即服务（SaaS）、平台即服务（PaaS）、基础设施即服务（IaaS）等模块化服务。因此，下一时期，提供商如何利用云计算为客户提供服务将成为竞争的焦点。基于云计算的应用，组合化、综合化、一体化服务模式将更具有优势。2011 年，据对美国 IT 外包服务的调查，企业的要求横跨了整个应用程序生命周期。在 420 个美国受访者中，26% 的人表示将委托第三方来管理信息系统支持服务，30% 的人表示将委托第三方来进行项目管理，35% 的人表示将委托第三方来进行 Web 应用程序开发。

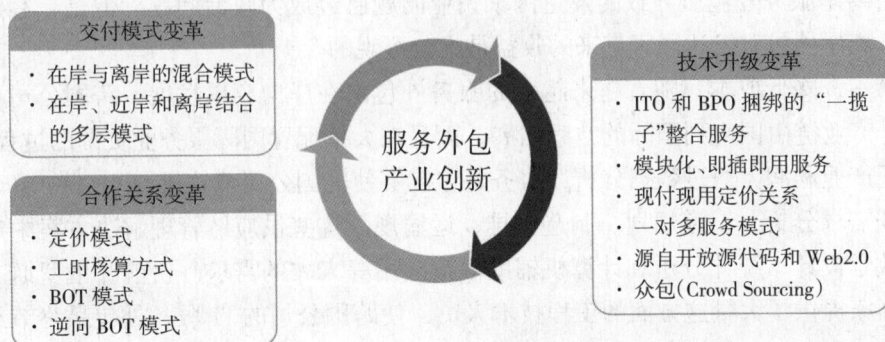

图 2-10　服务外包产业模式的创新

资料来源　中国服务外包研究中心、中国国际投资促进会：《中国服务外包发展报告》，上海，上海交通大学出版社，2009 年。

从业务提供方式上看，服务外包供应商已经从个体承接向联合承接转变。供应商之间由互为竞争对手，向建立企业联盟、合资合作、虚拟组织等协作模式发展，共同提供外包服务。供应商的组合模式也将发生变化，客户不仅要求供应商继续降低成本，而且要求他们熟悉客户业务的内容，以帮助客户提高对市场的快速反应能力，在供应商的组合上更加注重国际化和本土化相结合，离岸业务与在岸业务相结合，IT 服务与经济、法律、管理、人力资源等不同专业相结合。

三、发达国家和发展中国家共享全球化收益

全球服务外包的快速发展，不但实现了全球服务业资源的优化配置，提高了全球服务效率，有力地推动了全球产业结构调整，促进了各国服务业大发展。更重要的是，作为发包方的发达国家与作为接包方的发展中国家双赢效果十分显著。可以说，无论是发达国家还是发展中国家，都在新一轮的离岸服务外包中分享到了国际分工的收益。

（一）离岸服务外包给发达国家带来的主要收益

进入 21 世纪以来，以美国为首的发达国家对离岸外包忧虑重重，其主要原因是外包带来的失业增加。2004 年 2 月底，美国《纽约时报》一项调查显示，40%的美国人认为，对自己影响最大的事情中，离岸外包排在第一位，反恐排在第二位。[1]可见，由离岸服务外包所导致的发达国家失业问题已经成为政治问题。但是，客观地分析，离岸外包对发达国家带来的收益是十分可观的。

第一，降低成本。随着越来越多的服务外包由在岸向离岸发展，跨国公司不仅实现了产业链由国内到国际的空间拓展，而且在大量配置国际服务业资源的过程中，提高了产业利润。通过数据分析，服务外包能够使美国公司节约成本 60%~70%。如在市场需求分析、渠道规划、制造安排、运输规划这些供应链管理解决方案中产生了对数学设计、统计分析和计算机辅助模拟应用等人才的需求。目前，俄罗斯、印度等国家提供了大量这方面的工程技术人员，使跨国公司的 IT 服务外包最终节约费用 30%~50%。在知识产权方面，像美国专利商标起草和专利权申请一般要花费

---

①雷达：《外包让全球经济变样》，载《环球时报》，2006 年 9 月 8 日。

10000 到 15000 美元，而离岸外包部分专利权起草内容，能够节省总费用的 50%（相对最终客户）。2005 年 Sand Hill 集团对约 50 家软件厂商进行调查，发现离岸软件开发已经提高到 84%，离岸外包不仅仅包括维护和测试，还包括核心软件。调查发现，离岸外包使成本降低 40%。

第二，国民收入大量增长。1995~2002 年，外包支撑美国劳动生产率从 2.5% 提高到 2.8%，至少增加了 2300 亿美元的国民收入。根据麦肯锡估算和有关分析，每 1 美元的离岸外包可以为世界经济创造 1.45~1.47 美元的财富，这其中 1.12~1.14 美元由美国获得。2002 年，全球半导体收入的 40% 流入硅谷的半导体公司。根据美国国际科技协会（ITAA）和麦肯锡的调查分析，2003 年服务业离岸外包使美国的国内生产总值增加了 336 亿美元，2008 年增加到 1242 亿美元。离岸外包导致的成本降低金额从 2003 年的 67 亿美元增加到 2008 年的 209 亿美元（其中印度等亚太地区国家的美国企业平均节省成本在 20%），这些资金大部分投资于美国国内。近年来，跨国公司设立的离岸中心转移了大量高附加值业务，同时，也为其创造了更高的价值。如欧洲一家电信公司离岸中心中仅有 1%~2% 的员工从事高附加值的工作，但创造的价值则占整个中心所创造的价值的 35%~45%。

第三，就业增加和工资收入提高。美国国际科技协会（ITAA）发起的外包市场调查认为，离岸外包不仅促进了美国国内生产总值的增长，并且有助于创造包括 IT 部门在内的美国国内就业机会。研究报告称，虽然离岸 IT 软件及服务外包已经并将继续导致美国国内 IT 软件和服务岗位减少，但由于经济活力的增强，在 IT 和非 IT 行业都创造了大量新的工作机会。2004 年 3 月，ITAA 公布了离岸服务外包对美国经济和 IT 产业影响的调查结果显示，软件开发和 IT 服务外包为美国带来了扩大就业、提高工资的机会。2003 年，IT 外包使 9 万人就业，实际工资增加了 0.13%，2008 年，就业人数增加到 31.7 万人，实际工资增加 0.44%。Global Insight 分析，离岸外包使美国计时工资从 2005 年增加 0.06 美元到 2010 年增加 0.12 美元。

第四，投资增长。2005 年，软件离岸外包使美国投资增长约 152 亿美元，2010 年增长到 382 亿美元。

（二）发展中国家的主要收益

由于发展中国家在保持各类要素价格的低成本优势的同时，技术水平、人才素质、信息服务能力、基础设施环境等要素水平不断提高，积极承接国际服务外包成为发展中国家利用外资，扩大服务贸易，参与经济全球化的新途径。

　　发展中国家同样分享到了国际服务外包带来的收益。主要表现在以下 4 个方面。

　　第一，促进新兴产业培育与成长。一方面，离岸服务外包业务为发展中国家带来的市场机会，具有扩大产业规模的作用。发展中国家通过承接外包业务使原来弱小的新兴服务业加快形成规模，建立产业体系，加快国际化发展。这在许多发展中国家都得到了证实。如印度的 IT 业主要是通过承接跨国公司服务外包发展起来的。目前，印度 IT 业已经成为具有全球竞争力的产业，世界 500 强中多数企业向印度发包 IT 业务。另一方面，离岸外包产生的外溢效应为发展中国家带来的学习机会，加快提升了新兴服务业的发展能力。发展中国家在承接离岸外包业务中通过"干中学"、培训交流、人才流动等方式不断提高技术素质和管理水平，为新兴服务业发展奠定技术和人才基础。尤其是近年来，服务外包产业链不断向高端延伸，如软件研发、数据分析、生物医药研发、工业设计、动漫设计、咨询服务等，对培养这些行业的高端技术人才将发挥重要作用。

　　第二，增加就业岗位。根据麦肯锡研究，美国科研、法律、艺术、管理、产业经营、计算机、建筑行业以及销售领域 2005 年、2010 年、2015 年转移到海外的职位分别是 58.8 万个、160 万个、330 万个，到 2015 年将有 1360 亿美元的工资转移到发展中国家。2004 年，白俄罗斯 IT 业外包增加了 3000 到 3500 个软件工程师就业岗位。

　　第三，增加国际市场机会。2003 年，美国呼叫中心及数据输入工作外包金额高达 773.8 亿美元，这些业务的离岸部分主要转移到印度。日本从呼叫中心到 EPO（European Patent Office）有 8000 亿美元的市场，仅占日本离岸外包比率的 1.3%，这些软件业务大量委托中国公司开发，给中国软件公司提供了市场机会。加利福尼亚大学伯克利分校教授 Ann Lee Saxenian 分析认为，2010 年，美国在全球半导体市场的份额下降到 30%，日本下降到 20%，而亚太地区份额将上升到 35%。

　　第四，收入增长。从 BPO 业务市场来看，全球 BPO 业务主要转移到印度、中国、菲律宾、俄罗斯、波兰、墨西哥等国家，印度是承接 BPO 离岸最高的国家，此项收入 2002 年为 10 亿美元，2003 年增长为 13 亿美元，相当于全球 BPO 外包市场的 66%。从 ITO 业务市场来看，2003 年俄罗斯、波兰、匈牙利、捷克通过承接 IT 服务外包，IT 服务出口总额分别为 47500 万美元、2200 万美元、2000 万美元、2600 万美元。印度软件业 80% 的收入依赖于美国、欧洲的外包业务。

参考文献:

1. 中国服务外包研究中心, 中国国际投资促进会. 中国服务外包发展报告 (2007-2011). 上海: 上海交通大学出版社.

2. 中华人民共和国商务部服务贸易和商贸服务业司, 中国服务外包研究中心. 后危机时代促进我国服务外包发展研究. 2010.

3. 课题组. "十二五"中国国际服务外包产业发展规划.

4. 袁奇. 离岸外包对美国经济的影响分析. 经济经纬, 2005(1).

5. 胡芸. 与 FDI 相关的服务功能的离岸和中国的方略. 技术经济与管理研究, 2005 (5).

6. 调查显示亚洲公司更倾向于外包供应链管理. www.cntenews.com.cn, 2005-10-31.

7. 软件厂商面临离岸外包成本上升问题. www. cntenews.com.cn, 2006-02-14.

8. 未来十年, 日本仍是我国软件外包主要市场. 中国电子报, 2005-06-21.

9. Ron Wilson. Design outsourcing appears inevitable, EES told. EEtimes, 2003.

10. Ed Frauenheim. Overseas Outsourcing to rise in 2003. Staff Writer, www. cnetnews. com. cn, 2003-07-09.

11. Christina Elston. Designing Products With an Out-sourcing Partner. MDDI March, 2005.

12. IDC Analyze the Future. Worldwide Outsourcing Services 2011 Top 10 Predictions.

13. IDC Market Analyze. Worldwide Offshore Key Horizontal BPO Services 2010-2014 Forecast.

第三章　中国服务外包："十一五"回顾与"十二五"展望

国际服务外包是中国"十二五"时期着力发展的新兴服务业，具有科技含量高、附加值高、国际化程度高，增长空间大、吸纳大学生就业能力强，资源消耗低、环境污染少等特点。加快发展服务外包对于解决城市大学生就业，提高知识型人才素质，提升服务业质量和对外开放水平，加快服务贸易发展和优化外资外贸结构，尤其是对于提升生产性服务业竞争力支撑制造业发展，带动我国产业结构转型升级，加快经济发展方式转变具有重要战略意义。本章着重对中国服务外包产业发展现状、存在问题、发展趋势以及"十二五"时期的发展思路进行研究。

一、中国服务外包产业的发展现状

进入 21 世纪以来，中国服务外包产业快速发展，成为服务贸易增长的新引擎和提高开放型经济水平的重要突破口。主要呈现出以下特点。

（一）总量增长迅速，产业初具规模

2009 年，中国承接服务外包协议金额达 200.1 亿美元，同比增长 185.6%，执行金额 138.4 亿美元。其中离岸外包协议金额 147.7 亿美元，同比增长 153.9%，执行金额 100.9 亿美元，同比增长 151.9%。2010 年，中国承接服务外包协议金额达 274.1 亿美元，同比增长 37%，执行金额 198 亿美元，同比增长 43.1%，占全球服务外包市场总量的 5.4%。其中离岸外包协议金额 198.3 亿美元，同比增长 34.3%；执行金额 144.5 亿美元，同比增长 43.1%，占外包合同执行额的 73%。截至 2010 年，全国服务外包合同执行额 403.3 亿美元，服务外包离岸合同执行金额 301.3 亿美元，占服务贸易出口比重的 17.7%，比 2007 年（1.3%）提高了 16.4 个百分点；全国服务

外包从业人数 232.8 万人，其中拥有专科以上学历的员工数量占从业人员的 75% 左右。2010 年，吸纳大学生就业 48.56 万人。截至 2010 年，全国共有服务外包企业 12706 家左右。

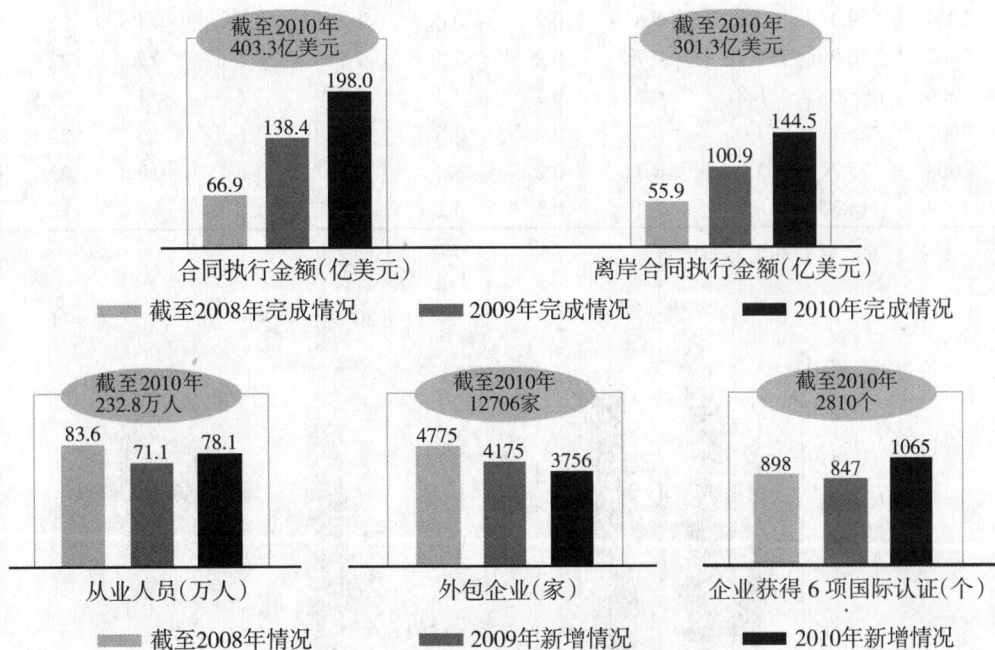

图 3-1　中国服务外包产业发展情况

资料来源：中华人民共和国商务部。

表 3-1　2003~2009 年我国服务贸易主要行业出口额增长情况　　　　单位：亿美元

年份	运输	通讯服务	保险服务	金融服务	计算机和信息	咨询	广告宣传	电影音像	其他商业服务
2003	79.1	6.4	3.1	1.5	11.0	18.8	4.9	0.3	150.6
2004	120.7	4.4	3.8	0.9	16.4	31.5	8.5	0.4	159.5
2005	154.3	4.9	5.5	1.5	18.4	53.2	10.8	1.3	168.8
2006	210.2	7.4	5.5	1.5	29.6	78.3	14.5	1.4	196.9
2007	313.2	11.7	9.0	2.3	43.4	115.8	19.1	3.2	269.1
2008	384.2	15.7	13.8	3.2	62.5	181.4	22.0	4.2	260.1
2009	235.7	12.0	16.0	4.4	65.1	186.2	23.1	1.0	246.9

资料来源：中华人民共和国商务部。

表 3-2　2003~2009 年中国服务贸易主要行业出口占比情况　　　　单位：%

年份	运输	通讯服务	保险服务	金融服务	计算机和信息	咨询	广告宣传	电影音像	其他商业
2003	17.0	1.4	0.7	0.3	2.4	4.1	1.0	0.1	32.5
2004	19.4	0.7	0.6	0.2	2.6	5.1	1.4	0.1	25.7
2005	20.9	0.7	0.7	0.2	2.5	7.2	1.5	0.2	22.8
2006	23.0	0.8	0.6	0.2	3.2	8.6	1.6	0.1	21.5
2007	25.7	1.0	0.7	0.2	3.6	9.5	1.6	0.3	22.1
2008	25.7	1.0	0.7	0.2	3.6	9.5	1.6	0.3	22.1
2009	18.3	0.9	1.2	0.3	5.1	14.5	1.8	0.1	19.2

资料来源：中华人民共和国商务部。

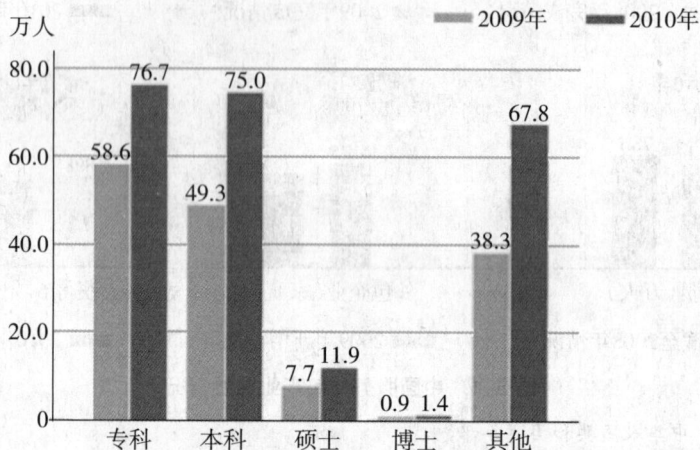

图 3-2　2009~2010 年服务外包从业人员学历情况

资料来源：中华人民共和国商务部。

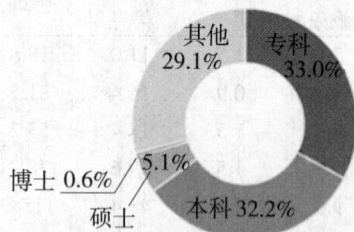

图 3-3　2010 年全国服务外包从业人员学历结构

资料来源：中华人民共和国商务部。

（二）发包方国别以美国、日本和中国香港为主要来源地

2009 年，美国、日本和中国香港合同执行金额分别为 28.1 亿美元、20.6 亿美元和 9 亿美元，占比分别为 27.8%、20.4% 和 8.9%，来自上述 3 个国家和地区的业务量占总量的 57% 左右。2010 年，美国、日本和中国香港合同执行金额分别为 38.1 亿美元、28.5 亿美元和 15.2 亿美元，占比分别为 26.3%、19.7% 和 10.5%。近年来，欧洲也呈上升趋势。2009 年，来自荷兰、英国、德国的合同执行额占比分别为 2.6%、2.3% 和 2.3%。2010 年，来自荷兰、英国、瑞士、芬兰的合同执行额占比分别为 3.2%、2.5%、2.1% 和 2.1%（表 3-3、3-4、3-5）。在中国软件业离岸外包业务中，来自日本、美国和欧洲的业务分别占 61.7%、20.6% 和 5.5%，三地发包量占软件离岸外包总量的 87.8%。

表 3-3　2008 年中国离岸服务外包业务十大来源地　　单位：万美元、%

序号	国别/地区	合同签约金额	比重	合同执行金额	比重
1	日本	106926.0	18.3	97158.3	20.7
2	美国	107958.0	18.5	90934.5	19.4
3	中国香港	69835.4	12.0	51292.2	10.9
4	中国台湾	18036.7	3.1	15404.4	3.3
5	英国	14723.3	2.5	14856.9	3.2
6	德国	14670.1	2.5	14690.2	3.1
7	新加坡	9774.4	1.7	12982.5	2.8
8	韩国	12575.8	2.2	6819.1	1.5
9	荷兰	24038.0	4.1	5750.5	1.2
10	法国	3700.2	0.6	5136.2	1.1

资料来源：中华人民共和国商务部。

表 3-4　2009 年中国离岸服务外包业务十大来源地　　单位：万美元、%

序号	国别/地区	合同签约金额	比重	合同执行金额	比重
1	美国	412941.3	27.95	281137.8	27.85
2	日本	253337.9	17.15	206263.2	20.43
3	中国香港	124974.4	8.46	89893.4	8.91
4	新加坡	77856.1	5.27	45356.7	4.49
5	中国台湾	38805.4	2.63	34371.1	3.41
6	荷兰	58049.2	3.93	25887.1	2.56

续表

序号	国别／地区	合同签约金额	比重	合同执行金额	比重
7	英国	35905.4	2.43	23588.2	2.34
8	德国	32395.0	2.19	22846.5	2.26
9	印度	25728.1	1.74	19910.8	1.97
10	韩国	31999.7	2.17	19547.9	1.94

资料来源：中华人民共和国商务部。

表3-5　2010年中国离岸服务外包业务十大来源地　　　　　单位：万美元、%

序号	国别／地区	合同签约金额	比重	合同执行金额	比重
1	美国	560769.30	28.3	380579.58	26.3
2	日本	349160.87	17.6	284821.06	19.7
3	中国香港	212482.42	10.7	152146.31	10.5
4	中国台湾	69820.72	3.5	55789.37	3.9
5	新加坡	59714.53	3.0	46568.99	3.2
6	荷兰	45846.45	2.3	46413.39	3.2
7	英国	43440.86	2.2	35801.74	2.5
8	瑞士	38770.63	2.0	30531.50	2.1
9	芬兰	50978.81	2.6	30093.83	2.1
10	印度	43102.78	2.2	27675.66	1.9

资料来源：中华人民共和国商务部。

（三）服务外包产业结构以 ITO 为基础，逐步向 BPO 和 KPO 扩展

从业务细分市场来看，中国承接离岸外包业务以信息技术外包（ITO）为主，逐步向业务流程外包（BPO）和知识流程外包（KPO）拓展。2008年，离岸服务外包 ITO、BPO 和 KPO 合同签约金额分别 40.7 亿美元、13.1 亿美元、4.6 亿美元，分别占 69.7%、22.4%、7.9%；2009年合同签约金额分别为 88.9 亿美元、34.6 亿美元和 24.2 亿美元，分别占 60.2%、23.4%和 16.4%；2010年合同签约金额分别为 119.4 亿美元、40.1 亿美元和 34.9 亿美元，分别占 60.2%、20.2%和 17.6%。据统计，2001~2005年，中国离岸软件外包服务市场年复合增长率达到 52.1%；2006~2011年在 38%左右。2009年，中国软件外包服务出口 24 亿美元，同比增长 15%。2009年，中国电信外包市场增长 28.6%，同比提高 7.6%，比 2005 年提高 19.1%。目前，ITO 的具体业务类型主要包括：软件产品开发、软件测试、应用系统开发和全球化服务等，BPO 业务主要包括：物流采购、金融财会、客户服务、人力资源管理与培训等，KPO 业务主要包括：动漫、研发、设计等。

表 3-6　中国服务外包细分市场规模　　　　　　　　　　单位：亿美元、%

	年份	ITO	占比	BPO	占比	KPO	占比	其他	占比
合同签约金额	2009	118.7	59.3	51.2	25.6			30.2	15.1
	2010	169.9	62.0	57.4	20.9	41.2	15.0	5.6	2.0
合同执行金额	2009	86.4	62.5	36.9	26.6			15.1	10.9
	2010	128.9	65.1	39.9	20.2	24.5	12.4	4.6	2.3

表 3-7　中国离岸服务外包细分市场规模　　　　　　　　单位：亿美元、%

	年份	ITO	占比	BPO	占比	KPO	占比	其他	占比
合同签约金额	2008	40.7	69.7	13.1	22.4			4.6	7.9
	2009	88.9	60.2	34.6	23.1			24.2	16.4
	2010	119.4	60.2	40.1	20.2	34.9	17.6	3.9	2.0
合同执行金额	2008	32.1	68.4	10.6	22.6			4.2	9.0
	2009	63.9	63.3	24.8	24.6			12.2	12.0
	2010	91.7	63.5	29.3	20.3	20.2	14.0	3.2	2.2

单位：亿美元

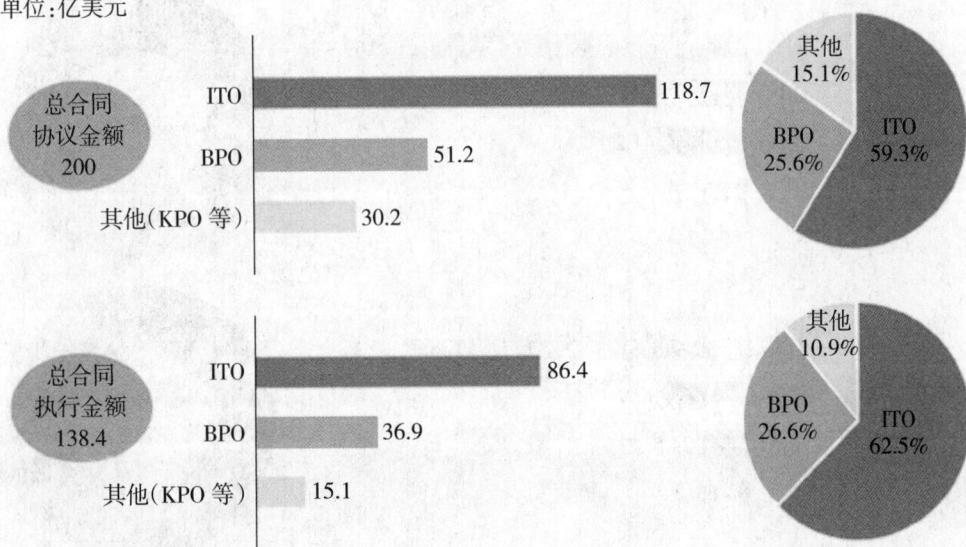

图 3-4　2009 年中国服务外包细分市场规模

资料来源：中华人民共和国商务部。

单位：亿美元

总离岸外包 合同签约 金额 147.7	ITO	88.9
	BPO	34.6
	其他（KPO 等）	24.2

其他 16.4%
BPO 23.4%
ITO 60.2%

总离岸外包 合同执行 金额 100.9	ITO	63.9
	BPO	24.8
	其他（KPO 等）	12.2

其他 12.0%
BPO 24.6%
ITO 63.3%

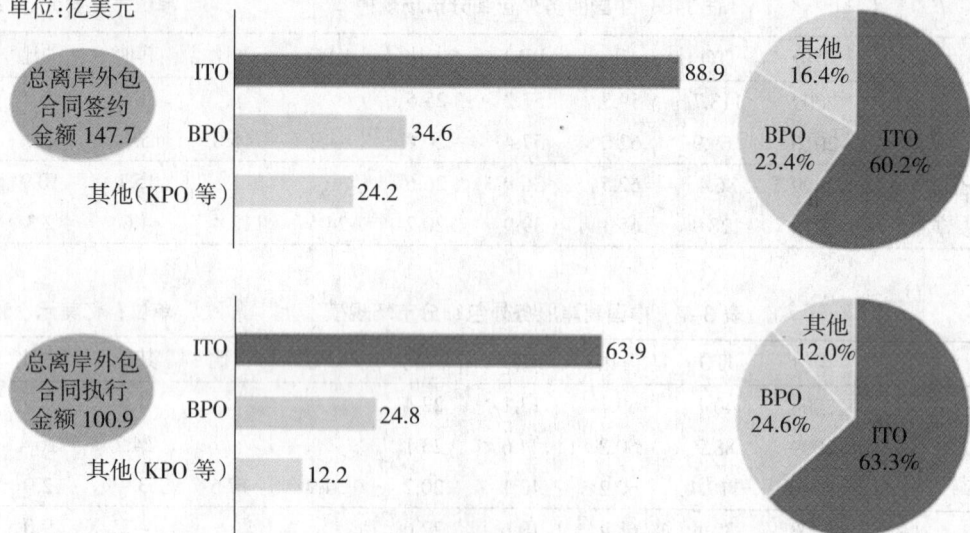

图 3-5　2009 年中国离岸服务外包细分市场规模

资料来源：中华人民共和国商务部。

单位：亿美元

其他 2.0%
KPO 15.0%
BPO 20.9%
ITO 62.0%

合同 签约金额 274.1	ITO	169.9
	BPO	57.4
	KPO	41.2
	其他	5.6

其他 2.3%
KPO 12.4%
BPO 20.2%
ITO 65.1%

合同 执行金额 198.0	ITO	128.9
	BPO	39.9
	KPO	24.5
	其他	4.6

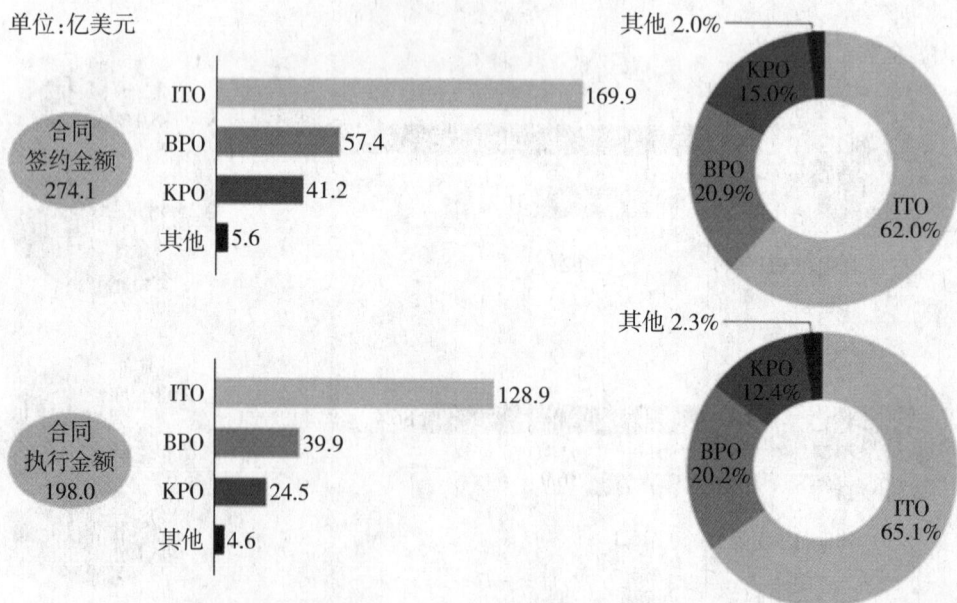

图 3-6　2010 年中国服务外包细分市场规模与结构

资料来源：中华人民共和国商务部。

单位:亿美元

合同
签约金额
198.3

ITO　119.4
BPO　40.1
KPO　34.9
其他　3.9

其他 2.0%
KPO 17.6%
BPO 20.2%
ITO 60.2%

合同
执行金额
144.5

ITO　91.7
BPO　29.3
KPO　20.2
其他　3.2

其他 2.2%
KPO 14.0%
BPO 20.3%
ITO 63.5%

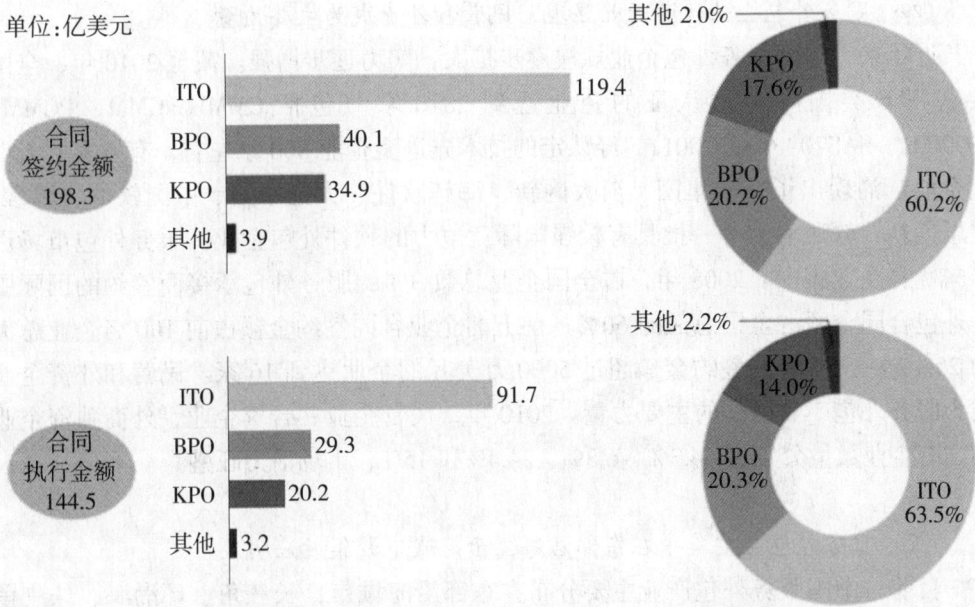

图 3-7　2010 年中国离岸服务外包细分市场规模与结构

资料来源:中华人民共和国商务部。

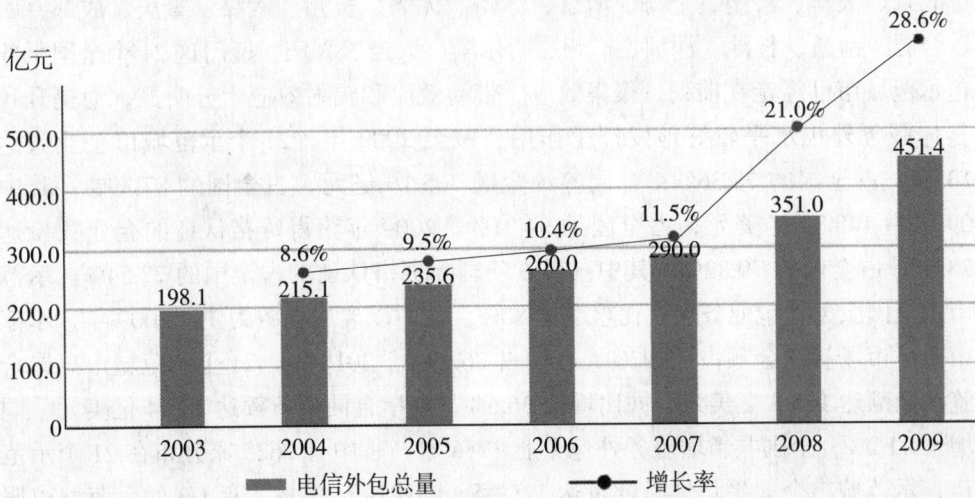

亿元

28.6%
21.0%
11.5%
10.4%
9.5%
8.6%

500.0
400.0
300.0
200.0
100.0
0

198.1　215.1　235.6　260.0　290.0　351.0　451.4

2003　2004　2005　2006　2007　2008　2009

电信外包总量　　增长率

图 3-8　2003～2009 年中国电信外包市场规模与增长情况

资料来源:慧典研究报告。

（四）服务外包企业优势开始显现，民营和外资成为主要力量

近年来，中国服务外包企业规模逐步扩大，实力逐步增强。截至 2010 年，全国共获得 6 类国际资质认证的企业达到 2810 家（包括 CMMI、CMM、PCMM、ISO2001、SAS70、ISO27001），经认定的技术先进型企业 800 家左右，有 4 家万人以上企业。涌现出了东软集团、浙大网新、海辉软件、大连华信、中国软件、博彦、文思创新、软通动力等一批具有较强国际竞争力的软件外包企业。服务外包市场逐步向优势企业集中。2008 年，占全国企业总数 3% 的服务外包承接商签约的国际服务外包合同金额占全国总额的 60%；前五名企业合同签约金额占前 100 名企业总额的 25.4%；全年合同签约金额超过 5000 万美元的企业达到 16 家。民营和外资企业成为服务外包产业增长的主要力量。2010 年，民营企业、合资企业、外商独资企业和国有企业数量分别占 54.3%、6.3%、24.4% 和 15%，市场活力旺盛。

（五）服务外包主要集中在东部沿海，示范城市聚集效应明显

目前，中国服务外包产业主要分布在东部沿海城市，长三角、环渤海、珠三角和中西部城市，分别占全国总量的 64.7%、22.1%、4.7% 和 8.5%。长三角地区具有明显优势，基本形成了以上海、南京、苏州、杭州、无锡 5 个示范城市为主要聚集区，辐射带动周边地区发展的格局。

北京、天津、济南、上海、南京、苏州、无锡、杭州、武汉、重庆、成都、西安、合肥、南昌、长沙、深圳、广州、哈尔滨、大连、大庆、厦门这 21 个全国服务外包示范城市已经走在前列，聚集效应、带动效应和辐射效应十分明显，为提升我国整体服务外包水平较好地发挥了作用。截至 2009 年，21 个示范城市企业数达 7013 家，占全国的 78.36%；合同签约金额 305.16 亿元，占全国的 87.39%；其中 2009 年为 148.83 亿美元，占全国的 94.91%。2009 年获得资格认证的企业数量达 3678 个，占全国的 79.82%，其中获得 6 项国际资格认证的占全国的 77.54%。示范城市占全国服务外包业务规模比重超过 80%，其中以离岸业务为主。2009 年，示范城市离岸市场签约金额占 73.92%，在岸占 26.08%。2010 年，21 个示范城市离岸合同签约金额达 185.8 亿美元，同比增长 36.6%，离岸合同执行额达 135.4 亿美元，同比增长 41.2%；全国共新增服务外包企业 3756 家，其中有 2625 家分布在 21 个示范城市；示范城市企业平均增长数量达 125 家，同比增长 37%；有 1/3 的示范城市服务外包企业数量增长率达到 50% 以上。

表 3-8、3-9、3-10、3-11 分别选取了我国具有代表性的服务外包园区，苏州工

业园区、中关村软件园、大连高新区、天府软件园区服务外包发展的情况，可以看出，2006~2010年，这4个园区在速度增长和规模发展上都呈现出强劲的态势。

表3-8 苏州工业园区服务外包发展情况

单位：亿元、人、万美元、万元/年·人、家

	2006	2007	2008	2009	2010
园区总产值	679.52	836.01	1001.52	1085	1330.2
园区总就业人数	422476	501961	492794	504173	600189
园区基础设施投入额	76.85	52.81	39.44	117.05	70.97
园区固定资产投资额	395.38	416.4	455.01	492.05	550.25
服务外包接包合同签约额			45000	75298	120854
服务外包离岸接包合同执行额		22887	32200	54532	78254
服务外包总产值	30	38	79	120	145
服务外包企业数		400	630	950	1100
服务外包企业从业人数		15000	30000	45000	52000
园区服务外包企业的劳动生产率		25	26	27	28

资料来源：苏州工业园区管理委员会。

表3-9 中关村软件园区服务外包发展情况

单位：亿元、人、万美元、万元/年·人、家

	2006	2007	2008	2009	2010
园区总产值			180	200	240
园区总就业人数			18000	20000	24000
园区基础设施投资额			30	45	50
服务外包离岸接包合同执行额			40000	60000	80000
服务外包产业总产值			25	30	35
服务外包企业数			20	25	30
服务外包企业从业人数	4000	7000	9000	18000	30000
服务外包企业的劳动生产率			12	15	18

资料来源：中关村软件园管理委员会。

表3-10 大连高新区服务外包增长情况 单位：亿元、万人、家

	2006	2007	2008	2009	2010
园区总收入	367	467	476	515	628.25
主体园区总就业人数	9.9	11.4	12.2	13.5	14.9
园区基础设施投入额	8.4	15.2	24.6	39.4	103.8
软件和服务外包收入	107.5	172	240.8	337	506
软件和服务外包企业数	475	580	622	718	824
软件和服务外包从业人数	5.2	6.4	6.8	7.5	8.5

资料来源：大连高新区管理委员会。

表3-11 天府软件园服务外包发展情况 单位：亿元、人、万美元、家

	2006	2007	2008	2009	2010
软件产业总产值	180	210	260	300	400
软件产业总就业人数	30000	50000	55000	62000	80000
服务外包接包合同签约额	136	2400	6300	26000	28100
服务外包接包合同执行额	136	2400	6300	13000	23200
服务外包离岸接包合同签约额	15	1200	3800	12000	27000
服务外包离岸接包合同执行额	15	1200	3800	8900	23000
服务外包产业总产值		6	20	30	45
服务外包企业数	30	60	80	110	140
服务外包企业从业人数	2600	4600	11800	12000	20600

资料来源：成都市商务局。

二、存在的主要问题

应该看到，中国服务外包产业仍处于发展初期，还存在着诸多问题，主要表现在以下方面。

（一）产业整体竞争力较弱

一是服务外包企业规模普遍较小、组织管理不成熟。2010年全国服务外包企业

人员平均规模为 183 人，大部仍是 100 人以下的小规模企业。2008 年中国前 20 强软件外包企业平均出口额为 4130 万美元，平均外包额 5491 万美元，平均人数为 1510 人。而印度过万人的软件外包企业就有 20 多家，Infosys 已经超过 10 万人；中国软件外包行业利润率平均只有 10% 左右，而印度则高达 40% 左右。中国外包企业年人均创造的收入只有 1 万 ~2 万美元，而印度则达到 5 万美元；目前中国排名前三十的软件公司中，仅有 20% 左右的企业获得了 CMM4 或 5 级认证。二是服务外包产业价值链主要集中在中低端。研究表明，2010 年全球 KPO 外包的 70% 在印度，仅有 30% 在中国和其他发展中国家。三是由于缺乏服务外包品牌，企业承接高端外包业务能力不强，缺乏直接从欧美发包商手中接单的能力。据调查，海外直接接包比率在 50%~75% 之间的企业占 31%。四是服务外包企业仍然以承接在岸为主，离岸规模小。目前，中国服务外包企业承接离岸业务水平大致在 20%~30% 左右。

（二）区域发展不平衡

服务外包产业主要聚集在东部沿海地区，中西部内陆地区发展缓慢；主要聚集在一二线城市，中小城市发展缓慢等。长三角、环渤海、珠三角地区由于具备国际化程度较高、基础设施建设完善、人才密集、交通通信发达、产业基础雄厚、服务业基础较好等优势，在发展国际服务外包上起步早，在企业数量、规模、发展速度和集聚效应等方面已经形成了明显优势。而多数中西部地区由于国际化程度低、基础设施较差、产业基础薄弱、人才匮乏等不利因素，发展国际服务外包较为艰难，这种趋势将不利于中西部地区产业优化升级，进一步扩大东中西部地区差距，影响区域协调发展。

（三）缺乏科学规划和综合引导

目前，由于各地缺乏科学规划，导致产业趋同化问题较为突出，恶性竞争逐步显现。各地区在发展服务外包行业导向、招商引资对象普遍存在同质化现象。一些城市没有根据自己的特点进行准确定位，存在涵盖领域过宽，特色不够鲜明，重点不突出，影响了品牌效应和产业集聚效应，不仅很难发挥城市的资源禀赋优势，而且容易导致恶性竞争，影响了城市之间的合作共赢。此外，在外包行业发展上，主要侧重于软件信息技术，对其他行业缺乏规划。

（四）服务外包人才匮乏

目前中国软件外包人才缺口为 30 万人，且正以每年 20% 的速度递增；未来 5 年中，离岸服务外包行业将面临 34 万合格人才的缺口。服务外包企业人才数量不足、人才结构性供给缺口明显、人才质量差距较大、人才适应性较差等问题较为严重，尤其是能够熟练掌握和运用英语的专业性人才比较缺乏，复合型中高端人才和适用性技术人才短缺，已经成为制约我国服务外包产业的瓶颈。以软件产业为例，高端的软件构架师、系统设计师以及底部的软件蓝领都严重短缺，而中端的系统工程师则相对过剩。影响了我国承接离岸软件外包业务和自主创新能力。根据 Gartner 研究，中国从业人员的交流能力和工作技能低于印度、爱尔兰和俄罗斯等国家。此外，服务外包人才培养机制尚未建立，也不利于产业的可持续发展。

（五）产业服务体系和法律法规不够完善

公共服务平台建设欠缺、行业协会等中介组织发育不完善，还没有建立与国际接轨的服务外包技术标准体系和统计指标体系。由于行业协会和产业联盟缺乏影响力，导致中国难以在国际上推介外包企业，树立服务外包品牌；无法形成统一的行业标准，使外包提供商服务标准、服务水平参差不齐；在承接离岸业务时，不利于抱团获得海外订单。企业反映，知识产权保护力度不足和信息安全环境较差是制约国外客户进一步在中国扩大业务的重要原因。由于国际服务外包是知识密集型行业，跨国公司在考虑发包时对知识产权保护格外重视。目前的盗版软件、山寨版产品等都影响了离岸服务外包发展。

（六）服务外包企业税收负担过重

服务外包企业纳税以营业税为主，存在多环节征收问题，虽然对符合条件的国际服务外包企业收入免征营业税，但服务产品出口前在国内流转的环节越多税收越多。据专家朱晓明的研究，目前我国服务业税负高于制造业，存在增值税和营业税并存等重复征税问题。一家制造业企业的公司内部呼叫中心营业税为零，增值税可抵扣；而一家专业外包企业呼叫中心则需交纳营业税，且增值税不可抵扣。此外，企业所得税、营业税存在税负偏高问题，这些都增加了服务外包企业负担，削弱了企业竞争力。

三、中国服务外包产业发展的主要趋势

中国已经成为全球第二大离岸外包目的地国家。从总体趋势来看，"十二五"时期，我国服务外包产业具有广阔的增长空间。发展规模将继续扩大，全球份额快速提高。BPO 和 KPO 等业务外包规模将迅速扩大，产业价值链从中低端向高端攀升；发包方将呈现出美欧市场快速增长，亚洲市场持续扩大，拉美、非洲等新兴市场逐步开拓的多元化趋势；承接外包业务以在岸跨国公司为主，逐步向离岸业务发展；服务外包企业结构将由外资推动，逐步向内资企业拉动转变。预计到 2015 年，我国承接离岸业务执行金额年均增长水平在 40% 左右，2015 年将达到 850 亿美元左右，成为仅次于印度的全球第二大服务外包中心。

（一）从全球化趋势来看，全球服务外包市场潜力仍然巨大

虽然我们遭遇了全球金融危机，外需市场萎缩，但服务全球化的趋势并没有改变。据麦肯锡研究，全球财富 1000 强中 95% 以上的企业已经制定了服务外包战略，到 2010 年，全球服务外包市场规模将达到 6000 亿美元以上。据联合国贸发会预测，未来几年全球的服务外包市场每年将以 30%~40% 的速度增长。

（二）从接包地区来看，接包市场多元化的趋势将使中国优势更加突出

当前，全球服务外包市场主要集中在北美、西欧和日本，美国是全球服务外包的首发地和最大客户，约占外包支出的 2/3，欧洲和日本约占 1/3。中国、澳大利亚、加拿大、爱尔兰、印度都是主要的承接地。目前，印度仍是主要的接包国家，占全球 ITO 与 BPO 市场份额的 40% 以上。但是，跨国公司出于自身经济安全和分散风险的考虑，已经开始重视对中国、马来西亚、菲律宾、俄罗斯、墨西哥、巴西、罗马尼亚以及非洲国家等其他发展中国家发包。相比之下，中国的优势更加明显。

（三）从服务外包产业价值链来看，知识密集的高端环节机会将增加

从近年业务市场变化来看，ITO 规模将继续扩大，BPO、KPO 都将快速增长。2004~2009 年全球 ITO 市场年均复合增长率为 6.9%，BPO 市场年均复合增长率达到 9.1%。据 IDC 统计，2010 年，全球 IT 服务支出总量为 5826 亿美元，增长 2.9%；业务服务支出达到 2168 亿美元，增长 2.3%，主要包括人力资源、采购、财务与会计、

客户关怀、培训等。目前全球软件产值约 1/3 需要通过外包来完成。未来时期，全球 BPO 市场将高于 ITO 的增速。KPO 市场年均复合增长率在 46% 左右。

KPO 和 BPO 市场快速增长的原因：一方面，金融危机后，随着新技术新产业的不断涌现，如，云计算、物联网技术的运用，新能源、新材料、低碳经济等新兴产业发展，将衍生出各类服务外包领域。另一方面，随着全球专业化分工的进一步深化，传统产业服务业和制造业的分离，也将产生大量的 BPO 项目，如，金融、物流采购、研发设计、法律财会管理和咨询、人力资源服务、建筑服务、旅游等都蕴涵着大量的外包机会。近年来，跨国公司高端服务业转移大量发生。2006 年，通用汽车计划在未来 5 年内外包 150 亿美元的信息技术业务，包括汽车设计、制造支持系统以及全球供应链管理等。跨国公司在中国设立的研发中心已经达到 1000 多家。

（四）从内需市场来看，国内服务外包需求将持续增长

一方面，随着跨国公司在中国制造业、服务业的投资不断增长，对服务支持的需求和规模日益扩大，将释放出大量服务外包业务，并延伸出各种离岸业务。尤其在软件等信息技术服务，以及研发、设计、咨询、呼叫中心、数据处理等流程服务外包领域。另一方面，由于国内企业为了降低成本、提高核心竞争力的需要，服务专业化趋势必然增强，服务分工不断细化，中国制造业体系内置的服务环节分离将会加快，释放出各种 ITO、BPO 和 KPO 外包业务。同时，随着我国政府信息化、服务化、专业化程度不断提高，对服务外包市场需求将大幅度增加。在信息技术服务、研发咨询、客户服务、品牌策划等领域都将释放外包需求。

（五）从供给层面来看，中国在人才、基础设施、企业能力等方面优势更加突出

1. 教育规模持续扩大，人力成本优势持续保持

中国具有丰富的、知识结构多元化的人才资源，有条件承接中高端服务外包业务。目前，普通高等院校、各类职业院校不断扩大规模，增加专业设置。2010 年，高等院校毕业生人数达到 630 万人左右，相当于 2005 年的近 2 倍。目前，服务外包就业人员工资水平一般在 2000~3000 元左右，人力成本优势十分突出。

万人

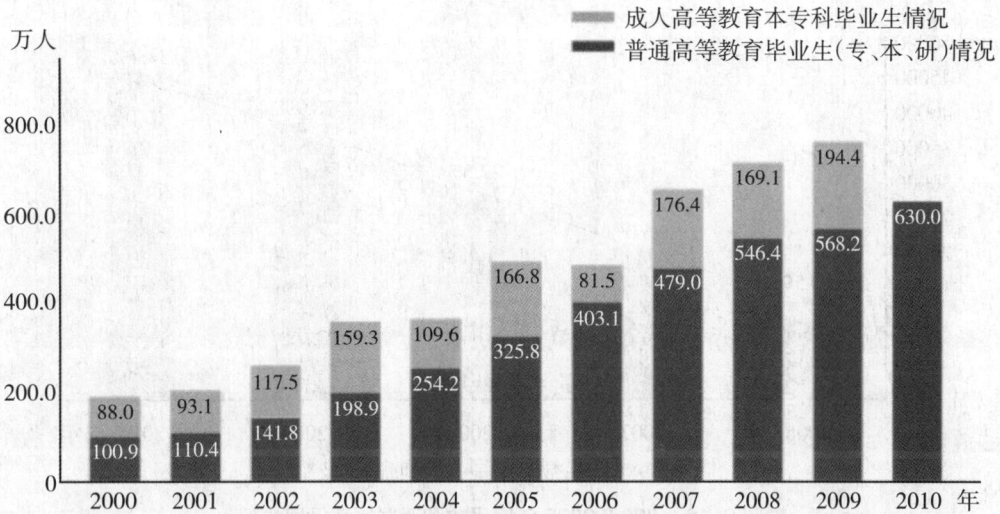

图3-9　我国高等教育毕业生数量增长情况

资料来源：国家统计局。

2. 基础设施建设速度加快，为服务外包产业发展提供了基础条件

中国电信网络基础条件不断完善。2010 年，互联网普及率达 34.3%，超过世界平均水平。2009 年，国际出口带宽超过每秒 86 万兆字节，是全球第二大拥有 IP（网络互连协议）的国家。2009 年，长途光缆线路长度达 831011 千米，互联网宽带接入端口 13835.7 万个，电信业固定资产投资 3724.9 亿元，分别相当于 2003 年的 1.4 倍、7.7 倍和 1.7 倍。2009 年，电力热力生产供应业投资 46606.9 亿元，交通运输、仓储和邮政业投资 89283.5 亿元，信息传输、计算机服务和软件业投资 4306.2 亿元，分别相当于 2003 年的 18.1 倍、18.2 倍和 8.5 倍。

随着服务外包企业国际渠道的不断拓宽，技术水平提高，承接国际业务逐步成熟，离岸业务将加速增长。

表3-12　2006~2009 年网民数和互联网普及率情况　　　　单位：万人、%

	2006	2007	2008	2009	2010
网民数	13700	21000	29800	38400	45700
互联网普及率	10.5	16.0	22.6	28.9	34.3

资料来源：中华人民共和国工业和信息化部网站。

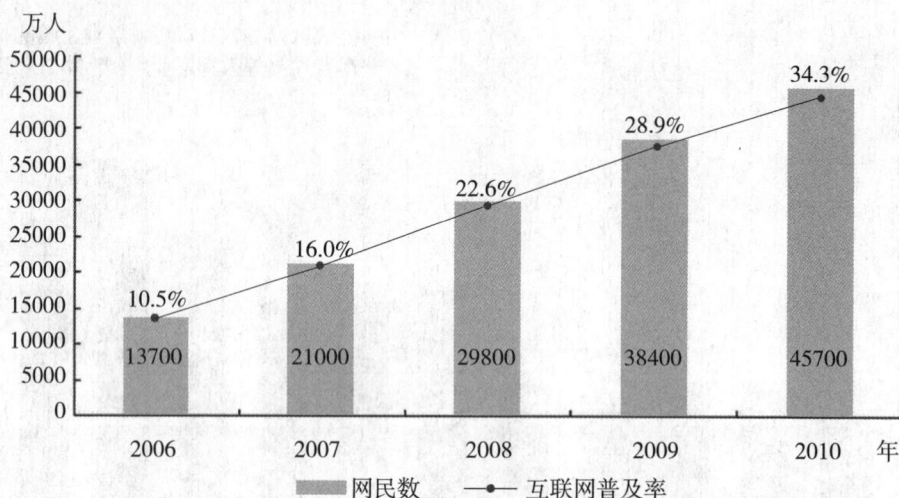

图 3-10　2006~2009 年网民数和互联网普及率情况

资料来源：同上。

表 3-13　2003~2009 年我国电信固定资产投资情况　单位：千米、万个、亿元

年份	长途光缆线路长度	互联网宽带接入端口	电信业固定资产投资
2003	594303	1802.3	2215.2
2004	695271	3578.1	2136.5
2005	723040	4874.7	2033.4
2006	722439.2	6486.4	2186.9
2007	792154	8539.3	2279.9
2008	797979	10890.4	2953.7
2009	831011	13835.7	3724.9

资料来源：中华人民共和国工业和信息化部。

表 3-14　2003~2009年中国电力、交通运输、信息计算机等固定资产投资　单位：亿元

年份	电力、热力的生产和供应业	交通运输、仓储和邮政业	信息传输、计算机服务和软件业	电信和其他信息传输服务业	计算机服务业	软件业
2003	2567.1	4892.7	506.9	479.1	5.1	22.7
2004	23856.9	27856.9	2901.3	2700.4	41.5	159.4
2005	29522.6	36606.8	2824.9	2604.5	45.5	174.9
2006	32301.4	42053.4	2950.3	2647.2	84.2	218.9
2007	34941.3	51209.1	3133.6	2761.3	88.8	283.6
2008	38614.1	64437.6	3828.1	3263.1	106.9	458.1
2009	46606.9	89283.5	4306.2	3618.1	102.9	585.2

资料来源：国家统计局网站。

（六）从制度层面来看，政府的规划引导、产业政策优势逐步发挥作用

近年来，服务外包产业的发展环境将进一步改善和优化。国家制订了"十二五"时期国际服务外包发展规划，标志着服务外包产业已经上升到国家战略层面。全国21个服务外包示范城市，以及沿海地区、部分有条件的中西部地区都把发展服务外包产业列入了当地"十二五"规划，并做了服务外包专项规划。随着中央和地方政府对服务外包产业的高度重视，各类税收优惠、财政资金支持等产业扶持政策相继出台。同时，知识产权保护、信息安全保护法等方面的法律法规不断完善。

四、"十二五"时期发展服务外包产业的战略思路

"十二五"将是中国服务外包产业实现跨越发展、整体提升，创造国际竞争新优势的关键时期。应转变观念，切实提高对服务外包产业的认识，加强科学规划、合理布局，力争实现量的扩张和质的提升。在整体发展思路上，应以ITO为基础积极向其他行业延伸；以服务外包龙头企业引领带动中小配套企业发展；以本土企业为重点，积极推进服务外包企业结构调整；以国家服务外包示范园区为依托，加快服务外包产业聚集发展和规模发展；以东部沿海地区为基础向中西部地区加快扩展；以示范城市为基础带动全国服务外包发展；以美日欧市场为主体积极开拓新兴市场，推进发包市场多元化。

（一）着力发展重点领域，加快形成一批高端服务外包产业集群

"十二五"期间，中国服务外包重点领域的选择，应把握后危机时期国际服务业转移和全球服务外包离岸发展的新趋势，立足转变经济发展方式与产业优化升级，针对国家重点支持发展的现代服务业和战略性新兴产业，结合国内服务外包产业发展的基础和要素禀赋优势，应重点发展以下服务外包领域。

1. 信息技术服务外包（ITO）

"十一五"以来，中国软件信息技术外包发展迅速，规模持续扩大，实力不断增强，已经形成了技术基础雄厚、规模效应明显的产业集群。2010年，中国软件出口协议金额126.3亿美元，同比增长24.4%；执行金额97.4亿美元，同比增长34%。要充分利用全球软件与信息技术服务转移的契机，不断提升产业能级，积极向国际软件外包产业价值链的高端拓展。大力发展软件开发与测试、IT基础设施服务、运行维护与服务等业务，加快发展软件咨询、解决方案等高端业务。同时，充分发挥

信息技术对于传统产业的改造提升作用，对于战略性新兴产业发展的带动作用。重点发展针对用户的运营、生产、供应链管理、客户服务、人力资源和财务管理、计算机辅助设计、工程设计等业务，发展定制软件、嵌入式软件、套装软件、系统软件的开发与测试、应用软件集成以及维护管理等服务外包，承接海内外企业信息管理系统开发、售后运营服务以及数据中心服务等业务。积极推动软件企业从提供软件和技术服务，向整体方案提供商与 BPO 综合服务提供商转型。注重加快国家软件出口基地和示范园区建设。到"十二五"末，初步形成中国软件服务外包产业体系。

2. 业务流程服务外包（BPO）

业务流程外包覆盖范围广，市场潜力和增长空间巨大，有利于解决高中低端各层次、不同知识结构的大学生、研究生就业，尤其适应高等院校人才供给规模日益增长、专业学科分类不断细化的特点。应着力发展金融服务外包、物流服务外包、商务服务外包等领域。

（1）金融服务外包。中国金融服务外包增长速度快、规模大、吸纳就业能力强，未来市场需求旺盛。应在扩大现有优势的基础上，不断向高端服务拓展，促进金融服务信息化、专业化、标准化和国际化水平的提高。应大力发展财务结算、数据处理、呼叫中心、信用卡业务、灾备中心、客户管理等服务外包业务。加快发展金融衍生品研发、金融数据挖掘与分析、金融咨询等高端服务外包业务，提升咨询和解决方案的服务能力。积极提升国内金融服务市场的专业化分工水平，同时，提升大型银行应用系统的整体解决方案能力和信息通信技术（ICT）系统的总承包能力。

（2）物流服务外包。物流服务外包是用信息化改造传统仓储、运输和配送能力，提高生产流通效率的关键支撑，同时，为我国构建网络化、标准化、规模化、国际化的现代物流体系提供信息技术服务平台。跨国公司全球化布局为国际物流外包创造了巨大的发展空间。应重点发展物流采购整体解决方案设计、供应链管理、物流平台系统等高端服务外包业务，积极扩大数据处理、订单管理、客户服务、物流信息系统维护等外包业务规模。依托制造业、服务业优势拓展物流外包的领域和规模，延伸物流服务产业链。充分发挥中国陆海空联运、港口和仓储发达、国际大型物流公司较多的优势，着力发展第三方、第四方物流，B2B（企业对企业）、B2C（企业对顾客）电子商务平台，积极培育物流供应链系统集成商。

（3）商务服务外包。中国商务服务外包已经初具规模，未来具有很高的成长性和巨大的市场需求。应重点发展企业人力资源管理、法律服务、咨询服务、财会管理、客户服务等领域；发挥人才结构多元化的优势，更大范围地承接国际商务服务外包，积极引进国外咨询机构，全面提高商务人才素质和服务质量。

3. 知识流程服务外包（KPO）

近年来，全球 KPO 业务向中国转移趋势明显。积极培育和发展 KPO 外包，有利于快速扩大国内高端服务业规模。应着力发展动漫、游戏、演出、影视等文化创意服务外包，研发和工业设计服务外包，教育和培训服务外包，医药研发服务外包等。

（1）文化创意服务外包。文化创意产业是全球化程度较高、增速较快、产值巨大的新兴产业。"十一五"以来，中国文化创意产业已经形成了高增长、集群化的态势。应充分利用信息技术带动全球数字内容产业高速增长的历史机遇，通过积极承接离岸业务，提升文化创意产业的自主创新能力。重点发展动漫、网络游戏、数字娱乐、影视制作等，积极承接原创动画开发、特效制作、游戏制作、漫画数字化应用、媒体后台数据库等外包业务。提高动漫、游戏产业的研发能力、制作能力和衍生品开发能力。提高手机数字娱乐产品的创新水平，推动影视剧制作外包的规模化发展。力争到"十二五"末，形成一批国际知名的创意企业、大师和作品。

（2）研发和工业设计服务外包。近年来，跨国公司研发设计服务向中国离岸外包的趋势加快，为中国承接国际研发设计服务外包提供了机遇和空间。发展研发设计服务外包有利于提高自主创新能力，推动研发设计服务业的专业化、规模化和国际化。应积极吸引跨国公司在我国设立研发中心和设计创新中心，鼓励国内科研机构、设计机构承接境外研发设计服务。尤其要着力发展电子信息产品、日用消费品、时尚产品、医疗器械、汽车、船舶、装备制造等设计服务外包，提高设计创新能力、新材料应用水平和产品附加值；着力发展电子信息、新能源、新材料、节能减排、环保技术、航空航天等高新技术产业的研发服务外包，增强战略性新兴产业的核心竞争力。

（3）教育和培训服务外包。随着网络信息技术的发展，以及全球化对各类国际化人才需求增加，教育培训服务外包具有较大发展空间。应充分发挥我国各类高校、专业培训咨询机构、网站的综合优势，积极引进国外培训机构、人力资源外包企业，承接国内外企业、政府等机构的远程教育、课程设计、教育管理、专业培训等外包业务。积极构建各类人才交流市场，人才数据库、培训信息库等平台，推动我国教育培训的产业化和国际化。

（4）医药研发服务外包。中国医药研发服务外包已经由药物发现、临床前研究、药物基因组学、药物安全性评价等服务，发展到包括数据管理与分析、产品研发、市场推广服务等的全产业链领域。应重点发展新药研发、医学检验技术、动物实验研究及应用、临床试验、生物技术等，力争在高端环节取得突破，打造完整的医药研发服务外包产业链。

要加快服务外包产业的聚集发展和规模发展，国家有关部门应积极做好国家服务外包示范园区的认定工作。除继续抓好软件服务外包园区认定外，还应做好其他各类特色服务外包示范园区的认定工作，加快形成一批高端服务外包产业集群。

（二）进一步优化服务外包区域布局，促进协调发展

在区域布局上，要立足地理区位、产业特色、资源环境、人力资本等要素禀赋优势，积极构建以区域中心城市、示范城市为主体，充分发挥潜力城市作用，辐射带动周边城市分工有序、差异化发展的产业格局；积极打造服务外包城市集群和服务外包产业带。

1.继续发挥示范城市的引领作用，带动其他城市发展

21个示范城市已经具备了良好的发展基础，基本形成了特色产业，积累了行业经验，形成了较强的示范带动效应，成为中国服务外包产业增长的主要动力。应进一步增强示范城市的辐射带动能力，使服务外包产业链向周边地区和中小城市延伸。要继续发挥示范城市的先行先试优势，积极探索服务外包的政策创新、模式创新、管理创新，为全国推广普及提供经验。

2.继续发挥东部沿海城市的龙头作用，提高服务外包产业全球竞争力

发挥长三角、环渤海、珠三角地区已经形成的服务外包产业聚集优势，在全国形成强大的辐射带动效应。尤其要发挥北京、上海、南京、杭州、苏州、无锡、大连、深圳、天津等城市高端人才聚集、国际化程度高、接包能力强、服务业发达、总部经济集中，以及服务外包产业基础较好、潜力大、规模效应强等优势，形成具有较强国际竞争力的服务外包产业聚集区。着力打造国际化的金融中心、航运物流中心、采购中心、研发设计中心、信息服务中心、文化创意中心、商务营运中心、技术交易中心等，全面提高我国生产性服务业的国际化水平。着力吸引具有总部功能和高端的服务外包产业，通过发展国际服务外包改善我国在全球生产网络中的布局，提升在全球价值链中的分工地位。

3.加速推进中西部地区服务外包产业发展，使之成为开放型经济发展的重要突破口

要充分发挥中西部地区、东北等老工业基地教育科技资源丰富、产业基础雄厚、智力资源密集，以及人才资源、土地资源等各类要素成本相对低的优势，大力发展

国际服务外包产业。

高校科研院所相对集中的城市要率先发展，尤其是西安、成都、武汉、合肥、重庆、大庆、南昌、长沙、哈尔滨等条件较好的城市要率先发展，带动中西部服务外包的整体发展和能力提升。

把推动服务外包产业发展作为扩大中西部对外开放，构建内陆地区开放型经济高地的重要突破口。要加大中西部地区基础设施建设投资，加大财政税收优惠力度，放宽服务外包企业资质认定标准，增强承接能力，扩大规模。尤其要注重发挥高新区、保税物流区、科技园区的载体作用。

4. 加快形成一线城市和二三线城市之间的分工合作体系，带动中小城市服务外包发展

目前，由于北京、上海、深圳、广州等一线城市成本的持续上升，二三线城市在人力成本、生活成本、商务成本，以及土地、能源、资源等要素价格方面普遍低于一线城市，二线城市已经逐步成为服务外包产业的重点城市，许多三线城市也已经与大城市之间形成了垂直分工关系。"一线城市接单，二三线城市交付"的模式和分工格局正在逐步形成。这一分工格局有利于更好地发挥大城市的辐射带动作用，促进中小城市发展服务外包产业。应统筹考虑一二三线城市的分工关系，对不同层级城市确定不同的功能定位，促进城市间合理布局，形成良性互动、共同发展的城市分工体系，力争为二三线城市提供更多的发展机遇和空间。尤其要利用北京、上海等一线城市的接单优势、国际资源和网络优势，发挥二三线城市基础设施条件不断完善、成本低等优势，加快服务外包企业向二线或三线城市转移。鼓励大型服务外包企业在二三线城市设立交付中心。逐步深化"一线城市接单，二三线城市交付"的分工模式。

5. 积极构建以区域中心城市、示范城市为主体，发挥潜力城市作用，辐射带动周边地区有序分工、差异化发展的服务外包城市集群和服务外包产业带

东部地区：长三角要力争形成以上海、南京、杭州、苏州、无锡为主体，带动宁波、南通、嘉兴等潜力城市发展的格局。以上海为龙头，构建长三角服务外包城市集群，着力发展金融、航运物流、创意服务、研发设计、集成电路设计、建筑工程设计等服务外包行业，成为我国服务外包产业的主要增长极。环渤海地区要力争形成以北京、天津、济南为主体，带动青岛、烟台、石家庄等潜力城市发展的格局。以北京为龙头，发挥中关村自主创新示范区、天津滨海新区的辐射带动作用，着力形成软件与信息技术、港口物流、金融、研发等高端服务外包产业集群。珠三角地

区要力争形成以深圳、广州为主体，带动佛山、珠海、东莞、顺德等潜力城市发展的格局。依托珠三角外向型经济和雄厚的加工制造业基础，发挥比邻香港的优势，力争在工业设计、产品研发、创意服务等外包行业形成聚集效应。海峡西岸经济区要力争形成以厦门为主体，带动福州等潜力城市发展的格局，积极承接中国台湾地区服务外包，打造两岸共建服务外包示范城市。

中部地区要力争形成以武汉、合肥、南昌、长沙为主体，带动郑州、太原等潜力城市发展的格局。发挥武汉、合肥的龙头带动作用，依托两地高校科技资源优势和制造业优势，发挥武汉东湖自主创新示范区的辐射带动作用，推动中部地区服务外包产业做大做强，在嵌入式软件和空间信息技术、信息安全、制造业信息化等应用软件领域，以及金融后台服务、动漫和网络游戏、物流、工程设计等服务外包行业取得重大突破。

西部地区要力争形成以西安、成都、重庆为主体，带动兰州、南宁等潜力城市发展的格局。发挥西安、成都服务外包高端聚集、特色鲜明的优势，以及技术人才密集、服务业发达的优势，带动西部地区服务外包产业成长壮大。以成都为龙头着力打造西部软件与信息技术服务外包基地，以西安为龙头着力打造西部研发服务外包、服务外包人才培训基地。发挥两江新区高端聚集优势，带动重庆服务外包发展。

东北地区要力争形成以大连、哈尔滨、大庆为主体，带动沈阳、长春等潜力城市发展的格局。依托东北老工业基地科教资源密集、产业体系完整等优势，以大连为龙头，积极发展软件与信息技术、工程设计技术、地理信息系统服务、石油信息技术服务等服务外包行业，为振兴东北老工业基地和资源枯竭型城市转型升级提供有力支撑。

"十二五"时期示范城市与潜力城市见图3-11。

近年来，海南、广西、云南、新疆、内蒙古等边境地区在国家战略推动下，对外开放水平不断提高。

海南国际旅游岛建设发展规划、中国—东盟自由贸易区建设、广西北部湾经济区发展规划、大湄公河流域经济合作、中俄蒙古边境开发开放等国家战略的实施，都为这些地区发展服务外包创造了有利的环境条件。"十二五"时期服务外包产业的主要城市布局见表3-15。

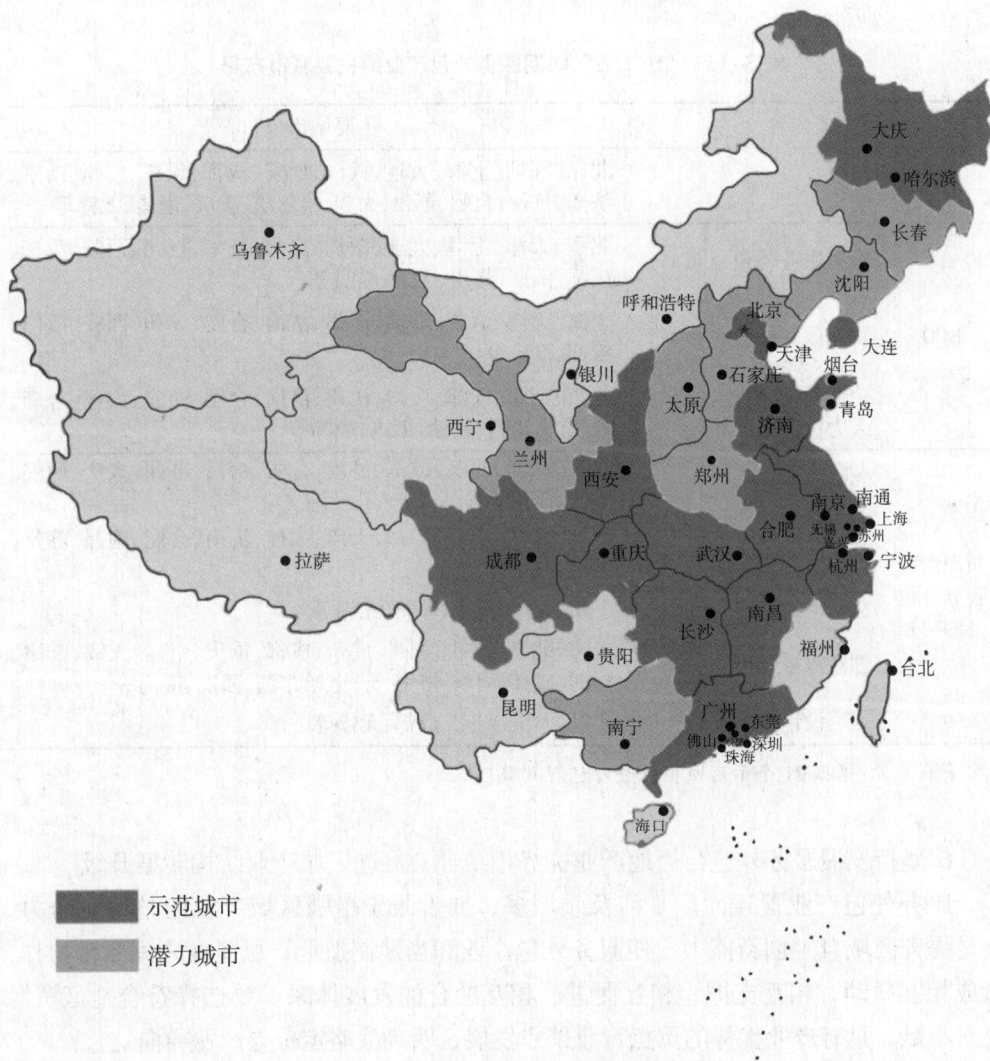

图3-11　"十二五"时期示范城市与潜力城市

表3-15 "十二五"时期服务外包产业的主要城市布局

	主要内容	主要城市分布
ITO		北京、深圳、上海、大连、武汉、西安、成都、天津、广州、南京、济南、杭州、合肥、苏州、大庆、哈尔滨、重庆、南昌、无锡等
BPO	金融服务外包	北京、天津、上海、大连、深圳、广州、济南、杭州、西安、重庆、成都、南京、苏州、无锡、厦门等
	物流服务外包	上海、天津、大连、深圳、广州、济南、合肥、苏州、西安、厦门、成都、重庆等
	企业管理、财务服务、人力资源服务外包	北京、上海、天津、广州、杭州、济南、合肥、西安、大连、合肥、哈尔滨、南昌、长沙、无锡、成都等
知识流程服务外包（KPO）	产品研发	北京、深圳、武汉、成都、济南、合肥、南昌、苏州、大庆、西安、重庆、无锡等
	工业设计	深圳、北京、上海、广州、天津、大连、济南、合肥、南昌、苏州、无锡、南京等
	医药研发外包	广州、天津、南京、苏州、无锡等
	创意服务外包	上海、北京、长沙、杭州、广州、成都、重庆、南昌、无锡、天津、深圳、成都、南京、济南、苏州、哈尔滨、西安、厦门等
	工程设计技术服务外包	武汉、大庆、南京、成都、无锡等

资料来源：根据21个示范城市服务外包规划整理。

6.坚持发展服务外包与当地产业优势相结合，促进区域产业结构转型升级

服务外包产业覆盖面广、涉及领域多，要着眼于增强区域产业的整体竞争力，立足提升区域自主创新能力，使服务外包产业和当地制造业、服务业之间紧密协作，形成相互联动、相互支撑、相互促进、相互融合的发展体系。要选择符合地区资源要素禀赋、具有产业优势的重点行业聚焦发展，明确战略定位与产业导向。

（三）积极培育具有世界影响力的服务外包企业和品牌

把培育具有世界级服务外包企业和外包品牌作为重要战略任务。通过国际并购、战略性重组等方式扩大服务外包企业规模，实现业务和人才资源的逐步集中，培育一批具有国际影响力的大型骨干企业，以大企业为龙头，通过分包、转包等方式，带动上下游中小企业发展。中央财政资金应增加投入，支持服务外包企业开展国外广告、海外参展等品牌营销活动，加大海外宣传力度，帮助企业提高品牌知名度和

美誉度，打造中国服务外包品牌。要继续加强对服务外包企业的财政、税收政策优惠力度。

（四）加快培养中高端服务外包人才

强大的服务外包人才队伍是产业发展的前提条件。为此，一要加快改革高校教育模式。创新人才培养理念、创新专业和课程设置，鼓励高校面向市场需求，培养不同层次的适应性人才。尤其要注重培养具有较强国际沟通能力、外语水平、专业技能、运营能力的中高端复合型人才。二要加强产学研合作。鼓励高校在企业、园区建立学生实训基地，培养和提高学生社会实践能力，实现零距离就业。三要加强岗位培训。国家应给予一定财政补贴或相应的税收减免政策。四要建立社会培训体系。大力发展中介培训服务机构，发挥网络媒体等远程教育作用，国家应加大对服务外包培训机构的资金补贴和免税力度。五要加强国家服务外包人才培训基地建设。应选择有条件的国际培训服务机构进行认定，为企业培训各类高级服务外包技术和管理专业人才。六要积极引进一批服务外包的行业领军人才和关键技术人才。尤其要大力吸引留学人员归国创业，将发达国家的先进理念和经验带回国内，带动国内人才成长。要创新各种人才激励机制和环境，为海外高端人才回国创造条件。

（五）促进国际国内服务外包联动发展

目前，中国在岸外包市场潜力很大。一方面，许多跨国公司业务首先离岸给在华子公司，然后通过在华公司转包、分包给本土公司。另一方面，为了解决国内许多生产性服务业长期内置于企业和政府，造成专业化、规模化水平低、发展滞后等问题，推动服务业剥离已经成为促进国内服务业发展的重要抓手。随着服务专业化分工发展，国内政府、企业的服务外包量越来越大，这些都推动了在岸外包的发展。

离岸与在岸服务外包具有互补优势。鼓励国内企业承接在岸业务，有利于企业积累经验、扩大规模，延伸和拓宽境外业务渠道，为承接离岸业务创造条件。同时，发挥外资企业的国际人才、技术、标准、渠道等优势承接在岸业务，也有利于提升国内服务业质量。

中国尚处于服务外包发展初期阶段，应降低服务外包企业认定中离岸业务比例，尤其是对于国际化程度较低的中西部地区实行差别政策，将有利于促进离岸与在岸服务外包互动发展。

（六）打造服务外包公共服务平台

服务外包企业以中小企业为主，目前普遍存在融资难、缺乏接包信息渠道、缺乏知识产权保护、研发经费投入不足等问题，严重影响了服务外包企业的接单能力、自主创新能力和做大做强。为此，应加强服务外包园区各种信息服务、融资担保、教育培训、市场交易服务、知识产权服务、会展服务等各种公共服务平台建设。政府应加强引导，加大对平台的财政投入力度和减免税政策支持。采取政府直接投资或鼓励龙头企业、大专院校、科研机构、民营企业、外资等各类主体投资建设。应认定一批国家服务外包示范公共服务平台，带动全国平台建设与发展。

（七）引进来和走出去相结合，推动服务外包开放发展

服务外包产业具有高度国际化和开放性的特征，是全球资源要素组合配置、发包国家和接包国家共同作用的结果。

1. 进一步发挥外资优势和外溢效应

跨国公司是中国离岸服务外包的先行者和主要推动力量。2010 年，中国软件出口额的 63.5%，服务外包执行额的 51.5%是由外商投资企业完成的。为此，要鼓励外资在软件信息技术、研发、设计、金融、物流采购、咨询等服务业上扩大对我国投资。充分利用跨国公司的渠道、产业链扩大国际服务外包规模，充分发挥跨国公司先进技术、先进管理模式的技术外溢效应，带动本土服务外包企业成长。尤其要鼓励跨国公司向本土服务外包企业分包和转包业务。

2. 鼓励走出去积极开拓新兴市场

鼓励国内服务外包企业跨境承接服务业务是提高中国企业组合全球资源能力和水平的需要，也是提高国家综合竞争力的需要。随着服务全球化趋势的增强，无论是发达国家、新兴经济体还是欠发达国家，都孕育着巨大的潜在市场。要鼓励国内服务外包企业设立海外机构、开展国际并购，提高组合全球资源能力和水平。目前，除继续巩固扩大欧洲、美国、日本，中国香港等主要发包方市场外，还要积极开拓新兴服务市场，尤其是东盟、非洲、拉美等新兴市场，服务业不发达，信息化程度低，政府和企业都有迫切的服务需求，这为我国服务外包企业开拓新兴市场创造了市场空间。我国的技术有优势，人力成本比印度低，要抢占市场先机，为逐步构建多元化的服务外包市场格局奠定基础。国家应在外汇审批、税收返还、信息服务、技术援助、企业保险等方面予以支持。

（八）建立与国际接轨的服务外包技术标准体系

要加强对技术标准的制订和修订工作，积极借鉴发达国家经验，寻找差距；增加国家财政对技术标准研究和制订工作的经费投入；建立以服务外包龙头企业为骨干的技术标准决策体系；完善产品认证制度，与国外权威认证机构建立互认机制；同时，要根据国外不同市场、不同类型客户的具体需求，建立企业内部标准管理体系。如，金融业、软件外包业务的信息安全标准等。引导企业熟悉国外客户的技术标准，并结合自身能力灵活应对客户的技术标准需求。

参考文献：

1. 中国国际投资促进会，中欧国际工商学院，中国服务外包中心主编. 中国服务外包发展报告 2007.

2. 中国服务外包中心主编. 中国服务外包发展报告 2008.

3. 中国服务外包中心主编. 中国服务外包发展报告 2009.

第四章　中国承接国际服务外包的技术外溢效应分析

——基于中国 80 家设计公司承接国际服务外包的实证分析

利用跨国直接投资能够为东道国带来外溢效应，主要体现在技术、知识、人才、观念、管理和渠道等方面，这些外溢效应是发展中国家增强自主创新能力，扩大新兴产业规模，加快实现产业升级的重要途径，也是发展中国家利用外资获得的最重要的收益。大量研究证明了 FDI 对东道国产生的技术外溢效应。随着国际服务外包的兴起，人们逐渐开始关注这一新的利用外资模式所产生的技术外溢效应。通过笔者对我国 80 家内资和外资设计公司的调查研究，证明了承接国际服务外包能够带来较强的技术外溢效应。

一、理论阐述与文献回顾

（一）技术外溢的概念界定

技术外溢在已有文献中通常解释为：跨国公司的技术、研发、管理经验、人力资本等无形资产通过提供技术、设立子公司以及其他各种渠道向东道国非自愿性地扩散，促进了当地技术进步和经济增长，但跨国公司却无法获得任何回报和全部收益的行为（Mac Dougall，1960；Kokko，1992；李平，1999；江心英、陈丽珍，2006）。随着全球知识化和信息化的迅速发展，跨国公司产业转移越来越向知识密集型、技术密集型发展，教育培训成为产业转移中不可或缺的环节，跨国公司的技术扩散也表现为自愿行为。因此，本文认为，技术外溢主要是指跨国公司由于在东道国设立子公司、成立合资公司或开展其他形式的国际化生产和服务活动，使技术以及相关知识自愿或非自愿地向东道国扩散，从而带动东道国企业技术水平、研发能力、管理水平和人才素质的提升，有助于东道国提高自主创新能力和推动生产力的进步。

技术外溢是经济外部性的一种表现。这种现象主要是跨国公司向发展中国家的产业转移所带来的。技术外溢效应是一个综合的动态过程，既有进口机器设备、中间品等硬件技术转移中带来的外溢，也有技术服务咨询、技术人才培训、组织管理技能和企业家精神培养等软技术的渗透和扩散。[①]目前，随着全球对外直接投资中服务业比重越来越大、技术创新机制的动态发展，发展中国家所得外溢效应将越来越大，尤其是新一轮跨国公司服务业转移将不断带来高端服务业的技术外溢。

(二) 技术外溢效应的主要研究思路

国际经济学界对于跨国公司的技术外溢效应或外部性的研究主要是从 4 个方面展开的。一是从技术角度研究技术扩散以及技术转移的模式和规律；研究一项新技术如何被模仿、学习和推广，从一个国家传播到另一个国家。从事这类研究的主要是以 Mansfield、Romeo、Rogers 等为代表的技术经济学家。二是从国际贸易和国际投资的角度研究跨国公司的技术与投资活动对母国的影响和对东道国的技术外溢效应，从事这类研究的主要是一些国际经济学家，如 Hymer、Dunning、Caves、Cerry Helleiner 等。三是着重分析技术转移对发展中国家的适用性及经济发展的影响，从事这类研究的主要是一些发展经济学家，如 F.Stewart 、S.lall、C.vaitsos、K.Kojima 等。四是从公司理论出发，研究跨国公司国际技术转移的产业组织模式，从事这类研究的主要是一些产业经济学家。

(三) 技术外溢效应的主要途径

跨国公司技术外溢效应可以通过诸多途径实现。江小涓 (2007) 通过跨国公司对中国投资的研究认为，技术外溢效应的主要途径有配套效应、人力资本流动效应、示范效应、竞争效应、合作效应、技术应用效应和市场开拓效应等方面。综合来看，技术外溢效应的主要途径体现在以下 6 个方面。

1. 示范带动效应

跨国公司在当地生产和服务，给本土带来了先进的技术和管理理念，为本土企

---

① 王晓红、胡景岩：《利用 FDI 技术外溢效应提高自主创新能力的研究》，载《宏观经济研究》，2006 年，第 11 期。

业模仿创新提供了很好的样本示范。一种新产品、新技术、新型商业业态，以及新的管理模式进入都具有较强的示范效应。示范效应的产生主要来自两个途径。一是跨国公司的当地化生产和服务。二是通过与本土企业的合作。随着现代科技的发展导致生产分工更加细化和社会化，企业之间相互依存和合作越来越紧密，这使得东道国企业更加容易观察到跨国公司生产、经营以及营销服务各环节上所运用的技术和管理手段，无偿获取、模仿那些非专利性的知识与信息的机会增加。

2. 学习模仿效应

本土企业通过"干中学"不断吸收掌握先进技术，提高创新能力。技术外溢效应取决于发展中国家企业的学习能力。克鲁格曼（1988）提出的著名的"学习曲线"认为，一国工业的累积产出越大，则其单位成本越低。一个在行业具有广泛经验的国家比没有或只有一点经验的国家具有更低的单位成本，说明学习模仿效应能够带来动态收益递增。[①]Patricia Carrillo（1996）通过研究跨国公司对非洲、东南亚地区建筑业的技术转移得出结论认为，技术转移发生在工作过程中。通常来讲，本土企业学习能力越强，技术差别越小，外资技术外溢效应越大，相反，则越小或难以发生。Kokko（1992、1994）研究认为，东道国的技术能力与技术转移需要的存在，以及东道国为了提高生产率，保持利润和市场份额等内生因素，都可以增加 FDI 的技术外溢。Patricia Carrillo（1996）的研究也证明，随着发展中国家技术水平和人口素质的不断提高，FDI 技术外溢效应在大大增强。

3. 人才培养效应

为了使本土员工素质符合跨国公司生产服务的要求，跨国公司通常对本土员工进行各种方式的培训，这些培训提升了东道国的产业人才素质，跨国公司转移的产业知识含量越高，培训成本越高，人力资源开发管理的转移与扩散的作用越大。本地员工不断地获得行业的技术、知识和管理技能以后，在转化为雇主或进入本土企业等的工作流动中，技术就得以扩散，为东道国建立自己的产业体系提供了人才支持。Ngo Van Long（2005）的研究认为，服务业离岸外包可以产生外溢效应使东道国竞争企业获益，这些外溢效应主要是通过外包企业对低工资国家雇员培训带来的。通过模型分析，Ngo Van Long 发现，外包企业基于降低成本和战略考虑，将产业价值

---

① 〔美〕保罗·克鲁格曼、茅瑞斯·奥伯斯法尔德：《国际经济学》，第 143 页，北京，中国人民大学出版社，1998 年 11 月。

链的部分高端业务，如研发、设计等外包到劳动力成本低的国家，为了使产品符合质量、规格的要求，外包企业通常需要对低工资国家雇员进行培训，而培训成本的增加提高了低工资国家的外包范围。EEtimes（《电子工程专辑》）（2006）研究证明，通过离岸外包跨国公司"开始使用发展中国家水平较高的工程师，并建立培训制度，使本土工程师水平达到一定程度后能够承接部分设计业务。这些本土设计师、工程师从美国的经验中获取能力，并不断地提高新的技术水平，在市场竞争中不断获得新的机会"[①]。

4.竞争激发效应

跨国公司在带来技术的同时也带来了竞争，由于跨国公司依靠先进技术提高了市场占有率，对本土企业造成市场竞争压力，迫使本土企业不断改进技术和工艺，改善产品结构，提高产品质量，提高自主创新能力，提高与跨国公司的竞争能力，而跨国公司面对的本土企业竞争越激烈。为了保持竞争优势，就需要转移更多、更先进的技术，从而带来更多的外溢效应，由此推动本土企业更快吸收和创新技术。Caves（1974）从3个方面证明了跨国公司进入可以促进东道国市场的竞争：一是当东道国产业进入壁垒较高的时候，跨国公司进入可以削弱产业垄断，改善东道国的资源配置效率；二是在不完全竞争产业中，由于跨国公司竞争压力或示范效应的作用，可以促使当地企业使用较高水平的技术，提高效率；三是由于竞争、模仿的原因加快跨国公司技术转移和扩散速度，可以使东道国获得巨大的福利。Das（1987）通过研究发现，跨国公司子公司在产品技术面临东道国竞争企业学习模仿时，引进更好的技术是最优选择。

5.产业关联效应

跨国公司在进入东道国产业时，通过产业的前向和后向联系效应进行技术扩散，对东道国产业结构的改善和相关企业技术水平的提高发挥重要作用。如，跨国公司帮助未来的供货商建立生产性设施、为改善供货商产品的质量或提供技术帮助或信息服务、提供或帮助购买原材料和中间产品等。这期间，跨国公司的新技术信息会通过各种途径和渠道向本土上、下游配套企业扩散，因此，在跨国公司某一主导新产品进入后，会在东道国迅速形成与之配套的新兴产业群和产业链，由此为发展中国家建立新兴产业，并迅速形成规模、奠定基础。

---

① What's the reason for offshoring design, EEtimes, 2006-08-04.

6. 市场开拓效应

跨国公司在进入东道国市场后，往往凭借大量的国际资源、丰富的国际市场营销经验、完备的分销网络，以及在母国具有强大的政治游说能力等优势，他们的国际经营活动可以为本土企业进入国际市场铺平道路，为东道国企业提供更多的国际网络渠道和国际市场操作的示范，提高本土企业开拓国际市场的能力。

（四）技术外溢效应的主要影响因素

许多国外学者的研究证明，跨国公司投资能否给东道国带来技术外溢效应、技术外溢效应的大小等影响因素主要表现在 6 个方面。[①]

1. 跨国公司所转移的技术类型在东道国的适应性

如果跨国公司在东道国所采用的技术与东道国的技术和生产水平不衔接，二者的技术水平不在同一档次，又无法相互影响，跨国公司子公司使用的先进技术并不能在东道国本土企业扩散，过分使用跨国公司技术与资本，只能导致发展中国家对跨国公司的技术与资本更加依赖。

2. 跨国公司的全球战略调整与东道国在跨国公司全球产业链中的地位

当东道国技术水平较低，只拥有劳动力、土地等资源成本优势时，跨国公司通常转移从事制成品的生产组装等生产加工环节，而将设计、研发等高端环节保留在母国，东道国处于产业分工低端，获得技术外溢效应通常较小；当东道国的技术发展到较高水平，跨国公司为了充分利用全球技术和人力资源，则可以根据其技术与竞争优势转移与母国相当的技术和产业，在这种情况下，跨国公司与东道国企业之间的互动关系将有助于东道国的技术发展。

3. 跨国公司的管理模式差别

由于跨国公司不同的管理模式在操作中对技术的使用、控制和传播方式不同，从而影响技术转移和扩散，影响东道国的技术外溢效应。1995 年，Fujita 和 Hill 对美国和日本 FDI 的投资模式进行研究证明了这一点。他们认为，美国式的管理模式是基于福特主义的生产方法。其主要特点是将生产的流水线细化，将操作过程简单化、机械化，其目的在于降低生产过程中对工人的技术和知识要求，这种管理模式不利

[①] 江小涓等：《全球化中的科技资源重组与中国产业技术竞争力提升》，第 78~82 页，北京，中国社会科学出版社，2004 年 9 月。

于技术外溢和扩散。与美国的方式不同，日本式的丰田主义管理模式则注重对工人适应能力与协作精神的培养，注重生产过程中的人性化操作和人性化管理，从而增加了工人之间以及工人与管理人员之间的交流，提高当地雇员的技术管理水平。

4. 跨国公司与东道国生产体系的融合程度

跨国公司与东道国生产体系融合越深入，联系得越紧密，对当地企业的技术影响和外溢效应越大，主要体现在东道国企业在为跨国公司生产提供配套过程中获得的技术和管理信息。

5. 东道国企业的技术吸收能力

如果东道国企业的技术水平比较落后，人力资源的素质较低，对跨国公司技术吸收能力弱，不可能形成与跨国公司的竞争，跨国公司就会倾向于转移低附加值、低技术含量的技术。反之，跨国公司则会加速高附加值、高技术含量的技术转移，一方面利用当地人才及技术资源，另一方面继续保持竞争优势地位。因此，东道国企业与跨国公司之间的技术差别越大，跨国公司转移先进技术的可能性越小。反之，跨国公司转移先进技术的可能性越大。

6. 东道国政府对 FDI 的政策

大量研究证明，政府政策的限制和干预，将影响和阻碍跨国公司的技术转移，跨国公司的技术外溢效应则越小，反之，则越大。对外开放导向的国家往往取得的技术外溢效应十分明显，因此，发展中国家应尽量减少对 FDI 的限制，有利于加速跨国公司转移先进技术，扩大外溢效应。

二、基于中国 80 家设计公司问卷调查的实证分析

(一) 样本企业来源

2006 年 10 月 ~2007 年 3 月，笔者针对中国本土设计公司、外资设计公司承接国际服务外包业务有关情况进行了调研①，调研分别采取了问卷调查和座谈访问的形式。

问卷调查企业地区分布：北京、上海、深圳、青岛、无锡，这 5 个城市目前是

---

①本次调研是作者于 2006 年 10 月 ~2008 年 8 月参加国务院副秘书长江小涓教授主持的课题：
"承接全球服务外包及中国服务业的开放式发展"，对中国设计服务业承接国际服务外包所进行的调研。

中国设计公司集中度高，设计产业较为发达的地区。

问卷调查企业家数：参加问卷调查企业共 80 家，其中本土设计公司 50 家、外资设计公司 30 家。

问卷调查企业主要领域：问卷调查企业共包括工业设计公司和建筑设计公司两大类，基本涵盖了设计行业的主要领域。其中包括：家电、电子通信、医疗器械、健身器材、日用消费品、广告、交通工具、手机、钟表、包装、装饰、服装，以及建筑设计、城市规划、室内设计、景观设计等。

问卷调查外资设计公司国别来源：本次调查的外资设计公司分别来自美国、德国、英国、法国、韩国、日本，中国台湾、中国香港等 8 个国家和地区。

（二）技术外溢效应分析

以下根据 80 家问卷调查样本企业的数据，对本土设计公司与外资设计公司承接国际服务外包技术外溢的主要表现形式、技术外溢的主要途径、技术外溢的效果进行分析。

1. 本土设计公司承接国际服务外包的技术外溢效应分析

从 50 家本土设计公司的问卷调查结果来看，承接国际服务外包得到的技术外溢主要表现在公司业务规模扩大、为本土制造企业服务能力增强、学习掌握新知识速度加快、设计产业链向高端延伸，以及开拓国际市场速度加快、创建公司品牌速度加快 6 个方面（图 4-1）。

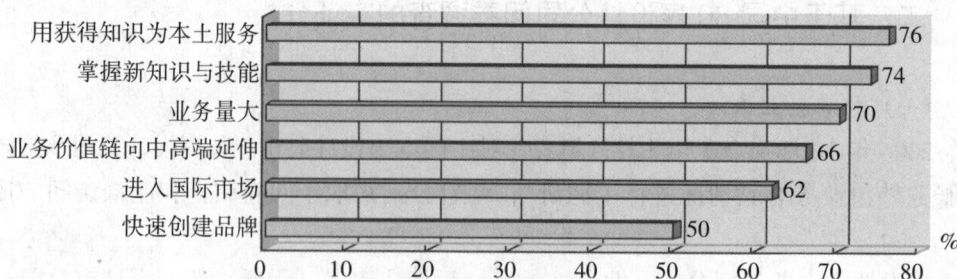

图 4-1　本土设计公司承接国际服务外包的主要收益

（1）业务规模扩大，利润显著提高。在问卷调查企业中，70%的公司认为，承接国际设计外包使公司业务量扩大（图 4-1）。多数公司外包业务量占公司业务总量比重为 20%~40%，少数公司达到 60%~80% 以上，并且幅度在不断增长。本土设计公司通过承接跨国公司外包业务，业务规模和市场的拓展主要体现在 3 个方面。一是由过去只针对国内市场的设计业务扩展到全球市场。二是业务链从跨国公司的中国分支机构已经延伸到海外分支机构或母国总部。三是国际客户不断扩大。承接跨国公司外包业务使企业获得较丰厚的利润回报，主要有两方面的因素，一是外资企业价格普遍高于国内企业。表 4-1 可以看出，同一产品的设计价格，外资企业价格水平与内资企业相比，差别在 2~10 倍不等。二是外资企业信誉普遍好于国内企业。国内企业常常形成债务拖欠，而跨国公司业务回款率通常能够达到 100%，使公司的财务风险大大降低。

表 4-1　承接同一款产品国内企业与跨国公司设计价格比较　　　　单位：万元

	国内企业价格	跨国公司价格
手机	2~5	10~20
汽车(整车设计)	1500	3500~4000
笔记本电脑	15	30
玩具	1~2	10~20
童车	3~5	25~30
心电图机	4~5	30
POS 机	6~8	30~40
吸尘器	2	8
血糖仪	4	12
PDA(掌上电脑)	3~4	7~8

注：由于跨国公司业务标准普遍高于国内企业，本土设计公司承接国内企业业务和跨国公司业务的投入是不同的，如果加上人力资本等要素投入的差别因素，实际价格差别会相对缩小。

资料来源：根据问卷调查企业提供整理。

(2) 学习速度加快，设计能力明显提高。问卷调查结果表明，74% 的公司认为，通过承接国际设计外包业务，学习掌握了新的知识与技能（图 4-1）。这些公司普遍认为，与世界先进企业合作，能够有机会学习全球最新的专业知识和设计理念，并逐步掌握国外先进设计管理经验，完善公司工作流程。如，北京易造设计公司通过与伟创力公司合作，技术水平迅速提高。伟创立公司手机部门的骨干均为西门子公司的高级技术人才，通过学习对方的设计理念方法，提高了自身的手机设计能力。无锡来德电子有限公司原来设计生产的产品只适用于国内标准，通过承接世界 500 强企业 BSP 公司的外包业务，产品达到了西欧国家标准，产品已经用于 BSP 公司在全球各地生产的整机终端产品配套。

（3）提高为本土制造企业服务的能力。目前，多数本土设计公司的主要服务对象仍然是本土制造企业。在问卷调查企业中，76%的公司认为，能够利用外包获得知识为本土企业服务（图 4-1）。这种服务水平的提高主要体现在以下 4 个方面。一是服务专业化水平得到提高。由于跨国公司技术要求普遍高于国内企业，对设计的专业要求和细节都十分严格。如，强调国际标准、时间观念、服务质量等，迫使本土设计公司付出更大努力提高专业化水平，提高后的业务水平同样被运用到本土企业业务中。二是技术经验得到增强。在与跨国公司合作中，外资掌握的行业新信息、新技术、新工艺以及成熟的设计策略会带入本土设计公司，尤其是通过设计师的相互沟通交流，提升了本土设计师的国际化设计理念，丰富了技术经验，这些先进的设计理念和方式也同样被设计师运用到本土客户设计中。三是设计管理水平得到提高。由于跨国公司在设计管理控制方面经验丰富，促进了本土设计公司对设计流程的管理更加规范化，设计质量的控制能力更加符合国际标准，设计成果市场化的能力增强，这些规范的管理提高了为本土客户的服务效率。四是服务意识和理念得到改善。这种服务的改善同样使本土客户受益，一些公司在承接跨国公司外包业务后，本土企业的业务量也获得大幅度增长。

（4）设计业务价值链不断向高端延伸。从问卷调查结果来看，66%的公司认为，从发展趋势上看，公司承接国际设计外包后价值链正在向中高端延伸（图 4-1），这反映出多数公司通过承接国际设计外包业务技术水平、服务质量得到全面提升。从实际效果来看，这些公司通过承接外包业务，有些开始承接技术含量较高、加工难度较大的外观设计业务；有些已经由过去单一的产品设计逐步向全方位的整体产业链设计转型，由单一的产品设计向设计咨询策划、原始设计制造商（以下简称"ODM"）服务的综合性设计服务公司发展，由承接中小型企业业务逐步向大型跨国公司业务发展。如，深圳嘉兰图产品设计有限公司 2005 年之前仅为单一的设计服务，营业收入为 1700 万元；2006 年公司采用 ODM 经营模式，营业收入达到 7500 万元，是 2005 年的 4.4 倍。深圳中信国华标识公司的业务领域由承接地铁、文化体育场馆的标识设计逐步向高速公路、城市道路延伸。

（5）开拓国际市场能力增强，国际化速度加快。从问卷调查结果来看，62%的公司认为，承接国际设计外包能够加速进入国际市场（图4-1）。主要体现在4个方面。一是逐步掌握国际标准与规范。如，中国建筑设计院通过承接外包业务吸收了相应国家的有关设计规范、审批程序、设计内容，为今后公司进入这些国家的设计市场奠定了基础。二是增加了与国际企业接触的机会。为公司开拓更多的国际客户提供了渠道，同时也使设计成果成功进入国际市场。三是积累了外包服务经验。这些外包服务经验，使公司更容易获得跨国公司的设计外包业务。四是提高了本土设计师的国际化水平。通过大量与国外公司的交流与合作，使本土设计师的语言交流能力，掌握和运用世界文化、熟悉国际惯例的能力得到提升。这些设计公司通过承接跨国公司外包业务实现了规模化和国际化发展。如，深圳浪尖工业设计公司已经形成了自己的发展路径：第一桶金（国内经营）→第二桶金（承接跨国公司外包业务）→第三桶金（服务国内市场）→第四桶金（国际化经营）。

（6）加速企业品牌创建。问卷调查结果表明，50%的公司认为，承接国际设计外包能够加速创建企业品牌（图4-1）。多数公司通过承接外包业务，知名度、美誉度迅速得到提升。这种影响主要体现在两个方面：一方面，通过承接外包业务增强了国际市场对中国设计公司的了解和认识，提高了本土设计公司的国际影响力，为公司创建具有国际竞争力的自主品牌奠定了基础。另一方面，通过承接跨国公司业务增强了在国内企业中的影响力和说服力，一些原来把设计业务外包给国外设计公司的企业开始发包给本土设计公司。如，深圳浪尖工业设计公司通过承接摩托罗拉、三洋等外资企业的设计业务后，获得了华为、长虹、海尔等国内大企业的设计业务。

2. 外资设计公司承接国际服务外包的技术外溢效应分析

根据对30家外资设计公司的问卷调查分析，外资设计公司在华承接国际服务外包具有明显的技术外溢效应，对于提升本土制造企业和设计企业水平具有积极作用。

（1）促进本土制造企业竞争力提高。在问卷调查企业中，77%的公司认为提高了中国制造企业的竞争力。主要表现在6个方面（图4-2）：促进了本土企业经营手段和技术创新能力的提高（77%），促进了本土企业吸收新的经营理念（67%），提高了本土企业效率（63%），促进了本土企业快速进入国际市场（63%），加速了本土企业创建品牌（60%），降低了企业成本（43%）。这其中，对本土制造企业在技术革新上的作用最为显著，说明外资设计公司对提升本土制造企业的技术创新能力贡献突出。

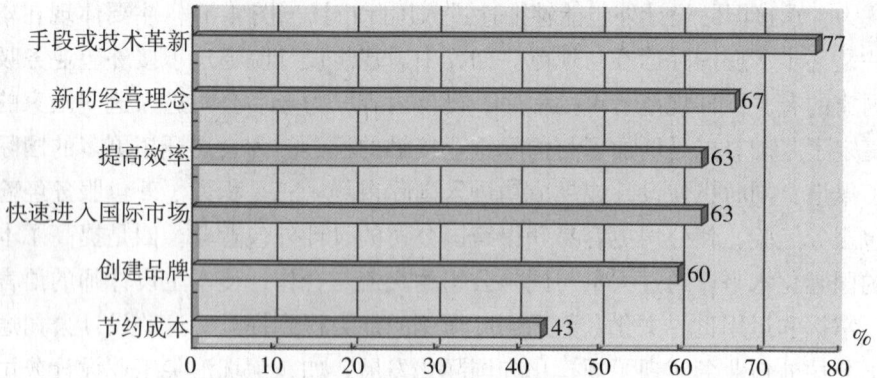

图4-2 外资设计公司对提升本土制造企业竞争力的作用

（2）促进了本土设计公司竞争力提高。在问卷调查企业中，86%的公司认为，外资设计公司进入中国促进了本土设计公司水平的提升，主要表现在4个方面（图4-3）：促进了本土设计公司创新能力提高（76%），为本土设计公司提供了学习机会（67%），促进了本土设计公司经营管理理念的转变（67%），促进了本土设计公司国际化经营水平的提高（67%）。此外，一些外资设计公司通过与本土设计公司的合作，共同开发新产品，也促进了其竞争力的提升。这其中，外资设计公司对提升本土设计公司创新能力的贡献最为突出，说明通过外资设计公司的市场竞争、标杆示范、合作交流等因素产生的技术外溢效应十分显著。

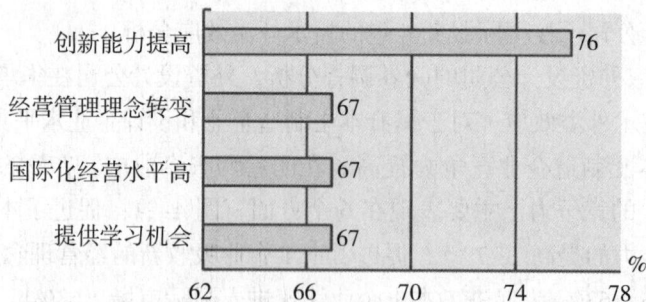

图4-3 外资设计公司对提升本土设计公司竞争力的作用

图4-4可以看出，外资设计公司技术外溢效应的主要途径是通过本土公司跟随使用先进技术、新的经营理念传播、人员流动和本土设计公司对产品与服务模仿4种方式产生的，回答数分别占问卷调查企业总数的70%、67%、63%、60%。此外，一些公司认为，通过与本土设计公司的合作交流也产生了技术外溢效应。

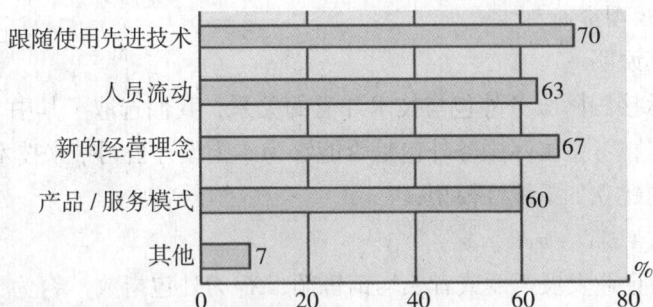

图 4-4　外资设计公司技术外溢的主要途径

（3）外资设计公司具有较高本土化程度。从问卷调查来看，外资设计公司的本土化程度整体较高。除少量高层管理人员由母公司委派外，中层管理人员和一般员工主要依靠当地招聘。表 4-2 可以看出，外资设计公司高层管理人员的本土化程度通常在 15% 以下；多数公司中层管理人员达到 70% 以上；一般员工基本在 95% 以上。这些外资设计公司多数为 50 人以上的公司，因此，较高的本土化程度不仅创造了就业，而且提高了中国设计产业人力资本水平。在承接外包业务中，这些公司通常要进行员工培训，提高了本土员工素质。问卷调查结果表明，跨国公司设计外包业务的转移中，员工培训成本是一项主要的成本支出[①]。这些本土员工通过在外资设计公司的工作，技术管理水平得到提高，随着中国设计产业发展环境的改善，这些本土员工流动不断增加，将成为中国设计产业重要的技术和管理人才。

表 4-2　外资设计公司员工本土化程度　　　　　　　　　　　　　　单位：%

	企业员工本土化程度		
高层管理人员比例	15 以下	15~90	90
占企业总数比例	+++	+	+
中层管理人员比例	70 以上	20~70	20 以下
占企业总数比例	+++	+	+
普通员工比例	95 以上	70~95	70 以下
占企业总数比例	+++	+	0

注：符号"+++"表示最高，"+"表示低，"0"表示没有。

[①] 在承接离岸外包业务的成本增加因素中，问卷调查企业认为主要有 3 项成本：企业间协调成本、培训成本、交通通信运输成本，回答数分别占问卷调查企业的比重为 57%、57% 和 36%。

（三）计量模型分析[①]

1.模型及其说明

为了揭示承接国际服务外包与技术外溢的关系，我们选取了其中34家本土设计公司的样本数据，考察国际服务外包是否能够为本土设计公司带来技术外溢效应。

首先，我们建立如下线性模型：

$Y = C + a_1X_1 + a_2X_2 + a_3X_3 + \varepsilon$

其中，Y 为企业发展速度或者人均销售额，X_1 为外包指数，X_2 为公司成立年限，X_3 为受教育水平。

企业发展速度：用业务增长率来反映。

人均销售额：用来初步反映企业的劳动生产率，这一指标由问卷调查中的"年营业额"和"员工人数"两个指标平均后得出。

外包指数：在对调查数据进行分析，排除异常数据的过程中，我们绘出了外包业务比重与人均销售额和业务增长率两个业绩指标的散点图（图4-5）。

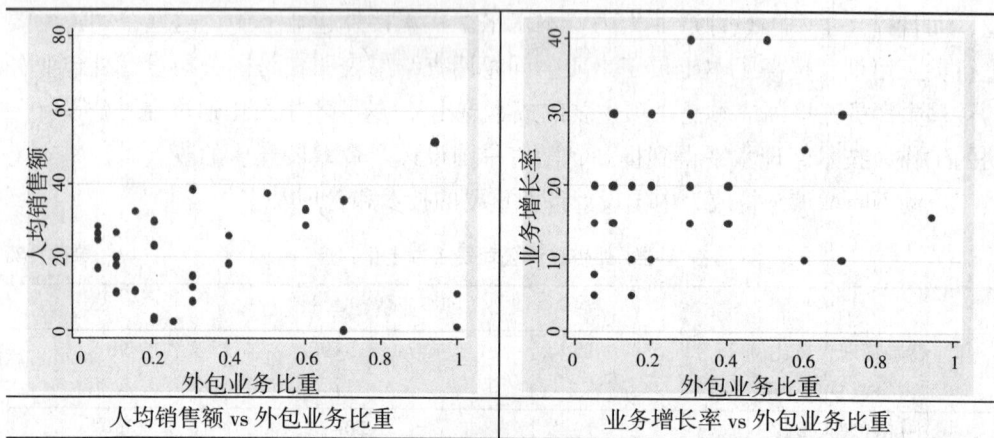

人均销售额 vs 外包业务比重	业务增长率 vs 外包业务比重

图4-5 外包业务比重与两个业绩指标的散点图

从散点图来看，外包业务比重和人均销售额之间不存在显著的相关性，而外包业务比重和业务增长率之间存在一定的规律性，大约在0.5附近呈现一个凸起。因此，我们利用外包业务比重构造外包业务指数如下：

$R_0 = |0.5 - \text{Outs}|$

---

① 模型分析得到李辉博士、王海鹏博士的帮助，在此表示衷心感谢。

受教育水平：用"大学以上人数占公司员工比重"这一指标来表示。

企业成立年限：由于设计外包是新兴产业，企业成立时间一般都不长，除了极个别企业，一般都是 1993 年以后成立。企业设立的年限越久，就意味着企业在该行业内积累的经验更加丰富，在设计产业中这一学习效应可能更加明显。因此，这将是影响企业经营绩效的一个重要因素。

2. 模型估计

（1）相关性分析。在进行参数估计之前，我们首先分析外包指数、企业成立年限和受教育水平这 3 个解释变量指标的相关性，结果见表 4-3。

表 4-3　相关系数表

	外包指数	企业成立年限	受教育水平
外包指数	1		
企业成立年限	0.0492	1	
受教育水平	−0.0118	−0.0093	1

根据表 4-3 的结果，外包指数、企业成立年限与受教育水平 3 个解释变量之间相关性较弱。

（2）模型参数估计。分别以企业发展速度和人均销售额为被解释变量，以外包指数、企业成立年限与受教育水平为解释变量，采取逐步回归法，使用 stata 9.2 软件，得到模型估计结果，见表 4-4。

表 4-4　模型估计结果

	企业发展速度			人均销售额			
	模型 1	模型 2	模型 3	模型 4	模型 4*	模型 5	模型 6
常数项	26.76*** (6.41)	20.56*** (2.97)	21.38*** (3.21)	24.84*** (4.44)	39.52*** (3.18)	24.56*** (3.07)	53.55** (2.11)
外包指数	−24.77* (−1.88)	−23.57* (−1.79)	−20.42 (−1.60)	−15.14 (−0.90)	−18.85 (−0.65)		
企业成立年限			−0.3138* (−1.78)			1.45*** (3.53)	
受教育水平		0.0786 (1.12)	0.0954 (1.40)				−0.1873 (−0.55)
R^2	0.1195	0.1616	0.2596	0.0271	0.0124	0.1933	0.0061
调整 R^2	0.0857	0.0946	0.1671	−0.006 5	−0.018 5	0.1778	−0.013 8
F 统计量	3.53*	2.41	2.81*	0.81	0.40	12.46***	0.31

注：*、**、*** 分别表示在 10%、5%、1% 水平上显著。"模型 4*"用外包业务占总业务的比重替代外包指数进行估计。

（3）模型结果分析。

第一，服务外包是影响企业发展速度的一个显著指标。外包指数指标即便在考虑了教育水平的差异后，仍然是解释发展速度的一个显著指标（模型2和模型1比较）。受引入成立年限指标的影响，模型3的总体拟合情况显著提高，企业成立年限与业务增长速度存在反向关系。尽管从统计上来讲，外包指数变得不再显著，但是由于外包指数的T统计值处于较高的水平，其系数和模型1、2相比，变化不大，因此，仍然可以认为外包指数对企业发展速度有重要影响。

第二，模型中外包指数对企业人均销售额并没有显著影响。这与我们的预期不一致（模型4），即便使用外包业务占总业务的比重作为替代指标，这一结果仍然是不显著的（参见模型4*），影响这一问题的主要原因是，由于本土设计公司承接国际设计外包业务刚刚起步，多数公司外包业务量占公司业务总量的30%以下，因此，对于人均销售额的影响不明显。

第三，企业成立年限是影响人均销售额的重要显著指标（模型5）。这一结果说明，企业成立的年限越长，越能够积累设计行业内的知识资本，从而使自己在学习曲线中处于一个有力的领先地位，这一优势将有利于公司业务量的增长，同时也有利于国际服务外包业务的增长。

三、结论及建议

通过上述分析证明，中国承接国际设计服务外包具有显著的技术外溢效应，对于提升中国设计产业以及制造业国际竞争力都将产生积极作用。对于国内设计公司做大做强，提高学习模仿能力，迅速掌握国际前沿的知识与规范，开拓国际市场，创建自主品牌，延伸和提升设计产业链和价值链作用十分明显。对于促进国内制造企业接受国际先进经营理念，提高技术创新和管理创新能力，提高开拓国际市场能力和创建国际品牌，以及提高经营效率，降低成本等方面作用十分突出。

这一研究也同样说明了中国承接国际服务外包的外溢效应。为此，应积极扩大服务业和制造业的对外开放，尤其要充分利用新一轮国际服务业转移的机遇，加大吸收服务业外资力度，扩大规模，鼓励跨国公司向本土公司发包业务，增强带动效应。同时，应鼓励国内企业积极承接国际服务外包，通过合资合作、吸引国外管理人才参与公司管理、引进国外技术团队参与公司技术开发、海外培训等方式，迅速扩大海外渠道，加快提升学习能力，为扩大服务外包规模创造有利条件。

参考文献：

1. 江小涓，等.中国经济的开放与增长 1980-2005 年.北京：人民出版社，2007.

2. 江小涓，等.全球化中的科技资源重组与中国产业技术竞争力提升.北京：中国社会科学出版社，2004.

3. 李平.技术扩散理论及实证研究.太原：山西经济出版社，1999.

4. 李蕊.跨国公司在华研发投资与中国技术跨越式发展.北京：经济科学出版社，2004.

5. 江心英，陈丽珍.外国直接投资技术外溢理论研究综述.国际贸易问题，2006（6）.

6. 王晓红，胡景岩.利用 FDI 技术外溢效应提高自主创新能力的研究.宏观经济研究，2006（11）.

7. 余乐，王成.信息不对称条件下的跨国并购技术外溢效应分析.世界经济与政治论坛，2007（4）.

8. 〔美〕保罗·克鲁格曼，茅瑞斯·奥伯斯法尔德.国际经济学.北京：中国人民大学出版社，1998.

9. Patricia Carrillo. Technology transfer on joint venture projects in developing countrier. Construction Management and Economics14, 1996：45-54.

10. Glass, Amy Jocelyn Saggi, Kamal. International technology transfer and the technology gap. Journal of Development Economics, 1998:55.

11. Ari Kokko. Foreign Direct Investment, Host Country Characteristics, and Spillovers. The Economic Research Institute. Stockholm, 1992.

12. Ari Kokko. Technology, market, characteristics, and apillovers. Joumal of Development Ecomomics, 1994:143,279~293.

13. Mac Dougall. The benefits and costs of private investment from abroad : a theoretical approach. Economic Record. XXXVI, 1960：13~35.

14. Caves. R.E. Multinational firms, compitition and productivity in host country market. Economica, 1974-11（41）:176~193.

15. Das. Externalities and Technology Transfer through Multinational Corporations：A Thoretical Analysis. Journal of lnternational Economics, 1987.

16. Ngo Van Long. Outsourcing and technology spillovers. International Review of Economics and Finance, 2005：297~304.

第五章　建设国际服务外包交易中心与交付中心的分析

近年来，我国已经成为承接全球服务外包的主要目的地。根据 2008 年麦肯锡的研究，金融危机之后，跨国公司金融后台服务、研发服务等业务呈现出由欧美向亚太、中东欧等地区加速转移趋势，中国将成为全球承接服务外包的第二大中心。这说明，"十二五"时期我国将可能形成全球服务外包交易中心和交付中心。与此同时，随着"十二五"时期我国结构调整加快，服务业快速发展，国际化水平进一步提高，科技研发投入、高等教育投入规模持续扩大，以及通信基础设施建设、宜居环境日益改善，东部与中西部差别逐步缩小，人力成本优势持续保持，这些都将促进我国服务外包产业的迅速发展，增强承接国际服务外包能力，为形成服务外包交易中心和交付中心创造了有利条件。

一、服务外包交易中心和交付中心的界定与要素条件

（一）服务外包交易中心与交付中心的概念界定

1. 服务外包交易中心的概念

交易即贸易，是买卖双方有价物品及服务的互通有无。交易中心是买卖双方聚集和交换的中心。服务外包交易中心则是大量服务外包发包商和提供商聚集的中心。从交易成本分析来看，交易中心扮演买卖双方之间的中介角色，可以大幅度地降低买卖双方搜寻、沟通、合同签订、交通等成本。市场交易中心的形成和发展主要有两种形式。一类是随着市场的发展和贸易的扩大，在某一城市或地区由于买卖双方的聚集，形成一个区域性的市场中心，然后逐步成长为全国性、全球性的市场中心，如，纽约、伦敦，中国香港等国际金融市场就是这样发展起来的。另一类是某一国家或地区，利用优越的地理位置和经济环境实行优惠政策，在较短的时间内形成和

发展的市场中心。如，新加坡的国际金融市场等。

2. 服务外包交付中心的概念

交付指产品或服务提供给客户的若干行为，其质量很大程度上取决于这些行为的组织方式与过程控制。服务外包交付中心则是大量服务提供商的聚集中心。从成本角度来看，是企业为了降低外包分工的生产成本，获取外包规模经济效益，将标准化、重复性、关联性较强的业务转移到相对低成本区域的一种空间表现形式，既强化了知识共享，又降低了交付服务的成本。从规模经济角度来看，价值链上不同环节的服务在某一区域聚集，形成服务交付中心。譬如，惠普将中国作为第六个全球服务外包的枢纽，主要交付城市在武汉、苏州；软通动力总部位于北京，将天津、无锡、广州作为三大全球服务交付中心。

（二）服务外包交易中心与交付中心的要素条件

1. 服务外包交易中心的要素条件

（1）国际服务外包买方与卖方的高度聚集。仅有需求方或仅有供给方存在的市场都无法形成交易中心，服务外包交易中心其特点应是大量跨国公司地区总部、跨国公司研发中心、跨国公司营销中心以及国内大企业、大型金融机构等发包方聚集，同时还有大量跨国服务提供商地区总部、本土服务提供商总部、跨国公司后台中心等接包方的聚集，从而实现在交易中心完成接单合同签订、人员调配、资源整合等窗口功能，而在更具成本、规模与人力资源优势的交付中心完成项目服务。

（2）较高的国际化程度和开放水平。服务外包是以国际化为支撑、充分运用国际资源的高端服务业，服务外包交易在不同国家之间进行。因此，区域的开放型经济水平、国际化程度，与服务外包交易中心的形成具有密切关系。一般来讲，利用外资水平较高、国际贸易发达、开放环境较好、国际知名度和影响力较高的区域，有利于配置国际资源，形成外包接单优势。

（3）高端国际化复合型人才的汇集。服务外包交易中心主要完成商务谈判、合同签约、合同执行、运营管理等环节，需要聚集大量高端复合型人才。这些人才不仅需要技术能力，更要具备较高的国际商务能力、语言交流能力、文化沟通能力，需要熟悉和了解发包国的文化、习俗、商业惯例、法律法规等。

（4）较好的服务外包产业基础。区域较好的服务外包产业基础是形成交易中心的必要条件。服务外包产业聚集度高、辐射带动能力强，对周边区域拉动效应较强，将有利于形成行业影响力，有利于聚集服务外包人才、信息、渠道等资源。

（5）较好的服务业发展基础。区域的服务业基础为国际服务外包提供产业环境、人力资本，呈现双向因果关系。尤其是软件信息技术、金融服务、商务服务、文化创意、现代物流、研发设计等生产性服务业，与国际服务外包产业密切关联，为发展服务外包提供了最为直接的生态环境，从而促进了两者的互动共生。

（6）良好的商务环境和体制环境。发达的国际交通网络、通信设施、高档商务服务和休闲娱乐场所等，都将有利于服务外包交易主体的集结和交易完成。区域的政府办事效率、服务能力、工作透明度等，是吸引跨国公司服务业转移与投资的必要条件之一，对国际服务外包产业发展具有极为重要的影响。

2.服务外包交付中心的要素条件

（1）服务外包供应商的高度集聚。这些服务外包提供商在空间上聚集，在产业链上形成同质型或上下游关联企业，这是服务外包交付中心最主要的特征。由信息技术驱动的国际服务外包，体现的是全球范围产业转移与区域分工，是价值链上的不同工序或区段在空间上分散化地展开到不同国家和经济体。这种服务转移不是表现为产业的整体和完整的价值链转移，而是表现为承接全球价值链的某一服务功能、某一工序流程、某一研发环节的转移。服务外包这一特征有利于城市在价值链的某个工序快速聚集大规模服务交付团队，从而实现某个工序的最佳生产规模，同时获得区域比较优势与规模经济效益。

（2）丰富的高等教育人力资源供给。服务外包产业的主要就业群体是大学生，服务外包交付中心主要在于对智力密集型人才规模的需求。譬如，印度供应商为美国客户提供呼叫中心服务，为一个客户提供服务的人员动辄就达到数千人。因此，一个地区的高等教育资源丰裕程度、学科结构多元化程度、大学生数量对服务外包交付中心有十分密切的影响。

（3）较为突出的成本优势。服务外包交付中心通常需要具备相对较低的成本。由于服务外包是智力密集和人力资本密集型产业，人力资本投入占比最高，较低的人力成本是最主要的因素。由于不同国家各类人力资源相对稀缺程度和价格不同，在技术和其他条件许可的情况下，把不同服务活动拆分到人力资源价格相对较低的国家进行，能够通过节省成本获得比较利益。国际服务外包的承接地大多为发展中国家，主要是由于与发达国家工资水平的差距仍然很大，并且会持续相当长的时期，有明显的人力成本优势。此外，房租成本、通信成本、商务成本、生活成本、信息安全成本等也都是影响因素。

（4）较完善的基础设施和宜居生活环境。服务外包业务交付主要通过互联网进行，需要良好的通信基础设施支持。稳定的电力供应、高速宽带互联网、大容量的数据备份中心等都是交付中心基础设施的核心内容。由于服务外包从业人员以高学历群体为主，这类人群对城市环境、配套功能、生活品质、文化品位等软性环境要求较高。因此，服务外包企业聚集区应是城市配套设施比较完善的功能区域，这对员工稳定性有较大影响。

（5）较好的服务外包产业基础和服务业水平。区域较好的服务外包产业基础是形成交付中心的必要条件，服务外包产业聚集度越高，越有利于提供商的云集。区域的服务业发展同样为交付业务提供各类人才、技术、信息、渠道等方面的支持，是形成交付中心的重要基础。

（6）较好的体制环境和服务环境。区域的政府办事效率、服务能力、工作透明度等，将对招商引资、企业运营、企业决策等产生影响，也同样对形成交付中心具有重要作用。

（三）各类指标设置

根据上述服务外包交易中心和交付中心要素条件的理论分析，表5-1列出了要素条件的指标设置。

表5-1　服务外包交易中心和交付中心要素条件的指标设置

服务外包交易中心	服务外包交付中心
国际服务外包买方与卖方聚集 ·十大领军服务外包企业 ·十大在华供应商	服务外包供应商聚集 ·服务外包企业数量 ·百家成长型企业
区域国际化程度和开放水平 ·入驻世界500强企业 ·实际利用外资金额	高等教育人力资源供给 ·高等院校在校生人数
高端国际化复合型人才的供给 ·211院校数量	突出的成本优势 ·在岗职工平均工资 ·商品房交易均价
服务外包产业基础 ·服务外包离岸执行金额 ·国际认证企业数量	基础设施环境和宜居生活环境 ·互联网普及率 ·绿化覆盖率
服务业发展基础 ·服务业占国内生产总值比重	服务外包产业基础 ·服务外包离岸执行金额 ·国际认证企业数量
商务环境和基础设施环境 ·互联网普及率	服务业发展基础 ·服务业占国内生产总值比重

注：各城市体制环境因素因缺乏可量化的数据，所以不列入测量指标。

二、基于 21 个服务外包示范城市的实证分析

商务部从 2006 年 10 月开始实施服务外包"千百十工程"以来，截至目前，国务院已经批准北京、天津、上海、重庆、大连、深圳、广州、武汉、哈尔滨、成都、南京、西安、济南、杭州、合肥、南昌、长沙、大庆、苏州、无锡、厦门等 21 个服务外包示范城市。这些示范城市在国家优惠政策扶持下，服务外包产业取得快速发展、产业聚集程度不断提高，示范引领和辐射带动作用日益增强。截至 2009 年，21 个示范城市服务外包离岸执行金额占全国总量的 95%，企业家数占总量的 78%，服务外包就业人数占总量的 77%（表 5-2、图 5-1）。为此，我们以 21 个示范城市为对象，对我国形成全球服务外包交付中心和交易中心进行实证分析。

表 5-2　截至 2009 年示范城市服务外包产业的各项指标　单位：家、人、个、%

| | 企业家数 | 比重 | 从业人数 | 比重 | 接包合同签约 | | 接包合同执行 | | 认证数量 | 其中:六项国际认证数量 | 比重 |
					金额	比重	金额	比重			
合计	7013	100	1198163	100	3051567.44	100	1488258.21	100	3678	1353	100
北京	607	8.66	152114	12.70	382284.10	12.53	184326.73	12.39	378	141	10.42
天津	240	3.42	26009	2.17	70617.47	2.31	21558.37	1.45	108	25	1.85
大连	857	12.22	87600	7.31	824076.32	27.01	94034.58	6.32	289	116	8.57
哈尔滨	163	2.32	17215	1.44	8688.23	0.28	5571.04	0.37	208	67	4.95
大庆	230	3.28	8949	0.75	37585.58	1.23	33207.26	2.23	77	22	1.63
上海	606	8.64	103831	8.67	343989.50	11.27	202040.57	13.58	351	158	11.68
南京	490	6.99	115524	9.64	259346.30	8.50	186093.95	12.50	278	122	9.02
无锡	903	12.88	73349	6.12	232629.30	7.62	187710.98	12.61	330	135	9.98
苏州	793	11.31	88715	7.40	222612.76	7.30	168045.23	11.29	277	113	8.35
杭州	319	4.55	79864	6.67	159179.49	5.22	113373.44	7.62	177	53	3.92
合肥	69	0.98	14516	1.21	18264.77	0.60	8267.30	0.56	50	12	0.89
南昌	152	2.17	17595	1.47	22248.30	0.73	14530.81	0.98	84	14	1.03
济南	199	2.84	66587	5.56	38889.06	1.27	19751.81	1.33	150	44	3.25
武汉	113	1.61	35485	2.96	42208.82	1.38	13945.83	0.94	103	36	2.66
长沙	95	1.35	24210	2.02	20533.44	0.67	9796.34	0.66	53	11	0.81
广州	206	2.94	44497	3.71	114535.70	3.75	76809.57	5.16	112	40	2.96
深圳	262	3.74	118718	9.91	159378.31	5.22	94569.50	6.35	154	61	4.51
重庆	163	2.32	32070	2.68	14680.70	0.48	4462.77	0.30	119	38	2.81
成都	245	3.49	38404	3.21	33899.54	1.11	15972.81	1.07	200	92	6.80
西安	301	4.29	52911	4.42	45919.75	1.50	34189.32	2.30	180	53	3.92

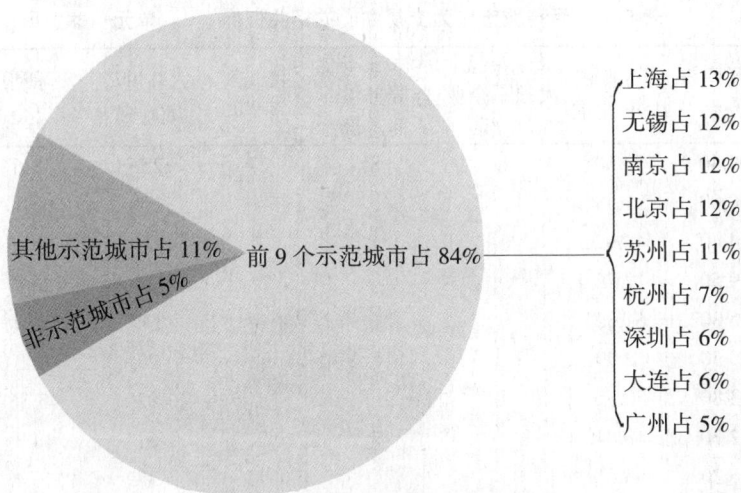

图 5-1 中国服务外包产业区域分布

资料来源：中华人民共和国商务部。

（一）关于服务外包交易中心的分析

1. 交易中心综合竞争力的测评

（1）指标权重的设定。我们这里选择了 6 大类共 9 个指标（表 5-3），用来测量城市作为服务外包交易中心的竞争力指标，同时，根据各类指标对于构建交易中心的重要性来确定其权重，从不同角度判断城市作为服务外包交易中心的资质。

表 5-3 服务外包交易中心的指标设置和权重

①国际服务外包买方与卖方聚集(0.3) ·十大领军服务外包企业(0.15)；·十大在华供应商(0.15)
②区域国际化程度和开放水平(0.2) ·入驻世界 500 强企业(0.1)；·实际利用外资金额(0.1)
③服务外包产业基础(0.2) ·服务外包离岸执行金额(0.1)；·国际认证企业数量(0.1)
④高端国际化复合型人才的供给(0.1) ·211 院校数量(0.1)
⑤服务业发展基础(0.1) ·服务业占 GDP 比重(0.1)
⑥商务环境和基础设施环境(0.1) ·互联网普及率(0.1)

表 5-4　示范城市作为交易中心的相关指标　　　　单元：家、所、亿美元、%

示范城市	互联网普及率	服务业占GDP比重	服务外包十大领军企业总部	十大在华全球服务供应商总部	211院校数量	入驻世界500强	实际利用外资金额	百家服务外包成长型企业数
北京	69.40	73.60	6	8	27	256	63.6	17
成都	60.00	51.58			5	130	64.1	2
大连	44.40	46.62	1	1	2	91	100.3	5
大庆	29.50	12.76				24	26.1	1
广州	55.30	61.32			4	140	40(估计)	4
哈尔滨	29.50	52.99			4	23	7.03	
杭州	53.80	50.55	1		1	82	43.56	9
合肥	22.70	48.84			3	51	14.3	3
济南	36.20	56.81			1	38	10.4	4
南昌	28.90	43.98			1	36	20.18	
南京	42.80	51.78			8	100	26.76	8
厦门	50.90	46.18	1		1	48	16.97	
上海	64.50	53.82		1	10	260	111.21	10
深圳	55.30	51.04				181	42.97	3
苏州	42.80	42.65			1	130	85.35	7
天津	52.70	38.15			4	130	108.5	2
无锡	42.80	45.23	1		1	76	33	6
武汉	50.00	53.55			7	81	32.93	2
西安	34.43	53.34			7	123	15.67	5
长沙	27.30	54.77			3	102	22.38	4
重庆	34.60	43.46			2	113	63.44	5

注：服务外包产业离岸执行额、国际认证企业数量两项指标见表5-2。

资料来源：教育部，商务部中国服务外包研究中心，各市统计公报或商务部门网站。实际利用外资为2010年数据，入驻世界500强企业为2010年累计数。

(2) 标准化处理。由于各指标的量纲不同，不能直接进行计算，我们根据有关理论，对所有变量进行标准化处理。具体方法如下：

$$X_{s,i} = \frac{n x_i}{\sum\limits_{i=1}^{n} x_i}, \ i = 1,2,3 \cdots n \tag{1}$$

上式中 $X_{s,i}$ 代表标准化处理后的结果，x 代表具体的指标，i 代表具体的城市。

经过标准化处理后的数据（表5-5）。

表 5-5 交易中心指标的标准化值   单位：家、所、亿美元

城市	互联网普及率	第三产业占GDP比重	服务外包产业离岸收入（截至2009年）	国际认证数量	服务外包十大领军企业总部	十大在华全球服务供应商总部	211院校数量	入驻世界500强	实际利用外资金额
北京	1.570847	1.496239	2.47708	2.084257	3	2.402402	5.578512	2.427	1.407703
成都	1.358081	1.048587	0.214651	1.359941	0	0	1.033058	1.232461	1.418769
大连	1.00498	0.947754	1.263687	1.714708	0.5	0.3003	0.413223	0.862723	2.220009
大庆	0.667723	0.259402	0.446257	0.325203	0	0	0	0.227531	0.577689
广州	1.251698	1.246595	1.032208	0.591279	0	0	0.826446	1.327266	0.885347
哈尔滨	0.667723	1.077251	0.074867	0.990392	0	0	0.826446	0.218051	0.1556
杭州	1.217746	1.027648	1.523572	0.783444	0.5	0	0.206612	0.777399	0.964143
合肥	0.513807	0.992885	0.1111	0.177384	0	0	0.619835	0.483504	0.316512
济南	0.819375	1.15491	0.265435	0.650407	0	0	0.206612	0.360258	0.23019
南昌	0.654142	0.894084	0.195273	0.206948	0	0	0.206612	0.341297	0.446658
南京	0.968764	1.052653	2.500829	1.8034	0	0	1.652893	0.948047	0.592297
厦门	1.152105	0.938809	0	0.177384	0.5	0	0.206612	0.455063	0.375609
上海	1.459937	1.094125	2.715128	2.335551	0	0.3003	2.066116	2.464922	2.461487
深圳	1.251698	1.037609	1.270875	0.9017	0	0	0	1.715965	0.951085
苏州	0.968764	0.867046	2.258281	1.670362	0	0	0.206612	1.232461	1.88911
天津	1.192847	0.775564	0.289713	0.369549	0	0	0.826446	1.232461	2.401505
无锡	0.968764	0.919496	2.52256	1.995565	0.5	0	0.206612	0.720516	0.730412
武汉	1.131734	1.088636	0.187411	0.532151	0	0	1.446281	0.767918	0.728862
西安	0.779312	1.084367	0.459454	0.783444	0	0	1.446281	1.166098	0.346835
长沙	0.617927	1.113438	0.131648	0.162602	0	0	0.619835	0.967008	0.495352
重庆	0.78316	0.883513	0.059973	0.561715	0	0	0.413223	1.071293	1.404161

（3）综合指数的构建。根据各指标的权重，以标准化结果为基础，对不同城市的综合资质进行测算，测算的公式如下。

$$I_i = \sum_{j=1}^{m} w_{j,i} x_{j,i}, \, j = 1, 2, 3 \cdots m; \, i = 1, 2, 3 \cdots n \qquad (2)$$

上式中 I_i 为具体城市的综合指数，w 为权重，x 为具体变量。计算结果如表5-6所示。

表 5-6 　各城市作为交易中心的综合指数

排名	城市	综合指数
1	北京	2.435982
7	成都	0.698651
3	大连	0.912504
21	大庆	0.216994
10	广州	0.653499
16	哈尔滨	0.367647
8	杭州	0.664169
19	合肥	0.295812
18	济南	0.32775
20	南昌	0.261794
4	南京	0.90345
17	厦门	0.330214
2	上海	1.431775
9	深圳	0.650308
5	苏州	0.860825
11	天津	0.649166
6	无锡	0.832954
13	武汉	0.531713
12	西安	0.567613
15	长沙	0.379885
14	重庆	0.478546

2. 对 21 个示范城市的综合判断

根据上述服务外包交易中心要素条件所设定的各项指标进行计量分析，得出以下基本判断。北京、上海、大连是最有可能成为交易中心的城市。

北京在入驻世界 500 强企业、服务外包十大领军企业、十大在华全球服务供应商总部、百家服务外包成长型企业数量、服务外包从业人员数量以及 211 院校数量上均处于领先地位。上海在实际利用外资金额、入驻世界 500 强企业、百家服务外包成长型企业数量、服务外包从业人员数量、211 院校数量上处于全国的前列。北京、上海是最有可能成为全球服务外包交易中心的城市。大连国际开放水平较高，服务外包产业基础较好，地理位置优势突出，有可能成为面向日本的区域性交易中心。

进一步从国际知名度与投资吸引力来分析 21 个示范城市（图 5-2）。根据 IBM 关于全球区域发展 2010 年度报告分析，上海名列第二位，北京名列第十三位，在全球投资、经济活动的热点城市排名均处于优势地位，这进一步说明北京、上海有成为全球服务外包交易中心的巨大潜力。

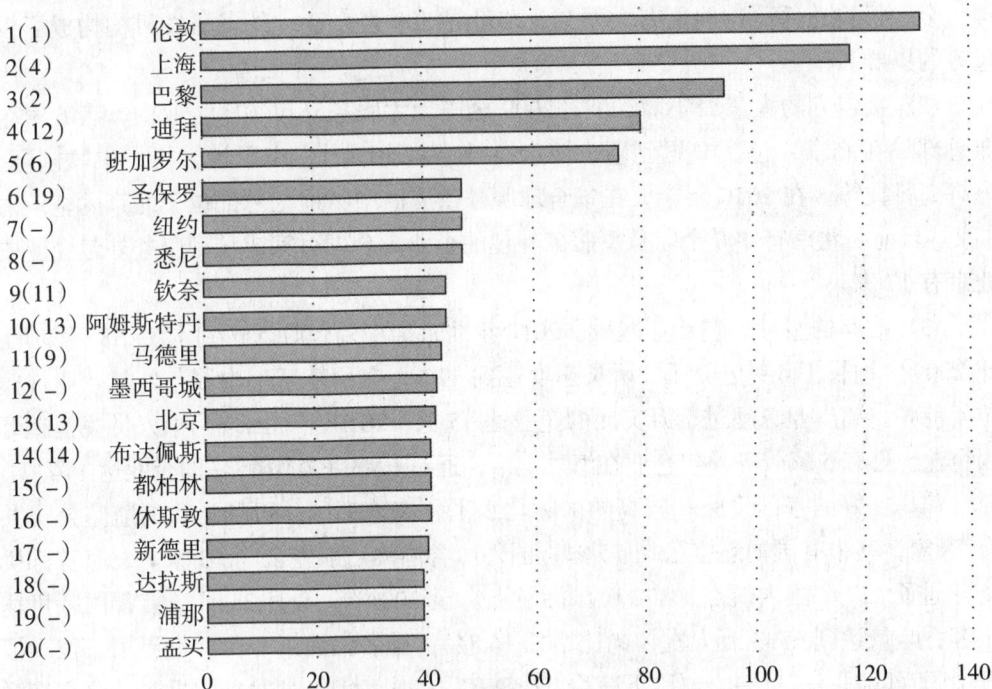

排名	城市
1(1)	伦敦
2(4)	上海
3(2)	巴黎
4(12)	迪拜
5(6)	班加罗尔
6(19)	圣保罗
7(-)	纽约
8(-)	悉尼
9(11)	钦奈
10(13)	阿姆斯特丹
11(9)	马德里
12(-)	墨西哥城
13(13)	北京
14(14)	布达佩斯
15(-)	都柏林
16(-)	休斯敦
17(-)	新德里
18(-)	达拉斯
19(-)	浦那
20(-)	孟买

图 5-2 全球投资吸引力城市排名

资料来源：IBM Global Location Trends Annual Report（2010）。

3. 北京成为全球服务外包交易中心的主要优势

上述分析可以看出，北京大部分指标领先于其他城市。北京的优势在于其高端要素资源优势、城市品牌优势、高度国际化优势。主要体现在大量的高端人才储备和大规模的跨国公司总部聚集。北京是全球高等院校最为密集的区域之一，也是我国高端人才最为密集的区域，在科技、文化、教育、信息、服务等方面都具有明显优势；城市品牌有较强的国际竞争力，尤其是成功召开奥运会之后，国际影响力大大增强。目前，落户北京的跨国公司地区总部 42 家，外资研发中心 250 余家。这些优势有利于服务外包企业整合国际资源，建设服务外包总部基地，成为接单的窗口。

从实际情况来看，北京目前已经基本形成了全球服务外包交易中心的雏形。

（1）发包方的大量聚集。世界500强中有256家在北京投资。北京也是跨国公司在中国建立研发中心最集中的城市，目前，北京有包括微软、Google、IBM、诺基亚、Oracle在内的350家外资公司及研发机构，其中包括46家世界500强企业在北京设立独立的研发机构。另外，北京作为首都聚集了大量的国内大中型企业总部、银行金融机构总部。这些国有大型企业和世界500强企业、外资研发机构构成了发包方的集群。

（2）接包方的大量聚集。2008、2009全国十大服务外包领军企业中，有6家企业总部设在北京，包括文思创新、博彦科技、软通动力、中讯计算机、中软国际、海辉高科技等。在2010年十大在华全球服务供应商中，地区总部位于北京的企业占8家。目前，北京有400余家从事服务外包的企业。全国百家成长型服务外包企业中北京有17家。

（3）雄厚的服务外包产业基础。2010年北京离岸外包收入达到了15.38亿美元，比2009年增长了4.9亿美元，增长速度达到47%，在示范城市中服务外包产业规模位于前列。离岸业务超过千万美元的企业达35家，2010年，出现两家人员规模超万人企业，已有5家服务外包企业在海外上市，通过CMM/CMMI评估的企业达194家。

（4）良好的基础设施和较高的国际化水平。在首都国际机场运营的航空公司共有78家，其中有国内航空公司15家，国外（含港澳）航空公司63家。北京首都机场开通了127个国内航点，172个国际航点。至2009年12月31日，首都国际机场旅客吞吐量达到6533万人次，同比增长16.8%，排名亚洲第一位、世界第三位。根据中国互联网络信息中心（以下简称"CNNIC"）2011年1月发布的报告，北京互联网普及率高达69.4%，无线通信基础设施的建设已经基本完善，排名全国第一，北京的宽带用户已经达到351.2万户，北京网民人数达到了1218万。截至2009年，北京市共有星级饭店815家，其中五星级54家。

4.上海成为全球服务外包交易中心的主要优势

截至2009年，上海服务外包离岸执行金额位列全国第一，具有雄厚的服务外包产业基础。211院校数量居第二位。从发展环境上看，上海作为中国的经济中心、金融中心、商贸中心，也是中国国际化程度最高的城市之一，实际利用外资额列全国第一位。在金融服务、航运物流、国际商贸、文化科技、创意产业、国际会展等服务业方面具有较强的国际竞争力。

上海市有跨国公司地区总部178家，外资研发中心215家，全球六大专业服务外包公司中，IBM、惠普、EDS、埃森哲都已落户上海。通过世博会的成功举办，上海作为国际化大都市的品牌形象进一步提升。大量的现代化建筑、海派文化，尤其成为对欧美最具吸引力的城市之一。上海市作为国际航运中心，浦东机场的日均起降航班达560架次，虹桥机场的日均起降航班也达500架次以上。浦东国际机场已经成为世界主要的航空枢纽港，通航浦东机场的中外航空公司已达48家，航线覆盖73个国际（地区）城市，62个国内城市。

5. 大连成为区域性服务外包交易中心的主要优势

大连服务外包产业起步早，不仅有良好的基础设施、优美的环境、丰富的服务外包人才储备，而且积累了丰富的国际客户资源。大连的十大领军企业、在华全球供应商总部、百家服务外包成长型企业数量都在全国前列。大连位于东北亚经济区与环渤海经济圈的核心位置，与日本、韩国、朝鲜和俄罗斯的远东地区相邻，是欧亚大陆桥的重要连接点，实际利用外资列全国第三位。由于历史与地理因素，大连和日本具有较为紧密的联系，对日外包业务占据了大连服务外包业务总量的80%左右，这也是大连服务外包发展最突出的特点，因此，有望成为面向日本市场的区域性服务外包交易中心。

（二）服务外包交付中心的分析

1. 交付中心综合竞争力的测评

（1）指标权重的设定。我们选择了6大类共10个指标用来测评城市作为外包服务交付中心的竞争力，根据各类指标在构建交付中心的重要性来赋予不同权重，从不同的角度评价城市作为服务外包交付中心的资质（表5-7）。

表5-7　服务外包交付中心的指标设置和权重

①服务外包供应商聚集(0.3) ·服务外包企业数量(0.15)；·百家成长型企业(0.15)
②高等教育人力资源供给(0.2) ·高等院校在校生人数(0.2)
③突出的成本优势(0.2) ·在岗职工平均工资(0.1)；·商品房交易均价(0.1)
④服务外包产业基础(0.1) ·服务外包离岸执行金额(0.05)；·国际认证企业数量(0.05)
⑤基础设施环境和宜居生活环境(0.1) ·互联网普及率(0.05)；·绿化覆盖率(0.05)
⑥服务业发展基础(0.1) ·服务业占 GDP 比重(0.1)

表 5-8　示范城市作为交付中心的相关指标评价　单位：人、元、元/平方米、%

示范城市	互联网普及率	百家服务外包成长型企业数	高等学校在校学生数	职工平均工资	2010年新房均价	建成区绿化覆盖率
北京	69.40	17	574758	57025.81	22310	37.15
成都	60.00	2	518561	32959.17	6630	38.55
大连	44.40	5	230524	35534.26	9678	44.00
大庆	29.50	1	59730	36184.19	4814	43.17
广州	55.30	4	680000	47044.75	12560	35.01
哈尔滨	29.50		441765	27427.16	7939	33.71
杭州	53.80	9	361436	41501.38	25840	38.60
合肥	22.70	3	325358	31376.93	6255	35.26
济南	36.20	4	601453	33680.38	7760	36.43
南昌	28.90		447868	29656.7	5573	70.30
南京	42.80	8	714041	40474.63	12016	46.13
厦门	50.90		108919	32343.5	9660	38.40
上海	64.50	10	502899	56606.7	19168	40.62
深圳	55.30	3	64675	43731.49	16978	45.01
苏州	42.80	7	120846	38209.53	9103	41.95
天津	52.70	2	386437	41646.4	8958	35.00
无锡	42.80	6	94343	39710.31	7843	43.00
武汉	50.00	2	704453	28436.62	6196	37.40
西安	34.43	5	570950	30635.37	5398	40.29
长沙	27.30	4	352886	32407.98	5339	36.29
重庆	34.60	5	484487	28363.63	5720	68.94

　　注：服务外包产业离岸执行额、服务外包企业数、国际认证企业数量指标见表 5-2。服务业占 GDP 比重见表 5-4。

　　资料来源：教育部、各市统计公报或商务部门网站。

　　(2) 标准化处理。由于各指标的量纲不同，不能直接进行计算，我们根据有关理论，对所有变量进行标准化处理，具体的处理方法见公式 (1)，其结果如下 (表5-9)。

表5-9　交付中心指标的标准化值　　　　　　　　　单位：%

示范城市	互联网	服务业占GDP比重	离岸收入	国际认证	外包企业	成长企业	在校学生	平均工资	房均价	绿化率
北京	1.570847	1.496239	2.47708	2.084257	1.731071	3.153989	1.446125	1.525615	2.171662	0.008814
成都	1.358081	1.048587	0.214651	1.359941	0.698702	0.371058	1.30473	0.881759	0.645366	0.009146
大连	1.00498	0.947754	1.263687	1.714708	2.444033	0.927644	0.580012	0.95065	0.942059	0.010439
大庆	0.667723	0.259402	0.446257	0.325203	0.655925	0.185529	0.150284	0.968038	0.468596	0.010242
广州	1.251698	1.246595	1.032208	0.591279	0.58748	0.742115	1.71092	1.258591	1.222594	0.008306
哈尔滨	0.667723	1.077251	0.074867	0.990392	0.464851	0	1.111506	0.73376	0.772784	0.007998
杭州	1.217746	1.027648	1.523572	0.783444	0.909739	1.669759	0.909394	1.110289	2.515273	0.009158
合肥	0.513807	0.992885	0.1111	0.177384	0.196777	0.556586	0.81862	0.839429	0.608863	0.008365
济南	0.819375	1.15491	0.265435	0.650407	0.567517	0.742115	1.513291	0.901053	0.755361	0.008643
南昌	0.654142	0.894084	0.195273	0.206948	0.433481	0	1.126862	0.793408	0.542477	0.016679
南京	0.968764	1.052653	2.500829	1.8034	1.397405	1.48423	1.796569	1.08282	1.169641	0.010944
厦门	1.152105	0.938809	0	0	0	0.274047	0.865288	0.940307	0.00911
上海	1.459937	1.094125	2.715128	2.335551	1.728219	1.855624	1.265323	1.514403	1.865818	0.009637
深圳	1.251698	1.037609	1.270875	0.9017	0.747184	0.556586	0.162726	1.169951	1.652643	0.010679
苏州	0.968764	0.867046	2.258281	1.670362	2.261514	1.298701	0.304056	1.022222	0.886089	0.009953
天津	1.192847	0.775564	0.289713	0.369549	0.684443	0.371058	0.972298	1.114169	0.871974	0.008304
无锡	0.968764	0.919496	2.52256	1.995565	2.575217	1.113173	0.237372	1.062372	0.76344	0.010202
武汉	1.131734	1.088636	0.187411	0.532151	0.322259	0.371058	1.772445	0.760767	0.60312	0.008873
西安	0.779312	1.084367	0.459454	0.783444	0.858406	0.927644	1.436543	0.81959	0.525443	0.009559
长沙	0.617927	1.113438	0.131648	0.162602	0.270925	0.742115	0.887882	0.867013	0.5197	0.00861
重庆	0.78316	0.883513	0.059973	0.561715	0.464851	0.927644	1.218997	0.758814	0.556786	0.016356

（3）综合指数的构建。根据各指标的权重，以标准化结果为基础，对不同城市的综合资质进行测算，测算的原理与公式（2）相同，计算结果如下（表5-10）。

表5-10　各城市作为交付中心的综合指数

排名	城市	综合指数	备注
1	北京	1.10893	作为交易中心剔除
11	成都	0.520647	
6	大连	0.726949	作为交易中心剔除
20	大庆	0.111023	

续表

排名	城市	综合指数	备注
8	广州	0.562339	
15	哈尔滨	0.336149	
12	杭州	0.485708	
17	合肥	0.271721	
9	济南	0.536146	
19	南昌	0.299866	
2	南京	0.935775	
21	厦门	0.026191	
3	上海	0.887994	作为交易中心剔除
18	深圳	0.22136	
5	苏州	0.736085	
16	天津	0.324747	
4	无锡	0.784956	
10	武汉	0.52397	
7	西安	0.630738	
14	长沙	0.348244	
13	重庆	0.480525	

2. 对 21 个示范城市的综合判断

根据上述对服务外包交付中心的计量分析，我们得出以下基本判断。

（1）南京、无锡、苏州是目前最有条件成为交付中心的城市。这 3 个城市具有比较雄厚的服务外包产业基础。截至 2009 年，离岸服务外包执行总额分别列全国第三位、第二位、第五位。2010 年南京、无锡、苏州离岸服务外包执行额分别为 15.28亿美元、13.8 亿美元和 8.9 亿美元。南京、无锡、苏州的高等学校在校学生数分别列第一、十九、十七位；绿化覆盖率分别列第三、七、八位。在政府支持力度、商业环境、对外开放水平上明显优于中西部城市。同时，这些城市的人力、房价等成本要显著低于北京、上海、深圳等一线城市。因此，具有成为服务外包交付中心的巨大潜力。

南京普通高等学校 41 所，211 院校 8 所，在校大学生 70 余万，全国排名第一，但相比北京、上海成本较低，这使得大量服务外包提供商落地南京。国内领军服务外包企业——软通动力、文思创新、东软等相继在南京市设立分支机构。法国凯捷、新加坡腾飞、微软中国、美国毕博、印度萨蒂扬等跨国公司在南京市建立了各类服务外包交付中心。

无锡服务外包产业近年来增长迅猛。在一系列优惠政策支持下，已经吸引美国IBM、大展、福瑞博德，日本 NEC、富士通、NTT DATA、索尼软件，印度 NIIT、Zensar（增萨），以及软通动力、海辉软件、中软国际、浙大网新、东软集团、文思创新等国内外知名企业入驻。目前，全国十大服务外包领军企业，已有 8 家在无锡投资设立区域总部或业务交付中心。十大领军型服务外包企业，以生物医药研发为特色的药明康德总部位于无锡。

苏州近年来服务外包产业发展迅猛。强生财务共享中心、三星半导体分拨中心、博世 IT 服务中心、耐克物流中心、凯捷中国交付与共享中心、金融服务交付中心等纷纷落户苏州。苏州制造业发达，比邻上海，可以依托当地的制造业优势和上海的金融服务业优势，大力发展金融后台、制造业等服务外包产业。

（2）西安、成都、武汉作为中西部城市优势明显。这 3 个城市成本优势明显，高等教育人力资源充裕度较高，通信基础设施、人居环境较好，服务业发展程度相对较高。2010 年，西安、成都、武汉离岸服务外包执行额分别为 2.92 亿美元、2 亿美元和 1.08 亿美元；服务业占 GDP 比重分别列第七、六、十位；高等学校在校学生数分别列第六、七、二位，高校质量与在校学生总量均处明显优势；在职职工平均工资列第十七、十三、十九位，房价列第十九、十四、十六位。这些都说明在构建大规模 IT 服务、流程服务外包交付中心具有较大的发展潜力。

西安市已经形成了以研发服务外包为主，跨国公司和国内大企业为龙头，ITO 和BPO 共同发展的服务外包产业格局，在通信、金融软件研发和国际集散控制（DCS）解决方案的技术研发服务领域已形成领先优势。以 IBM、Intel、SAP、EMC、香港电讯盈科等为代表的一大批全球知名公司先后落户西安，13 家世界 500 强企业在西安从事服务外包业务。我国华为、中兴通讯等企业也在西安设立了研发中心。

成都市已经形成以信息技术服务外包为主，覆盖研发、工业设计、市场营销、人力资源、财务会计等业务流程的服务外包产业体系。近两年，成都市国际开放程度不断增强，2010 年实际利用外资超过 60 亿美元，在全国处于领先位置。行业龙头——埃森哲、IBM、威普罗（Wipro）等先后落户，并且吸引包括西门子、DHL、马士基等大型跨国公司在成都建立共享服务中心、运营中心或研发中心。

武汉市已经逐步成为在嵌入式软件和空间信息技术、信息安全、制造业信息化等应用软件领域的国家级服务外包产业基地。目前，已经有惠普（原EDS）武汉交付中心、IBM武汉全球交付中心、法国电信联想利泰（联合）研发中心、方正软件研发中心、博彦—德国电信合作项目等国内外知名服务外包企业落户。世界航运巨头泛亚班拿公司、银联商务等在武汉设立共享服务中心或后台服务中心。

三、结论及建议

通过上述理论研究与实证分析，得出以下结论与建议。

第一，通过运用分工理论和规模经济理论，对服务外包交易中心和交付中心形成的要素条件进行研究，对21个示范城市的实证分析表明，北京、上海有可能成为未来的全球服务外包交易中心，大连有可能成为区域性交易中心。南京、无锡、苏州、成都、西安、武汉有可能形成全球或区域性服务外包交付中心。

第二，中国有条件构建承接国际服务外包全产业链和价值链的布局。从服务外包产业的价值链分离与资源组合角度来看，与韩国、新加坡、印度等国家不同，我国幅员辽阔，不同地区的要素禀赋、产业结构存在相当大的差异，这一特点将使我们有可能在国际服务外包全产业链和价值链上占据不同的环节。各地区能够基于资源要素禀赋差异，着眼于发挥不同示范城市的比较优势，借助区域中心城市协调不同城市间的专业化分工合作，形成囊括全球服务外包价值链尽量多的环节、更为完整的产业分工体系。

第三，服务外包产业有必要也有可能在示范城市之间实现错位竞争、梯度发展的格局。21个示范城市在要素禀赋结构——人力资本、国际化程度、产业基础、高端人才聚集度、商业环境等方面存在相当大的差异。为了保证服务外包产业有序、稳定和可持续发展，示范城市需要结合自身的资源优势条件，走特色化的发展道路，形成空间分工协作的产业生态环境，避免城际竞争导致的无效内耗。在总部聚集程度高、国际化与开放程度较高、高端人才吸引力强、产业起步较早的中心城市形成"总部经济与交易中心"，引领整个产业发展并辐射带动其他城市；在具备良好基础设施与生活环境、充裕的科教资源和人力资源，以及成本优势明显，服务业优势明显的二、三级城市形成相当规模的优质服务外包企业与交付团队聚集，从而在若干价值链的某些工序上形成具有国际竞争力的"全球服务外包交付中心"。

第四，全球服务外包交易中心和交付中心的形成主要靠市场机制发挥作用，政府可以在其中发挥积极的推动作用。通过在制定产业规划、产业政策等方面进行积极引导，加快构建全球服务外包交易中心和交付中心，促进服务外包产业的有序、良性和健康发展。

参考文献：

1. 江小涓. 服务全球化的发展趋势和理论分析. 经济研究，2008(2).

2. 张辉. 全球价值链理论与我国产业发展研究. 中国工业经济，2004(5).

3. 杨志琴，祖强. 承接服务外包——新开放观下中国提升国际分工地位的有效途径. 世界经济研究，2007(11).

4. 赵改栋. 产业、空间结构：区域经济增长的结构因素. 财经科学，2002(2).

5. 吴学花，杨蕙. 中国制造业产业集聚的实证研究. 中国工业经济，2004(10).

6. Ravi Bapna, Alok Gupta, Gautam Ray, Shweta Singh. Analyzing IT Outsourcing Contract Outcomes: The Role of Intermediaries. Carlson School of Management. University of Minnesota.

7. Michael Graf, Susan M. Mudambi. The outsourcing of IT enabled business process es:a conceptual model of the location decision. Management International Review, 2005-10.

8. Ben L. Kedia, Debmalya Mukherjee. Understanding offshoring: A research framework based on disintegration. location and externalization advantages. Journal of World Business, 2009-08.

第二编　典型行业研究

第六章　中国软件与信息服务外包的发展及趋势

进入 21 世纪以来，以信息技术为主导的科技创新和科技进步成为主要特征。以软件、网络通信、微电子、计算机为主的信息技术蓬勃发展不但催生和推动了全球服务外包产业，使得服务业日益突破传统的范畴并具有了跨越地理空间的可交易性，形成了以软件信息技术服务外包为代表的产业转移浪潮。同时，也使信息技术由硬件主导型向软件和信息服务主导型发展。

一、基本概念

软件与信息服务外包是指组织将基于软件、信息技术和网络信息系统的开发、运营、维护等服务业务，以购买服务的方式交由专业信息技术服务提供商承担，主要包括以软件为主的信息技术外包和部分基于信息技术的业务流程外包。软件开发基本流程和价值链见图 6-1。

二、全球软件与信息服务外包的发展趋势

（一）总体规模与市场前景

2009 年，全球软件与信息服务外包产业规模 4240 亿美元，其中 ITO 为 2680 亿美元，占 63.2%；BPO 为 1560 亿美元，占 36.8%。与 2008 年相比，虽然整体规模减小近 300 亿美元，全年增速为 –5.9%[1]，但金融危机后，随着北美和欧洲重点垂直行

---

[1] 数据来源于工业和信息化部：《2010 中国软件与信息服务外包产业发展报告》；高德纳咨询公司（Gartner）。

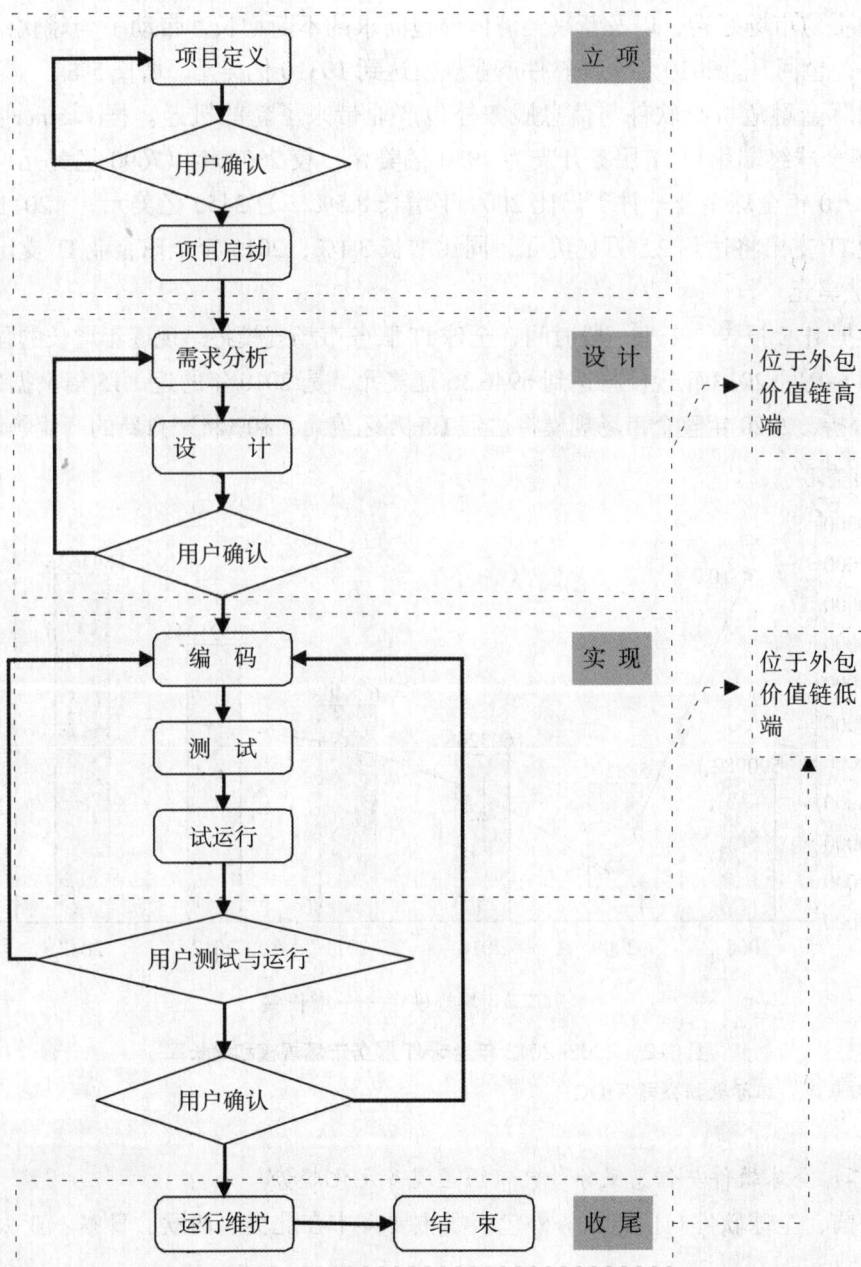

图 6-1　软件开发基本流程和价值链

业外包交易市场好转，以及新兴经济体外包需求的不断增长，带动了全球软件与信息服务外包回升。2010 年全球软件产业规模达到 10310 亿美元，增长 5%。

国际金融危机给软件与信息服务外包产业带来了新的机遇。据 Gartner 报告，2010 年全球终端用户 IT 服务开支为 7930 亿美元，较 2009 年（7690 亿美元）增长 3%；2010 年全球企业软件支出比 2009 年增长 8.5%，为 2450 亿美元。①2011 年全球企业 IT 支出将达到 2.5 万亿美元，同比增长 3.1%；2015 年全球企业 IT 支出将达 2.8 万亿美元。

根据 IDC 报告，未来一段时间，全球 IT 服务市场规模将呈现逐年增长的强劲势头（图 6-2），2013 年规模将达到 6946.36 亿美元，是 2010 年的近 1.15 倍。据NASSCOM 分析，2020 年整个市场规模将达到 1.5 万亿美元，80%将来自新的产业领域。

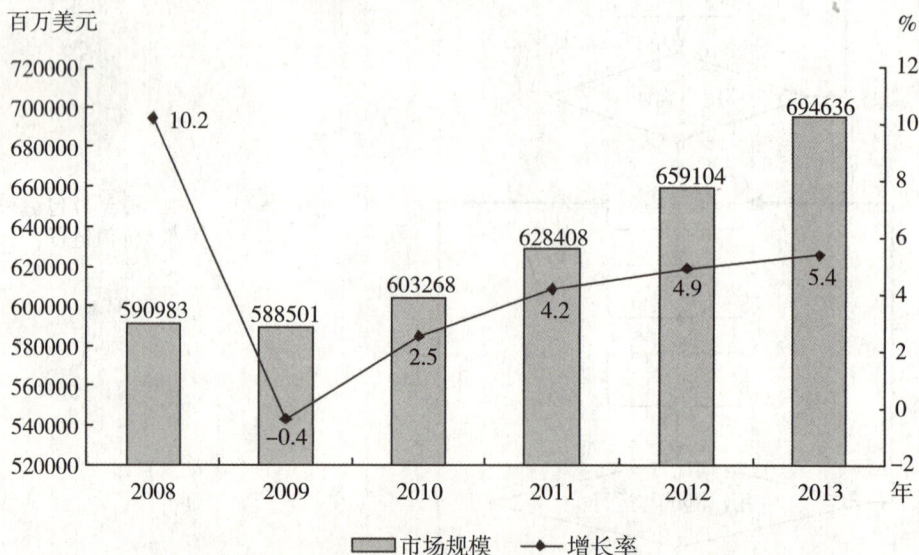

图 6-2 2008~2013 年全球 IT 服务市场规模和增长率

资料来源：国际数据公司（IDC）。

（二）全球软件与信息服务外包市场呈现多元化趋势

目前，全球软件与信息服务外包市场主要集中在北美、西欧、日本、亚太和拉

---

①中国服务外包网 http://chinasourcing.mofcom.gov.cn。

美地区。其中，美国服务外包市场较为成熟，亚太地区保持强劲增长，成为全球 IT 服务外包业务增长最快的区域之一。

从表 6-1 可以看出，2008 年全球计算机和信息服务贸易前 15 个国家和地区的市场份额情况。

表 6-1　2008 年计算机和信息服务主要进出口国家（地区）贸易情况　单位：百万美元、%

出口国（地区）	出口额	占出口总额比	同期变化	进口国（地区）	进口额	占进口总额比	同期变化
欧盟 27 国	108399	58.3	20	欧盟 27 国	50116	55.5	13
印度	36041	19.4	–	美国	16139	17.9	13
美国	12599	6.8	8	日本	3979	4.4	10
以色列	6852	3.7	18	印度	3419	3.8	–2
中国	6252	3.4	44	中国	3165	3.5	43
加拿大	4882	2.6	6	巴西	2787	3.1	23
挪威	1953	1.0	73	加拿大	2526	2.8	1
俄罗斯	1644	0.9	50	挪威	1780	2.0	6
澳大利亚	1418	0.8	10	俄罗斯	1424	1.6	49
新加坡	1334	0.7	32	澳大利亚	1313	1.5	6
菲律宾	1148	0.6	276	新加坡	916	1.0	39
马来西亚	1025	0.6	30	马来西亚	896	1.0	37
日本	946	0.5	–2	印度尼西亚	713	0.8	5
阿根廷	897	0.5	37	韩国	571	0.6	5
哥斯达黎加	694	0.4	39	中国香港	512	0.6	21

资料来源：根据 International Trade Statistics 2010 整理。

目前，软件和信息服务外包的主要发包国仍集中在美国、西欧、日本和韩国等发达国家，这些市场较为成熟，增长平稳。从进口国家来看，除欧盟经济体外，美国是最大的进口国，也是最大的发包国家，其次是日本。此外，印度、中国、巴西、加拿大、挪威、俄罗斯以及东南亚等经济体也快速发展。可以看出，除北美、西欧和日本外，这些一直被认为是接包的国家和地区，也有着很大的发包市场。随着这些国家信息化进程的加快、客户管理外包能力的不断提高以及企业对成本节约、业务优化和创新的需求不断提高，外包需求将不断增加，发包规模也将呈现不断上升的趋势。

目前，接包国仍主要集中在发展中国家。由于这些国家拥有较丰富的知识型人力资源、较低的人力成本，在承接软件外包上具备较大优势。从出口国家来看，除欧盟经济体外，印度是最大的出口国，也是最大的接包国家，其次是以色列、中国、加拿大、俄罗斯等。

未来，承接国家市场竞争日趋激烈。随着越来越多的国家和地区将服务外包行业确定为国家发展的战略重点，许多国家和地区已经认识到该行业潜在的巨大市场及对经济发展的作用，都大力支持发展软件与信息服务外包。各国均具备独特的价值定位和优势。如，爱尔兰、东欧与发包方具有地域接近性；印度、中国、菲律宾拥有大量低成本人才；澳大利亚等拥有与发包方的语言文化及基础设施优势等。

（三）发包企业将进一步释放市场需求

从表 6-2 可以看出，大型跨国公司在 IT 服务外包业务量上的增长促进了国际 IT 服务外包全球化的步伐。近年来，软件和信息服务外包不仅局限于发达国家和一些大型跨国公司，众多发展中国家和一些中小企业甚至个人，为了降低成本和提升竞争力，也将部分非核心业务外包出去，从而外包市场的范围不断扩大。

表 6-2   2005、2006 年世界前八名 IT 服务外包商的外包额度 单位：百万美元、%

公司名称	2005	2006	年增长率
IBM	17124	19309	12.8
EDS	15016	15467	3.0
ADP	6167	7100	14.9
CSC	6000	6700	11.7
Accenture	3782	5059	33.8
Fujitsu	4544	5030	10.7
Capgemini	2416	2913	20.6
First Data Corp	2250	2475	10.0

资料来源 魏鹏：《浅析 IT 战略外包服务市场》，载《商业文化（学术版）》，2008年，第1期，第399页。

金融危机后促使企业进一步削减成本。EquaTerra 对 200 多家企业的一个最新调查显示，四成以上的 IT 企业为了降低成本，减少了对软硬件开发的投资，增加了业务外包力度，尤其是离岸业务发展迅速，半数以上的欧美公司将更多的服务外包到海外。

（四）外包业务管理模式不断创新

从市场业务结构来看，全球软件与信息服务外包业务正逐渐从"最基础的技术层面的外包业务"转向"较高层次的服务流程外包业务"①。从业务方式来看，随着业务范围逐渐扩展，发包商倾向于将 ITO 和 BPO 业务捆绑，以满足企业自身技术和业务的需求。服务外包商与承接商之间形成了新型的战略协作伙伴关系。这一关系的建立使得以前提供单一服务的接包商转变为提供包括应用程序、风险管理、金融分析、研究开发等在内的高科技含量、高附加值、全流程的外包业务。

三、中国软件与信息服务外包的发展现状及主要问题

（一）中国软件与信息服务外包的发展现状

近年来，中国软件与信息服务外包保持了较高的增速，已经从全球产业驱动、跨国公司和"海归"创业推动，向本土市场驱动、民营资本推动转变。本土服务外包企业迅速成长，企业规模和影响力都在不断扩大，已经成为我国软件与信息服务外包产业的中坚力量。

1. 增长势头强劲

中国软件与信息服务外包在国际金融危机的不利影响下，依然保持了较快发展，显现出了强大的生命力和广阔的前景。2009 年，主营业务收入达到 2033.8 亿元，同比增长 29.7%。2010 年突破 2750 亿元，同比增长 35.2%，比 2009 年高出 5.5 个百分点，相当于 2007 年的 2.48 倍（图 6-3）。

2000~2010 年，中国软件业保持了年均 38% 的增速，2010 年软件收入达到 13364 亿元，产业规模比 2001 年扩大了 10 多倍。预计到 2015 年软件服务业收入年均增长率将超过 20%，占电子信息行业收入比重超过 20%，年收入超过 100 亿元的企业将超过 10 家。2010 年中国软件出口执行金额 97.4 亿美元，同比增长 34%（图 6-4）。2010 年信息技术外包业务（ITO）出口 91.7 亿美元，占软件出口总额的 94.2%，成为中国软件出口的主要方式。

---

① 亚太总裁协会、国际外包中心：《2008 全球服务外包发展报告》。

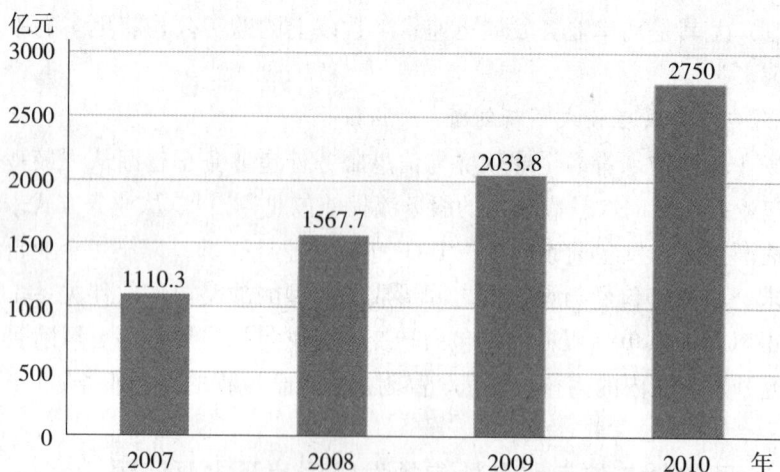

图 6-3　2007~2010 年中国软件与信息服务外包产业规模

资料来源：CSIP。

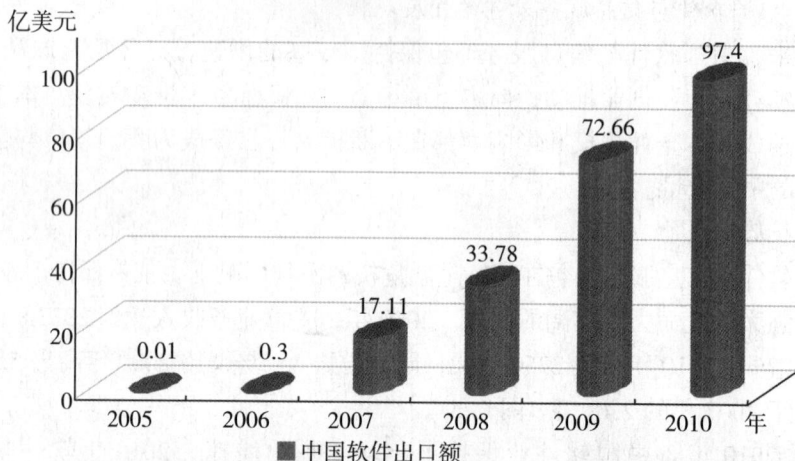

图 6-4　2005~2010 年中国软件出口额（执行金额口径）情况

资料来源：中华人民共和国商务部。

2. 吸纳就业能力增强

2010 年，我国软件与信息服务外包从业人员超过 73 万人，同比增长约 32.7%，相当于 2007 年的 2.43 倍（图 6-5）。人才队伍不断扩大的同时，整体素质和水平也得到了进一步的提高。随着中央和地方政府对服务外包人才优惠政策的出台和落实，越来越多的高技术人才加入软件外包行业，同时，良好的产业发展环境也吸引了众多的海外优秀人才回国创业。

万人

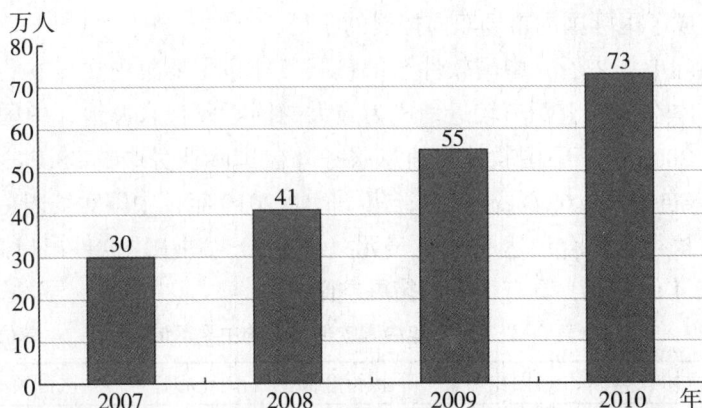

图 6-5　2007~2010 年中国软件与信息服务外包从业人员数量

资料来源：CSIP。

3. 业务结构调整逐步高端化

2010年，我国软件与信息服务外包ITO为1550亿元，占56.4%，同比增长31.6%，是2007年（660.3亿元）的2.35倍；BPO为1200亿元，占比43.6%，同比增长40.1%，是2007年（450亿元）的2.67倍（图6-6）。[①]软件与信息服务外包从单一的系统集成服务逐步向产业链的前后端延伸扩展，基本形成了信息技术咨询服务、软件设计与开发服务、信息系统集成服务、数据处理和运营服务全产业链发展格局。

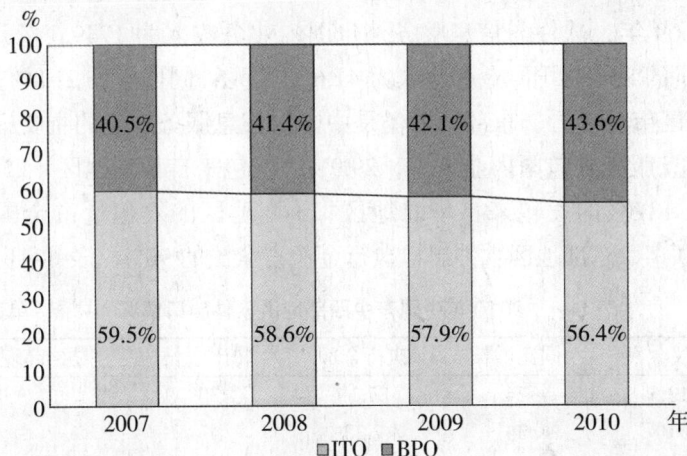

图 6-6　2007~2010 年中国软件与信息服务外包 ITO/BPO 业务结构

资料来源：CSIP。

---

① 工业和信息化部软件服务业司：《2011 中国软件与信息服务外包产业发展报告》。

4. 基本形成了国际国内市场双向拓展的格局

（1）从国际市场来看，中国软件与信息服务外包主要集中在日本、美国、中国香港。由于日本在地理上距离较近，成为最大的国际发包来源地，中国也是日本最大的承接地。2009 年，中国软件与信息服务外包国际业务中的 38.1% 来自于日本，26.2% 的业务来自美国，6.6% 的业务来自欧洲。[①]2010 年，中国对美国、日本，中国香港软件出口执行金额合计达 57.4 亿美元（表 6-3），占中国软件出口总额的 59%；对欧盟出口 13.4 亿美元，具有很大的拓展空间。

表 6-3　2010 年中国软件出口的主要区域　　　　　　　　　单位：万美元、%

国家（地区）	协议金额	同比增长	执行金额	同比增长	执行额占全国比例
全球	1262561.62	24.42	973721.12	34.01	
美国	366270.23	35.15	263333.31	41.22	27
日本	271420.23	0.23	236208.13	12.14	24
中国香港	95712.17	21.96	74536.50	30.82	8
新加坡	48256.58	−22.44	41415.89	17.10	4
中国台湾	40908.83	114.10	33040.95	109.69	1

资料来源：商务部服务贸易司。

（2）从国内市场来看，金融危机后，中国出台一系列扩大内需、刺激国内消费的经济振兴措施，加上稳定的宏观经济发展环境等，推动了国内软件与信息服务外包大发展。2009 年，软件与信息服务外包国内业务收入为 1749.6 亿元，同比增长 31.2%，占总量的 86%。国际业务收入为 41.6 亿美元，同比增长 21.8%。

从国内地区市场来看，东部地区仍是中国与信息服务外包的主要区域。在 2009 年的软件与信息服务外包国内业务中，29.9% 的发包来自华东地区，25.9% 的发包来自华南地区，18.3% 的发包来自华北地区，3 个地区的发包量占全国总发包量的 74.1%。[②]2010 年，东部地区软件出口执行金额占全国的 90%（表 6-4）。

表 6-4　2010 年中国东中西部地区软件出口情况　　　　　　单位：%、亿美元

地区	协议金额	同比增长	执行金额	同比增长	执行额占全国比例
东部	113.51	24	87.19	33	90
中部	9.08	34	7.23	43	7
西部	3.67	19	2.95	44	3

资料来源：商务部服务贸易司。

①② 工业和信息化部软件服务司：《2010 中国软件与信息服务外包产业发展报告》。

同时，以 11 个国家软件产业基地、6 个国家软件出口基地为代表的软件产业园区，集聚效应日益突出、园区模式不断创新、园区服务逐步完善，为中国软件与信息服务外包产业提供了良好的发展载体。

5. 企业实力逐步增强

中国软件与信息服务企业在数量规模，以及市场开拓、服务交付、技术创新等方面的能力得到迅速提高。2010 年，全国软件与信息服务外包企业约 5900 家[①]，同比增长约为 25.5%，相当于 2007 年的 1.97 倍（图 6-7）。形成了一批规模迅速扩张、交付能力不断增强、竞争优势持续提升的优势企业。

在国家政策的大力支持下，涌现出一批具有国际竞争力和影响力软件外包龙头企业。出现了东软、文思、软通动力等数家超过万人的外包企业，东软、浙大网新等企业的营业收入超过 10 亿元。2010 年，中国软件出口 20 强企业年出口总额为 8.5 亿美元，平均每家企业出口额为 4250 万美元，平均每家企业为 1400 人。截至 2010 年 9 月，中国通过 CMM/CMMI 认证的企业总数为 1475 家，仅次于美国，是印度的 2.6 倍[②]。外资企业仍是中国软件出口企业的主要力量。2010 年外资企业软件出口总合同执行金额达到 61.9 亿美元，占总量的 63.6%。

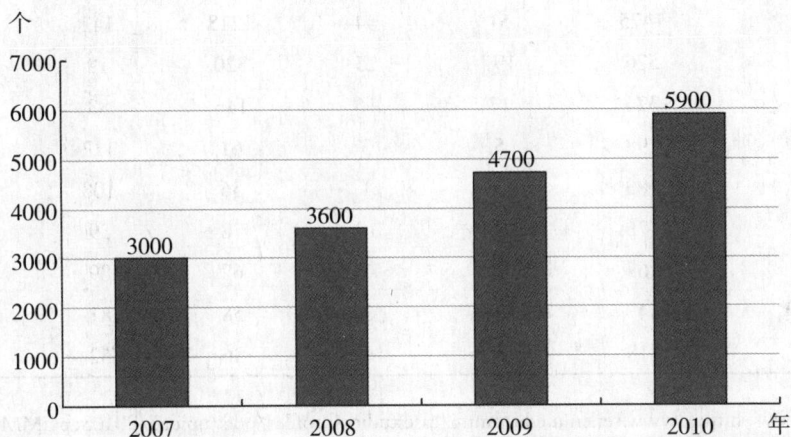

图 6-7　2007~2010 年中国软件与信息服务外包企业数量

资料来源：CSIP。

① ② 工业和信息化部软件服务公司：《2011 中国软件与信息服务外包产业发展报告》。

表6-5　2010年中国软件出口20强企业

排名	企业名称	排名	企业名称
1	东软集团股份有限公司	11	福建富士通信息软件有限公司
2	大连华信计算机技术股份有限公司	12	上海晟欧软件技术有限公司
3	海辉软件(国际)集团	13	苏州工业园区凌志软件有限公司
4	浙大网新科技股份有限公司	14	北京利达智通信息技术有限公司
5	中软国际有限公司	15	无锡华夏计算机技术有限公司
6	方正国际软件有限公司	16	英极软件开发(大连)有限公司
7	上海中和软件有限公司	17	音泰思计算机技术(成都)有限公司
8	柯莱特信息系统有限公司	18	北京索浪计算机有限公司
9	北京恩梯梯数据系统集成有限公司	19	北京尖峰计算机系统有限公司
10	南京富士通南大软件技术有限公司	20	冲电气软件技术(江苏)有限公司

表6-6　2009年部分国家或地区CMM/CMMI认证情况

国家或地区	认证总数	5级	4级	3级	2级	1级
美国	1719	149	23	683	611	30
中国	1475	51	44	1213	142	1
印度	576	197	25	320	19	
日本	324	17	16	146	88	19
西班牙	198	5	3	61	117	1
法国	183	2	1	56	108	4
韩国	176	8	19	78	59	
巴西	167	11	1	62	89	1
中国台湾	147	2	3	58	81	1
英国	118	4	1	36	52	3

资料来源：http://www.sei.cmu.edu/cmmi/casestudies/profiles/pdfs/upload/2010SepCMMI.pdf.

（二）中国软件与信息服务外包存在的主要问题

1. 企业规模较小，缺乏核心竞争力

根据工业和信息化部软件与集成电路促进中心（CSIP）的企业调研报告显示，中国软件与信息服务外包企业大部分是成立时间较短的中小企业，市场占有率、人才队伍规模普遍较小。据调查，目前，中国排名前十位的信息技术服务企业合计只能达到约20%的市场占有率，而印度的前10大企业却囊括了45%的市场份额；从员工数量来看，671家调研企业中，65%的企业员工数在100人以下，30%的企业员工人数在100~500人，500人以上的企业仅占5%。①自主研发投资不足，主要以跟踪和模仿为主，缺乏核心竞争力；大多数企业人员不够稳定，流动性大；且绝大多数处于地区性服务商和区域性服务商的阶段，缺乏建设自己的交付中心的能力和实力。

2. 业务较低端，服务品质待升级

中国软件与信息服务外包企业承接的国外项目大多属于低端业务。如，简单的软件编码和测试、基础网络和系统集成服务工作。而在高端的IT咨询、应用系统外包服务和业务流程外包服务方面，能力明显不足，尚不能提供高水平的服务。目前，国内除极少数大型IT服务外包企业能获得具有较高附加值的IT服务外包项目外，绝大多数中小IT服务外包企业所承接的项目多是合同额不大、利润率低的小项目。从表6-6可以看出，虽然中国通过CMM/CMMI认证的企业数在全球排名第二位，但主要集中在3级，而印度企业通过5级CMM/CMMI认证的企业达到197家，比美国多48家，是我国的近4倍，反映出我国总体竞争力与美国和印度企业相比差距较大。

3. 人才结构不合理，人才培养与管理较弱

一是软件与信息服务人才结构呈"橄榄型"，位于产业上层的软件架构师、系统设计师与项目管理人才，以及属于产业基础的软件蓝领短缺，而处于金字塔中层的系统工程师相对过剩。二是缺乏复合型人才。由于我国是非英语国家，除少量归国留学生外，技术管理人员的外语水平普遍不高，与印度、菲律宾等东南亚国家相比呈现弱势，国内众多外包企业特别缺乏兼具语言和技术或管理能力的复合型人才。三是企业人才管理机制比较落后。软件外包相对年轻人比较单调枯燥，没有工作调剂机制，尤其是从事信息技术、软件设计、程序开发的工作人员，经常日夜加班。

4. 市场规范化滞后，尚未形成行业标准

外包服务质量的监控不到位，履行合同不严格，规模化的软件开发缺乏通行的标准和规范。当前，电子政务及其他行业信息化的标准还十分缺乏，很多行业的信息化本身没有统一的规范和行业标准，外包企业各有规范和标准，导致软件开发工作无章可循。

---

① 工业和信息化部软件服务业司：《2010中国信息技术服务业发展报告》。

5. 相关法律和政策配套措施有待完善

目前，国内服务外包的法制环境还不完善，尤其是信息安全、知识产权立法、知识产权保护政策和相关配套措施不够完善，对触犯信息安全行为处罚较轻。如：法律对员工泄露机密只能追究民事责任而不追究刑事责任，对模仿抄袭行为处罚力度小，社会上盗用出卖企业和个人信息、盗版软件等现象比较普遍，这些都影响了我国的国际形象，也影响了发包国的发包意愿。

四、中国软件与信息服务外包发展的主要趋势

（一）离岸外包逐渐向高层次、多元化发展

未来，中国离岸软件服务外包市场的发展将持续增长。据 IDC 报告，2010 年中国离岸软件开发市场达 33.57 亿美元，同比增长 21.6%，预计未来 5 年将以 24.2%[①]的复合增长率快速攀升（图 6-8）。

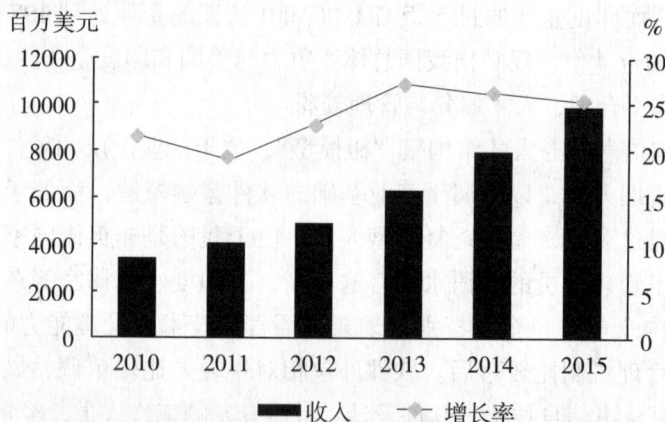

图 6-8　中国离岸软件开发市场规模（2010~2015 年）

资料来源　IDC:《中国离岸软件开发市场 2011-2015 市场分析及预测》。

伴随着全球离岸服务外包业务正逐渐由 ITO 向 BPO 和 KPO 扩展，中国未来 ITO 与 BPO 业务市场都将呈现出迅速的增长。2004~2009 年全球 ITO 市场年均复合增长

[①] IDC:《中国离岸软件开发市场 2011-2015 市场分析及预测》。

率为 6.9%，而同期 BPO 市场年均复合增长率达到 9.1%。根据 IDC 报告，从 2006~2010 年，业务流程外包将由 48% 上升到 51%，而 IT 服务外包由 52% 下降到 49%。

从区域市场来看，中国离岸服务外包主要来源于北美、西欧和日本。IDC 发布的《中国离岸软件开发市场 2011–2015 市场分析及预测》认为，由于欧美的外包业务模式相对成熟，发包业务范围较广、价格较高，国内服务商应积极整合资源，加强欧美市场的投入。未来中国离岸市场将从以日、韩为主的亚洲市场逐步向欧美市场扩展。

(二) 在岸外包市场将不断扩大

国内外包市场一直在中国软件与信息服务外包中占有绝对优势，近几年国内市场比重都超过 80%。金融危机后，伴随着国家政策层面上更加注重扩大内需、调整结构，各类产业振兴规划的实施，信息技术在传统产业、战略性新兴产业、现代服务业等领域中的得到广泛应用，除大型企业、政府继续释放信息服务外包需求外，中小企业和个人市场也得到不断发掘和快速增长。同时，新技术的服务模式和交付模式的创新，将使在岸外包市场潜力在"十二五"时期得到进一步释放。

(三) 产业间企业整合并购趋势明显

随着中国企业快速壮大，国际并购越来越多。

2009 年 7 月，文思收购总部位于中国香港的东柏集团（TP Corporation Limited）旗下的客户关系管理（CRM）业务，此次收购将增强文思的专业能力，加强文思的客户管理解决方案能力，能够更好地满足电信运营商、产品供应商以及其他行业客户的需求。2009 年 10 月，东软（欧洲）有限公司与 Sesca Group Oy 签订股份购买协议，收购其拥有从事高端智能手机软件开发业务的 Sesca Mobile Software Oy、Almitas Oy 和 Sesca Technologies Srl 三家子公司的 100% 股份，通过收购东软获得 200 名 10 年以上智能手机软件研发经验的手机软件设计人员，并建立了与诺基亚等芬兰客户的合作。从而使东软在嵌入式软件开发，尤其是智能手机软件开发领域形成在岸、近岸、离岸的开发体系和格局，在高端智能手机和移动终端设备软件的开发、设计及市场能力等方面获得大幅提升。[①]

---

① 东软集团股份有限公司网站 http://www.neusoft.com/news/html//20090828/2219150112.html。

（四）业务交付模式创新多样化

近年来，在"两化融合"、"三网融合"、"3C 融合"②的不断推动下，极大促进了国内的政府外包、电信外包、金融外包、制造业外包等市场需求，这些新的技术需求都与软件信息技术紧密结合，最终必将为软件与信息服务外包产业带来巨大的市场空间和业务模式的创新。据 IDC 报告，2010 年以后，中国云计算服务市场规模已经达到 3.2 亿美元，未来将以接近 40%的年复合增长率快速增长。越来越多的企业，特别是中小企业将采用 SaaS、PaaS 等服务模式，通过"云计算"交付各种服务，降低成本。3G 市场的快速发展，物联网、云计算等应用的不断成熟，不仅为软件与信息服务外包创新了服务交付模式，同时也带来了新技术和新业务，将催生大量的软件与信息服务外包需求。

从业务的提供来看，单纯的离岸模式已逐渐被在岸与离岸的混合模式所取代，越来越多的业务出现了在岸—近岸—离岸相结合的模式。服务提供商之间通过建立联盟、合资合作、虚拟组织等形式共同合作提供外包服务，外包服务也由单纯的项目外包拓展到离岸开发中心和全球交付的方式。

五、政策建议

"十二五"时期，中国软件与信息服务外包将伴随着中国信息技术创新、应用和发展，以及全球信息技术服务外包的快速增长，保持较高增速态势。这种速度的增长不仅建立在成本优势上，同时，也是实现企业规模、质量、品牌提升的跨越，提高技术创新、交付模式创新，提升服务能力，实现高附加值服务的过程。为此，应致力于企业核心能力的建设，加强人才队伍的建设和培养，注重打造品牌；加大开拓国际市场力度，提升全球交付能力；把握跨国并购浪潮，提高国际资源整合能力，向价值链高端攀升。

第一，积极扩大国内市场。充分利用国内信息化加快发展的有利条件，利用传统产业信息化改造，发展电子商务、电子政务等机遇，鼓励政府、企业外包信息技

---

① "两化融合"指工业化和信息化融合；"三网融合"指电信、互联网、广播电视融合；"3C 融合"指计算机、通信、消费类电子产品融合。

术服务，为中国软件与信息服务外包提供强大的内需市场，为服务外包企业做大做强，承接国际外包，参与国际竞争奠定坚实基础。应认真研究制定培育国内软件与信息服务外包市场的政策措施。通过政府采购加大对软件信息服务企业的扶持力度，鼓励金融、电信、制造业等重点行业企业采购国内企业提供的软件与信息技术服务。通过推广总承包、分包、转包等模式，为中小软件服务外包企业提供市场机遇。

第二，实施品牌战略。通过鼓励企业国际并购等方式，着力培育具有国际影响力的软件服务外包品牌企业。目前，我国已经逐步产生了有国际影响力的软件外包企业。如，外包专业化国际联合会（IAOP）评选的 2010 年全球外包 100 强中，东软集团、海辉软件、浙大网新、文思、中软国际、软通动力、浪潮软件等中国企业入选，这些龙头企业的发展壮大为我国承接国际业务，树立国家品牌，引领软件与信息服务外包能力的提升具有重要意义。应积极推广、发挥龙头企业的品牌效应，培育具有国际影响力的总承包商和服务提供商。

第三，增强企业核心能力建设。随着信息技术不断创新，客户需求多样化发展，增强创新能力成为企业成长壮大的核心动力。同时，人民币汇率升值的风险[1]，也使单纯依靠劳动力成本优势难以持续。这就要求企业提高创新能力，提高管理水平，提升专业化程度。同时，加强软件与信息服务企业的服务质量体系和诚信体系建设，开展企业诚信等级认定工作。

第四，建立与国际接轨的行业标准。加强标准化对行业管理、产业发展的支撑作用，加快推进软件与信息服务的标准化工作。遵循国际外包管理的标准，制定完善的软件与信息服务外包企业承接能力标准，包括：技术水平标准、知识产权保护标准、人才标准等。通过财政补贴等方式，鼓励国内企业通过 CMM/CMMI 等国际认证。

第五，完善相关法律法规。完善信息安全、知识产权保护等方面的法制环境，进一步保护知识产权完善法律体系，为软件与信息服务外包创造良好的法制环境。

第六，注重构建多元化的国际市场体系。除保持现有的美国、日本、中国香港的市场份额继续扩大外，要积极开拓欧盟市场，加强东盟、非洲、拉美等区域发展中国家、新兴经济体的市场开拓能力。

---

①人民币每升值 1%，软件出口利润将降低 0.7%。

参考文献：

1. 商务部服务贸易司主编. 中国软件出口发展报告. 2011.

2. 工业和信息化部软件服务业司主编. 2010 中国信息技术服务业发展报告. 2010-10.

3. 工业和信息化部软件服务业司主编. 2010 中国软件与信息服务外包产业发展报告. 2010-06.

4. 工业和信息化部软件服务业司主编. 2011 中国软件与信息服务外包产业发展报告. 2011-02.

5. 商务部服务贸易司, 中国服务外包研究中心主编. 后危机时代促进我国服务外包发展研究. 2010-01.

6. 中国服务外包中心, 中欧国际工商学院主编. 中国服务外包发展报告 2010-2011.

7. 魏鹏. 浅析 IT 战略外包服务市场. 商业文化（学术版）, 2008(1).

8. 陈雪. 我国承接 IT 服务外包的现状及对策分析. 吉林大学硕士学位论文, 2009(4).

9. 吴生高, 季春, 罗利华. 我国软件与信息服务外包发展战略与措施研究. 科技与经济, 2007(10).

10. 李志强, 李子慧. 当前全球服务外包的发展趋势和对策. 研究与探索, 2004(11).

11. 张培, 曾珍香. 信息技术外包特征及其演进趋势研究. 情报, 2008(5).

12. 周婷. 软件与服务外包业获政策提振. 中国证券报, 2009-02-18.

第七章 中国设计服务外包的发展及趋势

进入 21 世纪以来，设计服务外包已经成为新一轮全球服务外包的重点领域。越来越多的跨国公司设计服务发生离岸，并快速向中国、印度等发展中国家转移。这一趋势不仅反映出跨国公司全球战略的重大调整，也为中国通过承接国际设计服务外包，推动国内设计服务业发展和制造业结构升级带来了新的机遇。

本章着重分析了全球设计服务离岸外包的发展，以及中国承接国际设计服务外包的现状及前景。

一、基本概念

设计服务是生产性服务业的重要组成部分。它是设计师、工程师按照用户需求，通过创意劳动，融合技术、经济、环境、材料、美学、艺术等多方面的知识于一体，对工业品、建筑物、空间环境等物体的功能、结构、形态等方面进行整合优化的集成创新活动。主要包括工业设计①、建筑设计、时尚设计、商业设计等。设计是创新的主要环节，也是企业核心竞争力的集中体现。设计服务外包即企业、机构将全部设计服务或设计产业链中的某个环节外包给专业化服务机构完成。图 7-1、图 7-2 描述了工业设计的产业链与业务流程。

---

①工业设计主要作用于提升产品的功能、造型、品牌形象等方面，广泛应用于轻工、纺织、机械、电子信息等工业化产品的各个行业。因此，狭义的工业设计一般指产品设计。主要包括：交通工具设计、设备仪器设计、生活用品设计、家具设计、电子产品设计、家电设计、玩具设计、服装设计等。广义的工业设计通常包括与产品设计相关联的平面设计、包装设计等视觉传达设计。

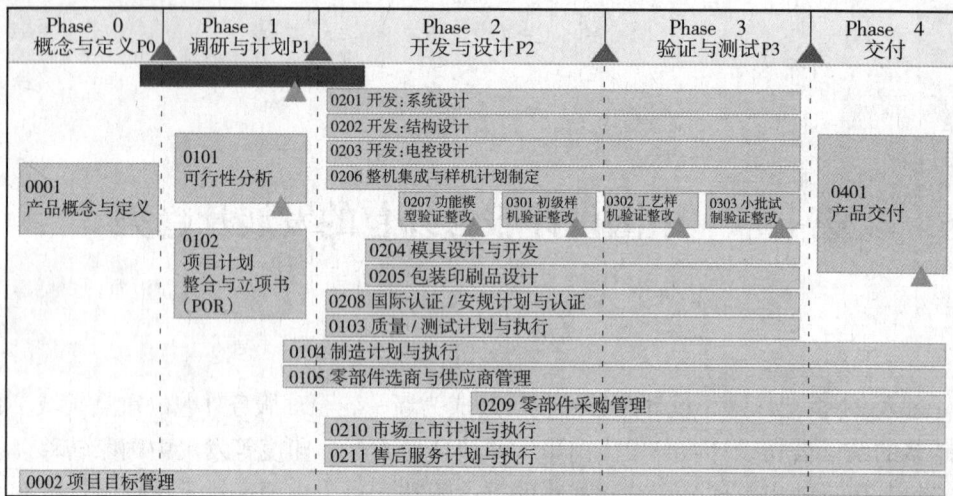

图 7-1　工业设计产业链示意图[①]

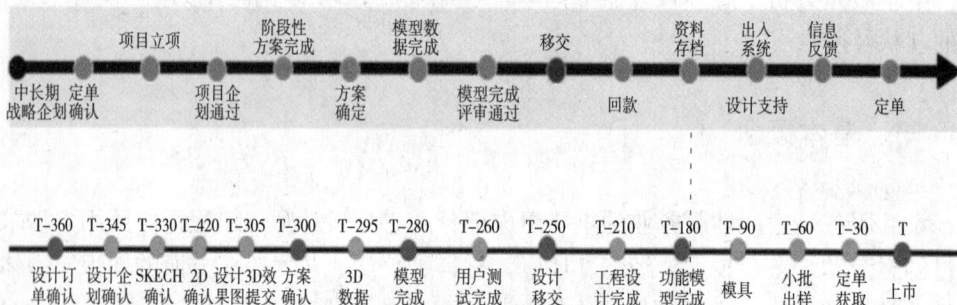

图 7-2　工业设计业务流程示意图[②]

二、全球设计服务离岸外包的现状及发展趋势

（一）全球设计服务离岸外包的发展现状

进入 21 世纪以来，全球设计服务离岸外包取得了快速发展，设计服务外包市场迅速扩大，设计产业参与全球分工的程度不断深化。据有关国际数据咨询公司预测，

---

①② 该图由中国家电研究院设计总监兰翠芹提供，在此表示衷心感谢。

全球设计研发服务业占全球服务业离岸外包总量的 26%左右。2002 年全球有 350 亿美元的数据处理和软件设计业务离岸外包，到 2008 年每年增长 30%～40%。2005 年全球手机产量的 20%由原始设计制造商（ODM）瓜分，在数码相机、MP3 播放器、PDA 领域中，ODM 所占市场份额分别达到 30%、65%、70%。2007 年全球 ODM 企业销售额接近 1200 亿美元，相当于 2000 年（300 亿美元）的 4 倍。设计师已经成为离岸意识较强的行业。其中网络设计、程序设计、软件开发等技术人员最可能离岸。①目前，设计服务离岸外包涉及芯片、电子消费品、汽车、飞机等工业产品到大型工程、建筑设计等诸多领域。在电子信息行业，美国除外包芯片设计外还外包了许多其他设计能力。全球主要的计算机公司，如戴尔、苹果、索尼已经成功地外包了设计。②诺基亚、三星、摩托罗拉等制造商外包设计达 20%。美国 EETimes 和 Elections Supply & Manufacturing 的一项调查发现，有 40%的企业表示将电路设计外包，61%的企业表示将结构设计外包。企业外包设计从非核心设计业务已经发展到核心设计业务。

（二）全球设计服务离岸外包的主要原因

随着现代信息技术的空前发展和全球经济一体化进程的加快，产品市场全球化，消费群体多国化，消费者需求个性化的特征日益明显，使得设计创新作为企业参与国际市场竞争的关键环节发挥着越来越突出的作用。企业必须加快设计创新速度，以适应不同国家的市场需求，这是促进设计服务离岸的主要根源。

1. 信息技术的空前发展为设计服务离岸外包提供技术支持

综观人类历史，每一次重大技术发明都带来了国际分工方式的变化。现代网络信息技术的出现，及在全球范围内得到的广泛运用，消除了国际分工的地理距离，使设计这一个性化的服务业得以离岸。"光纤电缆、先进的压缩技术和航空工作流程软件让他们可以将设计从莫斯科发到美国"，"波音公司在莫斯科办事处的每一层楼上都装有视频会议设施，所以莫斯科工程师如果有问题需要和美国工程师同时商讨，他们可以进行面对面地交谈"。③现代信息技术消除了人与人交流的空间障碍，

---

① 以上数据根据麦肯锡公司、iSuppli 公司、美国技术预测公司、Forrester 公司和美国信息产业学会的统计预测整理。

② Wayne Labs："Do your homework when outsourcing design services",Electronic Design,2006-09-05.

③〔美〕托马斯·弗里德曼:《世界是平的》,何帆、肖莹莹、郝正非译,长沙,湖南科技出版社,2006 年 11 月,第 1 版。

促进了全球信息自由流动和共享。通过网络不仅能够解决设计离岸的服务质量等技术问题，而且能够有效地控制接包公司的人力资源、工作效率、财务等管理问题。

2. 降低创新成本成为设计服务离岸外包的驱动因素

大量研究表明，发达国家设计服务发生离岸的主要原因是基于节约成本的考虑。在汽车行业的全球市场竞争中，跨国公司必须面对产品质量不断提高和价格相对下降的双重压力，这要求企业一方面加速创新，不断开发出功能强大、多样化以及符合环保、节能、安全等标准的新产品，另一方面又要不断降低成本以应对竞争，因此，跨国公司不仅要从成本较低的地区进行零部件采购，也加速向发展中国家外包设计，以便多快好省地缩短设计周期。一项对电子行业的研究也得出同样结论认为，跨国公司设计离岸外包"更多是出于税收、原材料以及劳动力成本的考虑"，"并能够迅速通过当地市场的销售创造一个利润中心。"①

3. 强化和构建企业核心竞争力是设计服务离岸外包的重要因素

企业为了适应国际竞争的需要，往往将非核心、非擅长的设计业务部分外包给专业设计公司，以保持快速、可持续的新产品开发能力。Mahendra Jain（2003）研究认为，在汽车产业电子设计中，一年内设计工具的提供达到40亿美元。设计和生产成本的提高，使公司正在寻找一种节约资金、集中核心业务的方法。因此，"出售设计对于提高企业核心能力是最有效的管理"。David Bursky（2004）研究认为，高成本导致许多芯片制造商不仅将制造部分外包，而且大多数都购买设计、测试等服务。印度O2I公司（2006）的研究表明，降低建筑设计成本最好的选择就是把那些重复性、劳动密集型的过程外包出去，集中精力于设计创作等高利润的工作。此外，企业通常还在不具备相应设计能力的情况下外包核心设计，以借助外部资源构建核心能力。近年来，欧美跨国公司越来越多的汽车制造商和一级零部件供应商开始把全部设计和开发工作外包。

4. 各国不同的比较优势加速了设计服务离岸外包全球化发展

由于发达国家与发展中国家设计服务各自具有不同的比较优势，产生了相互发包的现象，加速了设计离岸外包全球化的发展。发达国家主要利用发展中国家的成本优势外包设计，发展中国家则通常由于缺乏设计能力，利用发达国家的技术优势外包设计。尤其体现在汽车、飞机以及电子产品的核心关键设计、大型建筑项目设

---

① "What the reason for offshoring design", EE Times, www.eetimes.com, 2006-04-08.

计等领域。由于两者在全球设计产业分工地位、比较优势上仍然存在明显差别，因此，在承接设计业务中的环节、价值链分布、价格上都表现出十分显著的差异性（表7-1）。

表7-1 国际分工主导下的设计服务外包

	比较优势	承接设计部分	设计价值链所处位置	设计价格
发达国家	技术优势	核心设计业务	高端	高
发展中国家	成本优势	非核心设计业务	低端	低

（三）全球设计服务离岸外包的主要特点

全球设计服务离岸外包呈现出以下主要特点。

1. 以设计资源协作为基础的分包协作成为主要方式

随着全球新知识、新技术的不断产生，一个公司越来越难以拥有全部知识的设计团队，尤其是一些尖端技术领域，更多地需要全球设计团队协作完成。这就促使生产制造商整合全球设计资源，依托专业设计公司优势，由此产生了大量的设计分包协作。如，美国洛克希德—马丁协同设计的联合攻击战斗机，设计数以千计来自美国和海外的工程师、设计师。[1]设计分包协作对于扩大全球设计产业整体规模和提升专业化水平具有积极作用。

第一，提高了创新效率。制造商通过与专业设计公司的协作，缩短了新产品开发周期。如，摩托罗拉把设计业务外包给中国台湾BenQ Corp，诺基亚把CDMA的设计业务外包给中国德信无线。这些设计公司拥有完整的设计方案，多数还能提供无线模块、手机软件系统、平台和应用软件的整合业务，可以在最短时间内按照厂商要求交付成品。宝马（BMW）汽车公司为了缩短新车设计生产周期，将设计外包给奥地利Magana Steyr公司，其中设计的SUV车型X3从决策到量产仅用了28个月，创造了该公司"最短设计"的历史记录。波音公司通过向日本、俄罗斯外包飞机设计和制造业务，只需要11天就可以生产出一架波音737，而过去则要28天，只需要3天就能够开发出新一代飞机[2]。

第二，为设计公司参与国际产业分工提供了更多机遇。制造商之所以加强与专

---

[1] "Design goes global", The Manufacturer US, http://www.themanufacture.com/uk, 2005-06.

[2] [美]托马斯·弗里德曼：《世界是平的》，何帆、肖莹莹、郝正非译，第176页，长沙，湖南科技出版社，2006年11月，第1版。

业设计公司的协作，其主要原因：一是专业化优势，在某些领域的设计往往处于领先地位；二是行业经验丰富；三是创新速度快，设计周期一般比制造商自己设计短；四是能够帮助制造商提高对市场的快速反应能力；五是减少制造商自己负担设计团队成本过高的压力。由于设计分包协作促进专业分工不断细化，专业设计公司将能够更充分地参与全球产业分工。设计公司（Design House）的运作形式更加多样化，不同规模、专业的设计公司都可以在产业链上找到自己的生存空间。如手机设计行业，有的"一包到底"，即用户给出一个创意，由设计公司完成从设计、测试、样片甚至生产的全过程；有的则只完成设计的某个环节。

第三，为发展中国家设计服务业赢得了更多机遇。由于成本因素，跨国公司在设计分包过程中产生了大量转包，使设计业务不断向低成本国家转移。如，波音公司将7E7机翼的设计业务外包给日本三菱公司，而三菱公司又将部分业务转包给成本更低的俄罗斯公司设计，俄罗斯公司又将其中的部分设计业务外包给印度公司，在不停地转包过程中，发展国家获得了市场机会。目前，发展中国家设计产业处于起步阶段，充分利用跨国公司设计分包资源具有更加重要的意义。

2. 发达国家在设计服务离岸外包中仍占据主导地位

目前，全球设计离岸外包的发包方主要来自美国、欧洲、日本等发达国家。在汽车、计算机、机械的核心设计仍以发达国家为主。如，美国在集成电路设计、芯片设计、电子设计自动化（EDA）等领域占主导地位。英国、意大利在汽车设计中占主导地位。2005年英国汽车制造产量为180万辆，虽然大多由跨国公司生产，但是设计多数出自英国设计公司。意大利宾尼法利纳（Pininfarina）承接中国、巴西等国家的汽车设计，年营业额可达7亿美元。发达国家在高端设计中的绝对优势，决定了在全球设计产业中主体和控制地位。目前，全球设计服务业的主要出口国仍然是英国、美国、意大利、德国、芬兰等发达国家。

3. 设计服务离岸外包向发展中国家转移趋势明显

根据2005年1月EETimes对芯片设计离岸外包的调查认为，设计离岸外包最受欢迎的目的地，依次是美国、中国大陆、中国台湾和印度。[①]其中，有21%的设计工作外包到中国，24%外包到印度。全球设计服务外包加速向中国、印度等发展中国

---

①Ron Wilson："Design outsourcing appears inevitable, EEs told"，EEtimes，2003-09-24；《芯片外包的得与失》，载《电子产品世界》，2005年12月。

家转移，主要基于以下原因。

第一，突出的设计成本优势。越来越多的美国人认为，芯片设计最廉价、最快、最好的方案就是外包到中国或者印度，因为绝对比自己设计价格低。[①]2004 年 7 月美国的一项研究显示，设计工作被转移到印度、中国等低成本国家的海外设计中心，主要是降低劳动力成本。一个美国工程师的月收入为 4000 美元，相当于印度（700美元）的近 6 倍，相当于中国（500 美元）的 8 倍。一个美国航空设计师每小时的工资成本是 120 美元，而俄罗斯工程师的薪酬只相当于 1/3。印度纺织设计成本仅相当于美国的 1/10。[②]

第二，高素质的设计服务人才。设计是知识密集型的创意产业，与制造业外包相比，对于专业化人才的需求更为重要，而发展中国家的设计人才较高素质和较低工资水平的结合，恰恰为跨国公司设计离岸外包提供了技术人才条件。随着发展中国家市场经济不断成熟，消费水平大幅度提高，以及国际贸易规模扩大，带动了设计服务业迅速发展，设计师队伍不断扩大，设计水平与发达国家差距不断缩小。目前，中国各种设计类院校每年毕业学生数万人，规模已经超过了美国等发达国家。中国、印度、巴西的许多产品设计获得国际大奖，说明这些国家已经具备了承接设计外包的技术人才条件。

第三，设计服务外包市场环境日臻完善。发展中国家对外开放水平不断提高、城市基础设施建设不断改善、文明程度不断提高、政府效率和质量不断改进，为吸收外国际设计外包提供了良好环境。尤其是知识产权保护制度不断完善，使跨国公司在设计离岸外包过程中知识产权纠纷减少。印度在承接跨国公司设计外包中几乎没有发生过知识产权纠纷。近年来，中国也已经形成了《中国著作权法实施条例》、《信息网络传播权保护条例》等完整的著作权法律法规体系，打击侵权犯罪的力度不断加大，有效地保护了原创作品的知识产权。

4. 设计服务离岸外包促进了 ODM 的极大发展

设计服务离岸外包使设计公司逐步向 ODM 发展成为趋势。ODM 通常包括从产品概念设计到小批量生产的整个过程，与单纯设计服务相比，在产业链的完整性上具有明显优势。因此，许多制造商把设计委托给有实力的 ODM 企业，从而实现设计、生产、加工一体化，以降低成本，提高市场效率。ODM 企业的优势与实力也成

---

① 《设计工作外包带来的商机》，http://shmsjy.com/Auticle/sheji, 2006-08-24.
② 《印度具备巨大的纺织设计外包机会》，中华纺织网，2006 年 4 月 24 日。

为获得重大设计项目的标志。设计公司通过 ODM 模式使设计产业链向制造环节延伸，增长了利润空间，这是设计公司发展到一定阶段通常采用的方式。如，中国德信无线等手机设计公司都已经将产业链延伸到包括采购、生产的前后工序。

（四）发展趋势与前景

全球设计服务离岸外包将加速发展。首先，设计服务离岸外包市场将进一步扩大。正如巴克利所说，"当前产品的发展和创新已经变得高度系统化，因此，产品已不再是单为某一个市场而设计，接着再转移到另一个市场，而是在最初就适应不同市场的不同口味对产品进行设计"。①这意味着针对不同国家地区市场的本土化设计将成为产品创新和国际竞争力的主流，这一趋势必然使跨国公司大量向东道国外包设计服务，加速设计服务离岸的发展。

其次，设计服务离岸外包向发展中国家转移将呈现加速趋势。有关资料显示，全球服务外包每年以 30%～40%的速度增长。全球 1000 强企业中，仍然有 70%的企业尚未将任何业务外包到成本较低的国家，这意味着市场潜力巨大。由于发展中国家的成本优势、技术人才优势明显，以及吸引外资环境不断改善等因素，将继续吸引设计服务离岸。

再次，设计服务离岸外包将促进发展中国家设计产业大发展。通过承接国际设计服务外包获得外溢效应将缩短发展中国家与发达国家的差距，尤其是中国、印度、俄罗斯等国家设计的产业规模、出口规模将迅速扩大，设计产业国际竞争力将进一步增强。

最后，国际设计服务外包将推动全球设计产业水平的提升。在设计服务不断离岸的过程中，不仅将扩大全球设计产业规模，而且将有力地推动东西方文化的快速融合，推动东西设计师的交流互动，由此使全球设计创新水平得到提升。

三、中国承接国际设计服务外包的现状及趋势

（一）中国承接国际设计服务外包的现状

进入新世纪以来，中国已经成为国际设计服务业转移的主要目的地。2008 年中

---

① 彼得·J. 巴克利（Peter J. Buckey）、马克·卡森（Mark Casson）：《跨国公司的未来》，冯亚华、池娟译，北京，中国金融出版社，2005 年 8 月，第 65 页。

国对外设计咨询业新签合同额为 8.88 亿美元，完成营业额 4.48 亿美元，分别相当于是 2001 年的 10 倍和 7 倍。目前承接国际设计服务外包主要分布在北京、上海、深圳、广州、江苏、浙江等设计服务业较为发达的地区。从中国对外咨询业的增长可以判断出，中国承接国际设计服务外包增长快，市场规模迅速扩大，并呈现出良好的发展趋势。

表 7-2　2001~2008 年中国对外设计咨询业增长情况　　　　单位：亿美元、%

年份	新签合同额	比上年增长	完成营业额	比上年增长
2001	0.88	—	0.63	—
2002	0.85	−3.2	0.87	38.8
2003	1.76	107.0	0.88	1.1
2004	3.51	99.4	1.47	67.0
2005	3.57	1.7	2.27	54.0
2006	4.10	14.8	3.3	45.4
2007	10.25	149.7	4.9	48.7
2008	8.88	−13.4	4.48	−8.6

资料来源：《2010 年中国统计年鉴》。

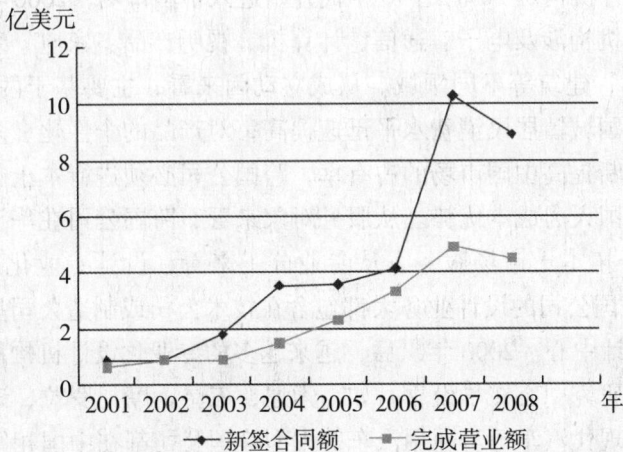

图 7-3　2001~2008 年中国对外设计咨询业增长情况

资料来源：《2010 年中国统计年鉴》。

（二）中国承接国际设计服务外包的主要特点

中国承接国际设计服务外包逐步形成了宽领域、多层次的格局，呈现出跨国公司设计机构加速转移，内外资设计公司竞相发展的局面。

1. 基本具备了全面承接国际设计服务外包的能力

目前，中国承接国际设计服务外包业务范围已经覆盖电子信息、汽车、通讯设备、医疗器械、轨道交通、家电、玩具、服装、平面等工业设计领域，以及城市规划、大型建筑、室内、景观等建筑设计领域。业务不断延伸、规模逐步扩大、价值链逐步向高端攀升，在手机设计、家电设计等领域已经具有较强的国际竞争优势。

中国手机设计服务外包不仅发展速度快，而且已经具有较强承接高端业务的能力。许多公司设计能力全面，技术创新和技术开发能力较强，在承接外包业务时通常能使用国际先进技术。如，德信无线 2004 年在国内率先获得 3G WCDMA 无线通讯终端产品的国际订单；2006 年与微软合作开发 Windows Mobile 的终端产品、智能手机 +Windows Mobile 等。出现了希姆通、德信无线、龙旗、中电赛龙等具有国际影响力的手机设计公司。2010 年，希姆通全球营业额达到 5.2 亿美元，比 2009 年增长 35.2%；2010 年，德信无线全球营业额为 2.7 亿美元，比 2009 年增长 29%。这些企业都已经实现 ODM 经营模式的转型。

2. 跨国公司在华设计机构明显增长

跨国公司设计机构从 20 世纪 90 年代开始进入中国市场，2000 年之后速度明显加快。这些设计机构涉及电子、通信、计算机、视听产品、家电、装备制造、汽车以及美发、照明、建筑等不同领域。从成立动因来看，主要基于两个方面的考虑。一方面是随着中国城镇居民消费水平迅速提高，对产品的个性化、多样化需求越来越强烈，为了不断提高中国市场的占有率，跨国公司必须进行本土化设计。另一方面是充分利用中国人力成本优势。从服务对象来看，跨国公司在华设计机构主要是为海外母公司开拓本土市场服务。从专业分工来看，设计专业化趋势日趋明显。2000 年以前，跨国公司的设计业务大都包含在技术公司或制造公司里，只有少量企业成立了专业设计中心。2000 年以后，越来越多的专业化设计机构以及以从事设计业务为主的技术研究中心在华设立。如，索尼、三星、摩托罗拉、诺基亚、通用汽车、大众汽车、现代汽车等。通用汽车等大型跨国公司都在中国相继建立设计研发中心。从设计产业链发展来看，由低技术含量向高技术含量发展。以集成电路、电子消费品、汽车等产品为主的设计正在加速转移。

3. 外资设计公司在华承接外包业务十分活跃

2000 年以后外资设计公司逐步进入中国市场，根据问卷调查分析①，外资设计公司在中国设立外包子公司主要基于靠近当地市场、节约成本和利用本地设计人才，这三项因素分别占企业总数的 80%、60% 和 63%。因此，中国设计市场需求不断扩大，设计人力资源丰裕，土地、办公场所等生产要素价格较低等都是吸引外资设计公司的主要因素。外资设计公司在华承接国际服务外包具有以下主要特点。

第一，业务范围宽，规模大。从问卷调查来看，外资设计公司承接跨国公司、国内大型企业、国内中小型企业业务比重分别占企业总数的 63%、80%、73%，说明其在承接本土和海外业务上都具有明显优势。外资设计公司承接国际服务外包业务主要来自美国、意大利、德国、韩国、印度、东欧、俄罗斯、中东、越南等国家，以及中国台湾和中国香港，并在不断拓展。

第二，外资设计公司以承接本土设计业务为主。从问卷调查来看，外资设计公司承接母公司业务、其他国外企业业务、本土企业业务比重分别占企业总数的 55%、70%、90%。多数外资设计公司的在华机构是为承接离岸外包业务而设立的，其中有 40% 以上公司的业务与外包业务存在客户、技术等方面的联系。一些欧美设计公司在中国成立机构的主要目的是面对中国市场的开发，中国台湾设计公司在为欧美设计产品的同时也逐步向大陆市场转移。这些公司主要接受本土企业订单，尤其是国内大型品牌企业成为其主要客户。此外，这一时期外资建筑设计公司承接了大量著名的国内地标性建筑。

第三，本土化程度提高。目前外资设计公司除少量高层管理人员由母公司委派外，中层管理人员和一般员工主要靠当地招聘。本土化程度一般达到 70%。此外，绝大多数外资设计公司以独资方式为主，说明他们不仅具有自己的技术优势、管理优势和品牌优势，而且基本熟悉和适应中国市场。

---

① 作者于 2006 年 10 月~2007 年 3 月所作的一项"关于中国设计公司承接国际服务外包业务的调查问卷"。A. 问卷调查地区分布：北京、上海、深圳、青岛、无锡，这五个城市目前是中国设计公司集中、设计产业较为发达的地区。B. 问卷调查企业家数：问卷调查样本企业共 80 家，其中本土设计公司 50 家、外资设计公司 30 家。C. 问卷调查企业主要领域：问卷调查企业共包括工业设计公司和建筑设计公司两大类，基本涵盖了设计行业的主要领域。其中包括家电、通信电子、医疗器械、健身器材、日用消费品、广告、交通工具、手机、钟表、包装、装饰、服装以及建筑设计、城市规划、室内设计、景观设计等不同行业。D. 问卷调查外资企业外资企业国别来源：本次调查的外资设计公司分别来自美国、德国、英国、法国、韩国、日本、中国台湾等八个国家和地区。以下统称问卷调查。

第四，规模扩张与经济效益十分突出。从问卷调查来看，2006年外资设计公司业务增长普遍在20%~30%之间，最高达80%；营业额1000万元以上的公司占50%，5000万元以上的公司占23%。近年来，Pininfarina有1/3的业务来自中国，Girgiaro已经拥有众多国内客户，在国内开发的华晨中华、雪佛兰SPAR等车型具有广泛影响；IDEA公司、法国米罗设计公司、德国GMP国际建筑设计有限公司等著名国际设计公司在华业务量占公司全球业务总量的40%左右。

这一时期外资设计公司快速发展的主要因素：一是本土制造企业开拓国际市场的需求增加，外资设计公司在服务上更具有优势；二是外资设计公司在汽车、大型交通工具、大型建筑场馆、大型景观等高端设计业务上具有明显优势，本土设计公司往往难以竞争；三是中国消费者对设计创新要求提高，外资设计公司的创新创意优势更能够得到发挥。

4. 本土设计公司承接国际服务外包竞争力不断增强

近年来，本土设计公司承接国际服务外包业务市场不断拓展，业务规模不断扩大。目前，业务国别来源有美国、欧洲、日本、韩国等发达国家以及俄罗斯、印度等发展中国家，基本形成了多元化市场格局。外包业务量通常占公司业务总量的20%~30%，最高可达60%~70%，增长幅度通常在20%左右。本土公司通过承接外包业务经营额普遍提高，并逐步形成稳定的国际客户资源。Lotus、Siemens、Ericsson、SANYO、Motorola、Whirlpool、Electrolux、Panasonic、Intel、Kodak等大型跨国公司都成为其主要客户。本土设计公司承接国际服务外包的优势主要体现在以下方面。

第一，行业经验与业务积累。这些公司在承接跨国公司的设计外包业务之前，大多从事与外包业务相关的设计活动，许多公司承接的外包业务是公司主要设计业务的延伸，与公司原有业务具有很强的关联性。这一时期本土设计公司基本建立了自己的外包业务渠道和网络体系，其中，通过与跨国公司在华子公司的业务联系获得国际服务外包业务是主要渠道。

第二，技术知识与品牌积累。从问卷调查来看，本土设计公司文化素质普遍较高，大学生人数一般占公司员工总数的70%以上；70%的公司依靠自身技术实力获得外包业务；74%的公司所在领域拥有技术优势。许多公司获得了国际设计大奖，多数承接了当地政府的重大项目设计、国内知名大企业设计业务，这些都形成了承接海外业务的品牌效应。

第三，人力成本优势。从问卷调查来看，跨国公司向本土设计公司外包业务的总成本通常下降30%左右，较高可以达到40%~60%，其中人力成本低、靠近市场是主要的降低成本的来源。目前，国内工业设计市场价格仅相当于发达国家的 1/15~1/5，工业设计师价格大致相当于美国的 1/10，英国的 1/5，韩国的 1/2；建筑设计市场价格与美国相差 8 倍，一张施工图的设计价格中国：美国 $= \dfrac{5000\,元}{5000\,美元}$，一张效果图的设计价格中国：美国 $= \dfrac{2000\,元}{2000\,美元}$。

第四，本土化优势。这一优势主要体现在 3 个方面。一是本土市场优势。与海外设计公司相比，本土设计公司人员具有常年稳定的市场营销网络和人脉关系，为跨国公司进入本土市场提供了便利条件。二是本土文化优势。本土设计公司熟悉国内文化，所设计产品更适应国内消费者的需求，对跨国公司开拓本土市场更具有针对性。三是本土语言优势。由于目前外包业务主要集中在跨国公司在华机构，业务一般由中方管理人员负责衔接，本土设计公司更便于交流。

第五，体制优势。目前民营、股份制企业占本土设计公司的 70% 左右，市场活力十分旺盛，公司决策系统反应速度快，管理摩擦少、服务效率高，在承接国际设计外包业务中具有明显的体制优势。

（三）发展趋势与前景

中国承接国际设计服务外包虽然刚刚起步，但潜力巨大，并具有良好的发展前景，主要体现在以下方面。

第一，中国设计创新能力不断增强。随着中国自主创新战略的不断深化，设计创新已经越来越得到国家、企业和社会的重视。2009 年中国外观设计专利申请量为 351342 件、授权量为 249701 件，其中企业授权量为 90754 件，分别相当于 2005 年的 2.2 倍、3 倍和 3.4 倍。一方面说明企业逐步成为设计创新的主体，另一方面说明企业对使用设计的需求越来越大，这无疑为承接国际设计外包提供了技术条件和市场条件。

表 7-3　2005~2009 年中国外观设计申请授权情况　　　　　　　　单位：件

年份	专利申请量	授权量	其中:企业授权量
2005	163371	81349	26658
2006	201322	102561	31279
2007	267432	133798	42515
2008	312904	141601	45802
2009	351342	249701	90754

资料来源：国家统计局。

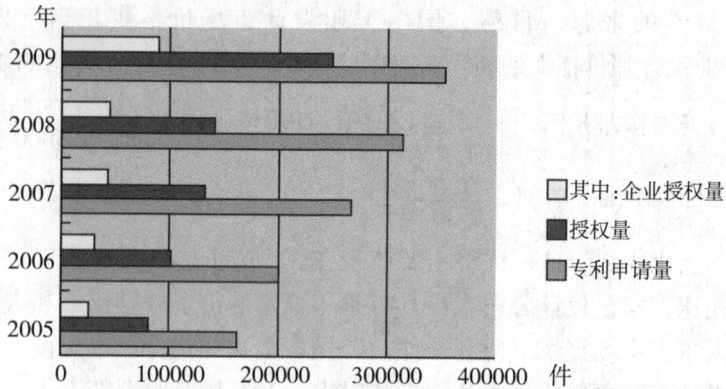

图 7-4　2005~2009 年中国外观设计专利申请及授权情况

第二，国际设计外包市场将进一步扩大。市场因素来自三个方面。一是跨国公司制造业转移将使设计外包市场进一步扩大。2005 年中国制造业新设立外商投资企业 28928 家，实际使用外资金额 424.53 亿美元，占全国吸收外资总量比重的 58.63%。跨国公司制造业不断转移必然带来新的设计市场需求。二是国内消费市场旺盛将继续带动设计服务需求。2006 年中国 GDP 达到 20 万亿元，人均 GDP 达到 2000 美元，综合国力增强，居民购买力的提高，尤其是用于文化、时尚、娱乐消费的支出比例增加，标志着消费者对多样化、个性化、创新创意的产品需求提高。三是中国企业国际化进入了快速发展阶段，企业为了开拓国际市场、创建国际品牌，对设计国际化服务的需求将大大增加。

第三，国内外设计机构将持续快速发展。经过前一时期的积累，国内外设计机构在承接外包业务的规模、能力、水平上将会进一步提高。一是随着跨国公司制造业转移将继续加速在华成立设计机构，这些设计机构除为母公司提供服务外，逐步开始为其他客户提供服务。二是随着外资设计公司对本土市场更加熟悉，承接外包业务的规模和领域将进一步扩大。三是随着本土公司承接国际设计外包的经验、技术、渠道、客户的积累及能力提高，业务规模将进一步扩大。目前，发达地区的设计公司在迅速增长，北京市约 2 万家，上海市近万家，全国已有各类建筑设计公司 1 万多家，随着能力逐步提高，将会有越来越多的设计公司承接外包业务。

第四，设计人力成本优势继续保持。中国快速增长的设计人才队伍，将为承接外包业务源源不断地提供优质价廉的劳动力。目前，北京、上海等发达地区的设计从业人员迅速增长，仅北京市设计服务业的从业人员达到 10 万人，每年在校大学生、研究生近 1 万人。上海市设计创意产业从业人员约为 3 万人以上。2006 年全国设有工业设计的院校共 260 多所；艺术设计类院校 300 所以上，每年毕业生数万人。设计人才队伍的快速增长标志着中国设计服务业的人力成本优势将在相当长一段时间内持续。

参考文献：

1. 江小涓，等.中国经济的开放与增长 1980–2005 年.北京：人民出版社，2007.

2. 江小涓，等.全球化中的科技资源重组与中国产业技术竞争力提升.北京：中国社会科学出版社，2004–09.

3. 〔美〕保罗·克鲁格曼，茅瑞斯·奥伯斯法尔德.国际经济学.北京：中国人民大学出版社，1998–11.

4. 〔美〕托马斯·弗里德曼.世界是平的.何帆，肖莹莹，郝正非，译.长沙：湖南科技出版社.2006：176.

5. 彼得·J.巴克利，马克·卡森.跨国公司的未来.冯亚华，池娟，译.北京：中国金融出版社，2005.

6. Claxton，等.设计创造财富.王晓红，马千脉，译.北京：中国轻工业出版社，2006.

7. 朱涛，王晓红.发展工业设计是实现企业自主创新的重要途径.见：中国工业设计协会主编.2006 中国工业设计年鉴.

8. 王晓红，胡景岩.利用 FDI 技术外溢效应提高自主创新能力的研究.宏观经济研究，2006(11).

9. 王晓红.寻求适合国情的创新模式.瞭望新闻周刊，2005(52).

10. 王晓红.发展工业设计：建设制造业强国的关键.光明日报，2005–01–19.

11. 张嘉林.美国关于外包的争论及对中国的影响.社会观察，2004(9).

12. 李波.把创新外包给中国.环球企业家，2005–08.

13. 荆林波.关注：发达国家信息技术离岸外包市场.中国经贸导刊，2004(2).

14. 何海怀.浅析温州鞋和服装类中小企业设计外包.企业活力，2006(6).

15. 邝蕾.印度争食美国汽车设计外包大"蛋糕".中国汽车报，2006–04–03.

16. 项文.台湾企业三级跳.环球企业家，2005–09.

17. 谷重庆."中国跑车"开进汽车设计业.环球企业家，2005–08.

18. 中国国家知识产权局主编.2006 年中国知识产权保护状况.

19. 王志乐主编.2007 跨国公司中国投资报告.

20. 商务部主编.2006 中国外商投资报告.

21. Ngo Van Long. Outsourcing and technology spillovers. International Reviews of Economics and Finance 14, 2005:297~304.

22. Bruce M.Tharp, Stephanie Munson. Exploring Design in China. Business Week Online, 2005-09-21.

23. What's the reason for offshoring design. EEtimes, 2006-04-08.

24. David Rocks. China Design. Business Week, 2005-11-21.

25. The British Design Industry Valuation Survey 2005~2006. Published on November 1st, 2006.

26. Dived R.Butcher. U.S Design Next in Line to Go East. http://news.thomasnet.com/IMT/archivesoffshoring_design_electronic_engineering, 2006-10-26.

27. Design goes global. The Manufacturer US. http://www.the manufactcer.com/uk, 2005-06.

28. Wayne Labs. Do your homework when the outsourcing design services. Electronic Design, 2006-09-05.

29. Ron Wilson. Design outsourcing appears inevitable, EEs told. EEtimes, 2003-09-24.

30. K.Giriprakash. Car design outsourcing the next gold rush. Banglalore, Aug.31.

31. Bruce Nussbaum. Design outsourcing may be big-think india. http://www.businessweek.com, 2005-11.

32. Mahentra Jain. Outsourcing design realization. Electronic Engineering time, 2003-11-17.

33. David Bursky. Design outsourcing:Are Companies Doing Too Much. Electronic Design time, 2004-12-04.

34. Architectural Design Outsource to India. Flatworld Solutions Pvt.Ltd.http://www.outsource to india.com/services/ architectural_design.asp, 2006.

35. Patrick Whitney. Design Revelation from Shanghai. Business Week Online, 2006-03-14.

36. Kenneth Munsch. Outsourcing Design and Innovation. Research Technology Management;Jan/Feb 2004;47,1;AB/INFORM Global.

37. Rachel Tiplady. A Continental Confab on Design. businessweek, 2006-01-26.

38. Bruce Rayner. Next Stop: Design outsourcing. Electronics supply&manufacuring, 2004-11-01.

第八章 中国医药研发服务外包的发展及趋势

医药研发外包于20世纪70年代后期在美国兴起，80年代以后在美国、欧洲和日本迅速发展。研发一种新药一般需要耗时8~14年，投资8亿~10亿美元，对任何一个生物医药企业都是沉重的负担。由于新药研发耗资大、周期长、风险高。同时，伴随着美国的医疗保障制度越来越完善以及对于药物安全问题越来越重视，使得新药研发更加复杂、周期更长、费用更高。在这种情况下，许多医药企业与有实力的医药研发外包公司建立战略性伙伴关系，将新药研发的某些环节外包，联合外部力量进行攻关，既能缩短新品上市的时间，又能节约技术成本，分散风险，为企业赢得高额的回报率。随着全球服务外包发展，越来越多的发达国家的医药研发服务向发展中国家转移。

一、医药研发外包的定义和范围

医药研发外包（又称合同研究机构，以下简称"CRO"）是一种为各类医药企业提供新药临床研究等服务，并以之作为盈利模式的专业组织，利用自身专业性和规模优势，为企业有效降低新药研发成本，同时帮助企业实现产品快速上市。

最初，CRO提供的服务主要集中在临床试验方面，负责药物临床试验的全过程，目前业务范围已经向化学结构分析、化合物活性筛选、药理学、毒理学、药物配方、试验设计、药物发现、临床前期研究、药物基因组学、I～Ⅲ期临床研究、药物代谢研究、药物安全性研究、研究者和试验单位的选择、监察、稽查、数据管理与分析、药物申报注册、信息学、临床文件和政策法规咨询等诸多方面扩展。生物医药研发外包除了具有高技术、高投入、周期长、高附加值外，同时还具有不确定性、外包机构承接业务难以定价等风险性。

| 药物探索 | 中试放大 | 上市后监测 |

| 发现和甄别 | 早期药物筛选 | 临床前期 | Ⅰ期临床到Ⅱ期临床 | Ⅱ期临床到Ⅲ期临床 | Ⅲ期临床 | 注册与上市 | 上市后监测Ⅳ期临床 |

| 药物来源 | 生物咨询 | 药物筛选 | 毒理试验 | 药理实验 | 试验规划 | 实验报告 | 注册服务 | 上市后监测服务 |
| 化学合成 | 药物改制 | 药代动力 | 小试生产 | 试验用动物 | 监测分析 | 法律报告 | 营销服务 | |

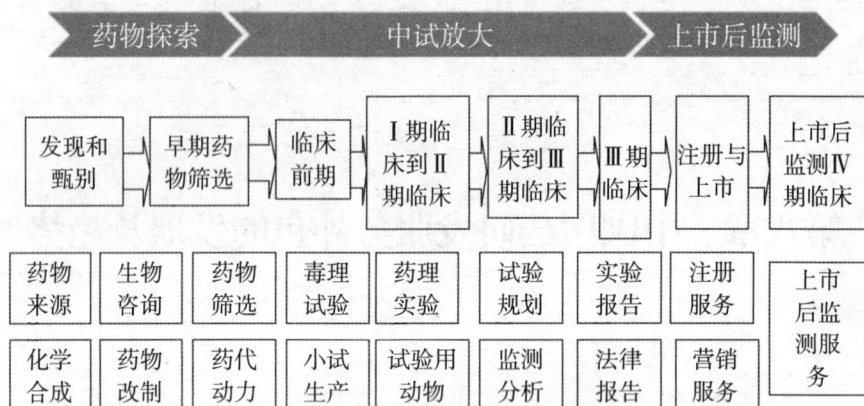

图 8-1　医药研发外包的产业链

二、全球医药研发外包发展现状及趋势

（一）全球医药研发外包的发展现状

1. 全球医药研发增长态势强劲

根据 Frost&Sullivan 的报告，目前在全球生物医药产业中，CRO 承担了全球近 1/3 的新药开发组织工作，在Ⅱ期、Ⅲ期临床试验中，有 CRO 参与的占 2/3。CRO 服务的全球市场以每年 20%~25% 的速度增长。1999 年，全球 CRO 业务额为 76 亿美元，2005 年为 163 亿美元，2010 年增加到 360 亿美元，复合增长率约为 13.8%。临床试验外包业务将在企业研发预算中占有越来越重的份额。据 Reuters Business Insights 的分析数据，2006 年医药企业的内部研发费用为 680 亿美元，CRO 临床试验项目费用为 190 亿美元，到 2010 年将分别上升为 910 亿美元和 360 亿美元，CRO 临床试验费用在过去 5 年内几乎翻了一番。未来 3 年，医药研发年投入增速将有所放缓为 9.6%，CRO 增势将加快达到 16.3%。

2. 美国占 CRO 一半以上市场份额且发展成熟

2007 年，美国有 300 多家 CRO 公司，市场占有率达到 65%，如世界排名前列的昆泰（Quintiles）、科文斯（Covance）、PPDI、ICON、PharmaKinetes 等，这些公司约占全球 CRO 的 40%（表 8-1）。美国医药研发外包产业发展比较成熟，能够提供早期药物发现、临床前研究、各期临床试验、药物基因组学、信息学、政策法规咨询、生产和包装、推广、市场、产品发布和销售支持、药物经济学、商业咨询及药效追踪等一系列服务。

表 8-1 全球 CRO 公司市场占有率（2007 年）　　　　　单位：%

CRO 公司	市场占有率	CRO 公司	市场占有率
Quintiles	15.3	PRA	2.3
Covance	10.3	SFBC	2.3
PPDI	9.5	Kendle	1.3
CRL	8.1	Omnicare	1.3
Parexel	4.7	SGS	1.2
ICON	3.5	BASi	0.3
MDS	3.4	其他	35.6

资料来源：Contract Pharma，Frost Sullivan。

3. 欧洲和日本 CRO 市场具有较好的成长性

欧洲医药研发仅次于美国，列全球第二位。欧洲约有 150 多个 CRO 公司，2007 年全球市场占有率为 23%，到 2010 年全球市场份额上升到 29%。日本 CRO 产业起步于 20 世纪 90 年代初，1997 年日本以国际化为标准的新 GCP（药品临床试验管理规范）颁布，厚生省（卫生部）对临床实施规范和数据质量要求上升，促使了日本医药研发服务外包的发展。日本约有 60 余家 CRO 公司，以每年 30%~40% 的速度成长，EPS、CMIC 等前 3 家 CRO 龙头企业占据了日本 CRO 业务 50% 的市场份额。

4. 印度等发展中国家具有较大的承接优势

印度人力资源的费用只相当于美国的 1/7，凭借人力成本和语言优势，在 CRO 市场中占有一席之地。2005 年印度的 CRO 市场份额达到 1.2 亿美元。印度拥有 61 家经美国 FDA 批准的制药厂，是除美国以外拥有此类制药厂最多的国家。印度目前已经从 CRO 产业链的低端向产业链的高端转移，在基因测序、DNA 文库构建、新型农作物品种的遗传学研究和生物信息学方面前景看好。目前，印度 35% 的 CRO 业务是新药发现，65% 主要是临床试验。

（二）全球医药研发外包的发展趋势

1. 市场规模和业务范围迅速扩展

2002 年，世界生物医药研发外包服务市场规模为 100 亿美元，2005 年增长到 163 亿美元。2008 年为 210 亿美元，2010 年增加到 360 亿美元。2005 年，全球制药行业研发活动外包的比例为 24.7%，也就是说，约 1/4 的研发工作选择外包方式。到

2010 年，外包研发支出占研发总费用比重提高到 40%左右。生物医药研发外包业务正扩展到临床试验之外更加广泛的领域。如：药物研发、临床前研究、药物经济学、药物基因学、药物安全性评价、Ⅰ~Ⅳ期临床试验、数据管理与分析、信息学、政策法规咨询、产品注册、生产和包装、市场推广、产品发布和销售支持以及各类相关的商业咨询等诸多领域，而且每年都有新的服务增加。大型 CRO 公司的服务也在增加。如，印度 Excele Sciences 公司和瑞士 CRO 公司 PFC Pharma Focus 联合在印度建立了一个新的 CRO 中心来扩展业务范围。

2. 向亚洲国家转移的势头加快

近年来，一个新药的全球平均研发成本由过去的 5 亿美元上升到 12 亿美元，且成本不断上涨，由此带动了医药研发服务外包的不断扩展。发展中国家具有人力成本低廉、相关人才密集、病患者资源库丰富等有利条件，国际大型的 CRO 公司都加快步伐将新药开发中的非核心业务脱离出来转移到印度、中国、巴西等发展中国家。有数据表明，中国医药研发人力资源成本约为美国的 1/10，而印度的人力成本是美国的 1/7。

3. 医药研发外包联盟（CROSA）趋势更加明显

由于单个医药研发外包企业技术及信息、服务范围比较有限，特别是面对难度大、涉及范围广的病症难以应对。如：全球甲型 H1N1 流感，病毒在不同国家有时会发生不同的变异。为了在最短时间内研制出能够治疗这种疾病的药物，需要研发方信息互通交流。研发外包服务联盟可以把具有高质量服务能力及研发能力的机构联合起来，解决世界性的医疗疾病，所以世界性的医药研发外包联盟已经越来越多。

4. 医药研发外包企业并购重组高潮迭起

2009 年 11 月，世界前三大 CRO 组织之一的 PPD 公司先后收购了依格斯医疗科技公司和保诺科技。PPD 公司的强项是后期临床实验，保诺的优势是药物研发前期的一体化开发，而依格斯则在临床试验上占优，并购后 PPD 不仅增强了研发能力，而且成为目前在华运营的最大跨国临床研究机构。

5. 医药研发离岸外包成为跨国医药公司重要的创新模式

国际生物医药产业已不局限于将公司非核心研发业务进行离岸外包，而是在控制新药核心知识产权的前提下，开展多种形式的研发业务离岸外包模式。如，美国诺华（NOARTIS）公司与世界范围的 CRO 公司开展从药物发现到临床试验等全面的研发合作，将新药研发实现外部化；辉瑞（PFIZER）公司实施战略性紧密型研发外包模式，将化学服务业务整体外包给俄罗斯的 ChemBridge 公司，实行新药研发的部分外部化。此外，跨国医药公司在新兴市场国家建立离岸全球研发中心，实现医药研发外包的内部化。

三、中国医药研发外包发展的现状

(一) 中国医药研发外包总体发展迅速

近年来，中国医药研发外包的快速发展，主要得益于国际医药研发产业转移的大背景，以及国内大力支持发展生物医药等战略性新兴产业，鼓励新药自主创新等政策环境的影响。2011 年，中国医药研发（临床前和临床研究）外包服务市场规模将达到 123 亿美元。2006 年，临床前研究市场规模为 25 亿美元，2011 年将达到 51 亿美元左右，2006~2011 年的复合增长率约为 15.7%；2006 年临床研究市场规模为 34 亿美元，2011 年将达到 72 亿美元左右，2006~2011 年的复合增长率约为 15.8% （图 8-2、图 8-3、表 8-2）。中国已经超过印度成为亚洲医药研发外包的首选之地。

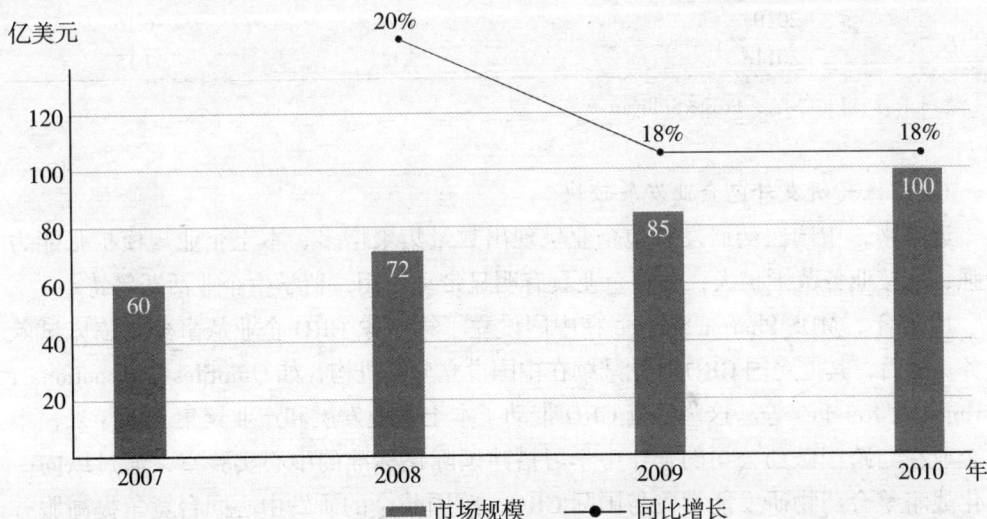

图 8-2　中国医药外包产业规模

资料来源：国创天成。

10 亿美元

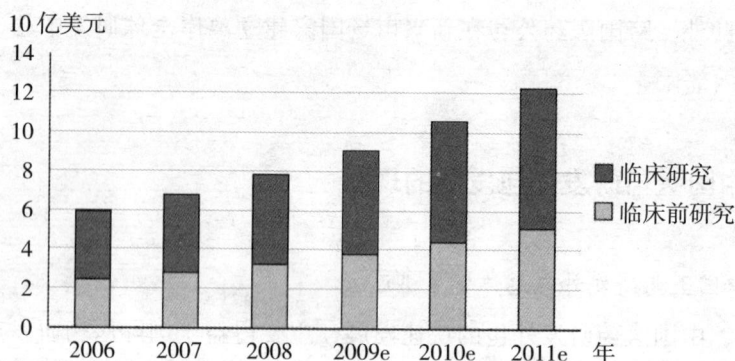

图 8-3　中国医药研发外包增长的情况

资料来源：PhRMA，Frost&Sullivan。

表 8-2　　中国医药研发外包增长情况　　　　　　　　单位：10 亿美元

中国 CRO 产业规模预计	临床前研究	临床研究
2006	2.46	3.43
2007	2.83	3.96
2008	3.27	4.58
2009e	3.79	5.31
2010e	4.39	6.16
2011e	5.11	7.15

资料来源：PhRMA，Frost&Sullivan。

（二）医药研发外包企业发展较快

近年来，中国医药研发外包企业呈现出数量集聚增多，本土企业规模扩张能力增强，承接业务范围扩大，外资企业具有明显带动作用，留学生企业活跃等特点。

1996 年，MDS Pharma Service 在中国设立了第一家 CRO 企业从事药物临床试验业务。随后，其他跨国 CRO 开始陆续在中国设立分支机构，如 Quintiles Transnational，Covance 及 Kendles 等。这些外资 CRO 带动了本土企业发展和产业聚集。近年来，本土企业在与跨国医药公司的合作中学习搭建国际化标准的中心实验室，通过纵向一体化战略整合药物研发能力，与国际 CRO、跨国药企的研发中心同台竞争提高服务质量，培养积累专业人才，这些都将对中国新药研发起到巨大的推动作用。目前中国从事医药研发外包业务的各类机构主要集中在京、沪两地，北京地区企业数超过200 家，集中在中关村生命科学园，医药研发外包的业务量达 20 亿元，占了中国市场份额的 25%。上海企业数超过 300 家，主要集中在张江药谷，医药研发外包的业务量达 28 亿元，占中国市场份额的 30%。

在国际医药研发外包企业的带动下，中国本土企业成长尤其迅速。药明康德、尚华先后在纽约交易所上市。目前，留学生创办的企业已经成为本土医药研发外包企业的主要力量。由于留学生企业许多掌握了国际前沿性的先进国际技术，自主创新能力强，大部分都有多项专利和自主知识产权产品。同时，在人脉上具有较深的海外背景、海外渠道，信息畅通，熟悉国际标准，容易获得国际市场的认同，创业成功率、国际市场占有率都高于一般本土企业。北京中关村、上海张江、江苏泰州等国家级生物医药研发基地多数是以留学生企业为基础创办的。

从企业性质划分来看，第一类是等跨国企业在中国的分支机构。如：Quintiles、Covance、Kendles。第二类是合资型企业。如：Kendlewits、Ever Progressing Systems（EPS）等，服务对象主要是小型跨国企业及一些大型本土企业。第三类是本土企业。如：依格斯北京医疗科技有限公司、上海药明康德新药开发有限公司、杭州泰格医药科技有限公司等，这类企业约有 200 家，服务对象为中国本土企业，服务内容包括改变剂型、仿制药研究以及临床研究等。

从医药研发外包企业承担的业务范围来看，第一类是从事临床前研究的 CRO 企业。这类企业主要从事与新药研发有关的化学、临床前的药理学及毒理学实验等业务内容。如，无锡药明德康（Wuxi Pharma Tech）和北京 Bridge Pharmaceuticals，上海美迪西生物医药有限公司（Shanghai Medicilon）、上海睿智化学研究有限公司（Shanghai ChemExplorer）等。第二类是从事临床试验的 CRO 企业。如，杭州泰格医药（Tigermed）、依格斯（北京）医疗科技有限公司（Excel PharmaStudies）、北京 KendleWits Medical Consulting 等。第三类是从事新药研发咨询。当前国内的 CRO 机构中从事这类业务的占绝大多数。

表 8-3　中国医药研发外包企业类型

分类标准	类　型
按业务范围分类	主要从事与新药研发有关的化学、临床前的药理学及毒理学实验等业务。如，药明康德、北京维通博际等。
	主要从事临床试验的 CRO。如，泰格医药科技有限公司。
	主要从事新药研发咨询、申请报批等业务内容的 CRO。国内大多数的 CRO 机构属于此类。
按组织形式分类	大学及公共研究机构：中国新药研发的主体力量。
	外资 CRO：由跨国公司 CRO 或外资在华建立的全控股份公司。如，Quintile、PPD。
	本土 CRO：药明康德、北京维通博际、上海睿智、开拓者。
	合资 CRO。

资料来源：中国服务外包研究中心、中欧国际工商学院：《中国服务外包发展报告 2010-2011》。

专栏 1：中国第一家医药研发外包企业——药明康德

药明康德成立于 2000 年 12 月，由李革博士等海外留学人员共同创立，总部位于上海，是中国首家医药研发服务企业。2009 年被商务部认定为"中国十大服务外包领军企业"之一。连续五年入选"Deloitte 亚太地区高科技高成长 500 强"。

公司自成立以来保持 80% 以上的高速增长，仅用 7 年多的时间就从一个几十人的小企业发展成为 3700 多名员工的全球知名医药研发服务外包企业。2006 年后，在天津投资建设了北方研究中心，在苏州投资建设了亚洲规模最大的 GLP 药物安全评价研究中心。2007 年 8 月在美国纽约交易所上市，是中国首家在海外上市的研发服务企业。2008 年 1 月以 1.6 亿美元成功收购了美国 AppIec 实验室公司。成为全球业务种类最齐全的医药研发、全球规模最大的先导化合物研发，以及全球获得权威机构认证最多的医药研发服务企业。100 多家国际客户与公司建立了稳定的战略合作关系，其中包括全球排名前 20 的制药公司以及排名前 10 位的生化公司。公司拥有 200 多项专利成果。

资料来源：根据企业提供材料整理。

（三）医药研发外包专业性人才优势和成本优势突出

第一，中国大量高素质、低成本的人力资源将成为欧美医药企业青睐的主要因素。据统计，2006 年，我国在化学制药和生物制药领域的毕业生分别达 39000 和 22000 人，2006~2009 年期间复合增长率为 12%。第二，伴随着中国 CRO 行业的快速发展，大量海外人才及中国留学生不断向国内流动，对中国医药研发外包能力提升发挥了关键性作用。尤其是国务院制定了《促进生物产业加快发展的若干政策》，对归国留学人员、海外投资者给予各种优惠政策，为引进海外高级人才回国创业创造了良好的外部条件。第三，较低的人力成本提高了我国医药研发外包的国际竞争力。在国际医药研发成本中，1/2 以上的费用是人力成本。与发达国家相比，中国聘请研发人员、临床工作人员和招募受试者的费用都较低。据 Quintiles 分析，在中国及亚洲其他一些国家进行临床试验比西方国家节约近 30% 的费用。

（四）专业园区和产业基地集聚示范效应初步显现

"十一五"期间，国家发展和改革委员会（以下简称"发改委"）等部委选择了产业基础好、创新能力强的地区加快国家生物产业基地建设。认定了长春、深圳、长沙、石家庄、北京、上海、广州、武汉、昆明、青岛、成都、重庆等 12 个国家生物产业基地，认定了西安、天津、泰州、通化、德州、郑州、南宁、哈尔滨、杭州、南昌等 10 个生物产业领域的国家高新技术产业基地。据不完全统计，目前全国有各类医药产业园区 100 多个，分布在北京、上海、江苏、广东、吉林、四川、湖南、湖北等 25 个省市。通过 10 多年的发展，中国部分医药园区形成了集群效应，吸引了一批留学生回国创业，对加速科技成果转化发挥了重要的作用。中关村生命科学园、张江生物医药基地、泰州医药高新区、本溪生物医药产业基地等呈现蓬勃发展态势。其中，张江生物医药基地已经成为国内外生物医药研发外包机构最集中、创新活力最强、承接研发外包业务最活跃和国内创新药物研发数量最多的区域。2009年实现生物医药产值 106.55 亿元，销售收入 170 亿元，其中服务外包收入超过了 40 亿元。

四、中国医药研发外包面临的主要问题

目前，中国医药研发外包仍然存在企业规模较小、业务范围狭窄、外包层次较低、同质化现象比较严重、行业缺乏国际通行标准，以及企业发展的外部环境不规范、法律法规不健全等问题，这些都影响了中国承接国际医药研发外包业务。

在服务范围上，发达国家 CRO 企业比较成熟，具有庞大的国际资源网络和信息网络，能提供全产业链的服务，服务范围涵盖了新药研发到市场销售的全过程。而国内 CRO 公司业务范围及服务内容比较单一。以国内规模较大的医药研发外包企业为例：药明康德的主要业务方向是化合物发现及 CMO；睿智化学是化合物合成；康龙化成（北京）主要业务是化学药品研发外包；桑迪亚主要是药物发现；泰格是临床试验；金斯瑞主要是生物创新药研发等。

在企业规模和价值链上，中国 CRO 企业大多为中小型企业，以新药研发咨询、新药申请报批以及新药注册代理为主。大多处于药物研发价值链的下游领域，目前的新药研发主要停留在改剂型、改规格、改包装、改变给药途径等简单的、低水平阶段。由于许多 CRO 企业缺乏创新能力，为争夺市场，价格战打得比较激烈。药明康德近年的财报显示，企业毛利率从 2005 年的 49.1% 下降到 2009 年的 42%。

在制度环境上，首先是国内实行的资质认证及质量标准体系与国际通行的标准不统一。这是国内 CRO 企业承接离岸医药研发外包的主要制约因素。虽然我国大力推进 GMP、GCP 等质量体系建设，但与西方发达国家的质量体系相比仍然有很大的差距。其次是知识产权保护上制度的不健全。跨国制药企业之所以不愿意将新药发现等方面的业务外包给国内 CRO 公司，其中一个重要原因是基于知识产权的考虑。

五、中国医药研发外包发展的主要趋势

生物产业是国家"十二五"时期的战略性新兴产业和高技术领域的支柱产业，随着这一战略目标的实施，政策支持体系将继续完善。同时，医药研发市场规模扩大，企业竞争力增强，这些都将为中国医药研发外包发展壮大带来黄金机遇期。

（一）国内外市场规模持续扩大

首先，随着中国人力资源优势不断扩大、技术能力提升、设备条件改善、政策环境完善，国际大型制药企业将新药研发业务持续向中国转移。温德尔·巴尔说过，跨国公司希望进入中国迅速扩大的医疗保健市场，并分享其庞大的研发外包人才库。

其次，随着中国的医疗体制改革，医疗保障水平、保障能力、保障层次不断提高，农村医疗保障体系的全面覆盖，城市高消费群体对医疗保障的需求层次提高，国内医药研发需求将持续增加。这既为本土 CRO 企业带来了发展机遇，又为外资CRO 企业开拓中国市场提供了机遇。

最后，国内外医药企业研发投入普遍提高将直接为医药研发外包市场带来增长效应。随着全球疑难病症增多，医药市场竞争加剧，导致制药企业研发经费投入普遍提高。国际制药企业研发费用的投入一般占销售收入的 15%~20%。如，辉瑞每年投入的研发费用都在 80 亿美元左右，约占收入的 16%。目前，中国不足 5%，有的甚至不到 1%，还有很大的增长空间。国内制药企业实施自主创新战略应对国际竞争压力，与国家出台《药品注册管理办法》等政策支持因素，也将带动国内企业医药研发投入上升。

（二）医药研发外包行业集中度、专业化及综合化水平大幅提高

目前，中国医药研发外包业务主要集中在具有一定规模的企业。如上海药明康德、开拓者化学、美迪西、先导化学、辉源生物科技（原华大天源）等企业都有相

应的外单。

从技术市场登记的合作分析中可以看出，首先是药明康德承接的研发外包业务占上海研发外包业务总量的 50% 左右，在专业化上体现出较强的优势；其次是美迪西、开拓者化学、睿智化学等几家企业。中国本土 CRO 企业经过十余年的发展，业务领域专业化和综合化趋势较为明显。如，万全科技可以提供化学药品、生物制品、中药及天然药、医疗器械的临床研究、药物代谢及药理毒理研究、注册及市场推广、药品制造等全方位"一站式"综合服务。

表 8-4　药明康德医药研发外包主要服务项目及类型

外包服务类型	服务项目
药物研发化学服务	先导化合物生成
	先导化合物的结构优化
	化合物库的定制合成
	客户定制合成
	药物模板
药物研发分析服务	生物分析服务
	核心分析服务
	分析开发服务
生物服务	体外 admet 测试
	代谢物鉴别和化学结构鉴别
	生物标志
	体内急性病毒研究
生产服务	中间体的生产,临床前研究的原料药的合成、生产

资料来源：药明康德企业网站。

（三）战略联盟将成为我国医药研发企业提高国际竞争力的主要模式

随着全球医药研发外包对承接方的专业化及一站式服务的要求加强，纵向一体化战略正成为 CRO 行业拓展业务范围，提升盈利能力，提高竞争力的主要手段。目前，中关村、张江高科技园区已经逐渐形成了中国生物技术外包联盟（ABO）、中关村 CRO 联盟、浦东新区生物医药研发外包服务联盟、生物医药研发外包工作委员会等 CRO 的联盟，并逐渐发展成为中国 CRO 的中坚力量。中国生物技术外包服务联盟（ABO）整合 16 家外包机构，通过品牌共享和营销协作的形式，提供从新药研发、临床前研究、临床实验到登记和签约生产的"一站式合作研究服务"，使联盟整体经营收入翻了1倍。

（四）欧美和日本等发达国家仍是中国医药研发服务外包的主要来源地

目前，中国医药研发外包主要来自发达国家市场。北京医药研发外包企业主要承接美国、丹麦、瑞典、日本和韩国的业务；上海医药研发外包企业则主要承接美国、日本、英国、瑞典、法国，中国香港的业务，其中，美国业务占44%。

六、政策建议

第一，加强产业政策扶持，不断完善和优化发展环境。应针对医药研发外包行业特点继续完善减免税政策、人才引进和培训政策、融资政策、知识产权保护政策等相关优惠政策。第二，注重服务体系建设，为中国CRO企业承接国际业务创造条件。要重视各类医药研发外包平台、行业组织及中介机构建设，为企业承接各种国际新药研发业务提供帮助。组建国家医药研发外包服务中心、产业联盟等机构，推介我国医药研发外包企业，提高承接大宗国际业务能力；创办国家医药研发外包专刊、网站等加强宣传和信息交流，增强国内相关机构对CRO的认知度。第三，积极推动国内医药研发外包企业通过兼并重组、企业联盟等形成并发展壮大，形成龙头企业，整合产业链。第四，实现CRO企业与新药研发企业的良性互动。近年来，医药研发外包已成为提高生物医药企业创新能力和建立外部知识产权网络的重要手段。CRO行业的成长对推动中国新药研发的自主创新能力和专业化分工水平，提高中国医药行业整体竞争力发挥了重要作用。第五，加强各类生物医药产业基地、园区建设，继续提高医药研发外包的聚集效应。第六，逐步建立与国际接轨的资质认证及质量标准体系。

参考文献：

1.苏月，刘楠.生物医药产业发展态势与对策.中国生物工程杂志，2009(11).

2.倪静云，卞鹰，王一涛.国内外CRO发展现状的比较分析.科技进步与对策，2007(4).

3.李中华.中国CRO的现状及所面临的挑战.中国医药技术经济与管理，2008(1).

4. 陶娟. CRO：一体化时代. 新财富，2010(10).

5. 谢琪，黄卫平，崔天红. 浅谈合同研究组织对我国制药业的作用. 中国中医药信息杂志，2001(11).

6. 王静波. 全球 CRO 服务业发展动态与趋势. 上海情报服务平台 http: //www. istis.sh.cn/list/list.asp? id=801.

7. 范妙璇，胡豪，赵海誉，等. 中国医药研发外包行业竞争优势研究. 中国科技论坛，2010(5).

8. 金继斌，柯力援，谢敬东. 对我国 CRO 优劣势的分析. 中国医药导报，2010(1).

9. 学培凤. 医药研发外包服务发展状况及趋势. 中国医药技术经济与管理，2009(8).

10. 罗琪. 我国承接医药研发外包热潮下的冷思考. 经济论坛，2010(9).

11. 宋勤健，胡守忠. 上海张江生物医药 CRO 产业发展策略研究. 产经透视，2009(8).

12. 邓茂，张海波，芮国忠. 上海生物医药研发外包服务技术市场现状分析. 中国医药技术经济与管理，2009(10).

13. 黄夹波，吏云霞. 跨国公司研发外包趋势与中国企业的选择. 中国经济导刊，2008(5).

14. 任志武，王昌林，白京羽，等. 生物医药研发外包服务发展趋势及对我国的影响. 中国经济导刊，2008(3).

15. 唐玲，晁阳. 探析 CRO 在我国的发展前景. 中国药业，2006(3).

16. 中国服务外包研究中心，中欧国际工商学院. 中国服务外包发展报告2010-2011.

17. 国务院办公厅关于印发促进生物产业加快发展若干政策的通知. 国办发〔2009〕45 号文.

18. Yi bing Zhou. Opportunities in biopharmaceutical outsourcing to China. Bioprocess International, 2007(5)：16~23.

19. Getz Kenneth A. CRO shifts in the outsourcing market. Applied Clinical Trials, 2007(16)：35~38.

第九章 中国商务服务外包的发展及趋势

近年来，商务服务外包已经成为 BPO 业务的主要领域。商务服务外包涉及范围广、涵盖领域多，就业增长空间大，对于提高企业、政府、机构的服务专业化程度具有重要作用，对未来服务外包产业的增长也将发挥引擎作用。本章着重分析了全球商务服务外包的发展，以及中国承接国际商务服务外包的现状、存在的问题和发展趋势，并提出政策建议。

一、基本概念

从广义上说，商务服务外包就是将企业、政府的商务服务活动外包给专业化服务提供商。目前各国对商务服务的界定及涵盖范围并没有统一的划分方法，在统计口径上也存在明显的差异。根据世界贸易组织《服务贸易总协定》，商务服务业位列服务贸易 12 个分类的第一位，是商业活动中的服务交换活动。具体分类包括专业性服务、计算机及相关服务、研究与开发服务、不动产服务、设备租赁服务、展览管理等其他服务。根据我国《国民经济行业分类及代码》，商务服务业主要有：①企业管理服务，包括企业管理、机构投资与资产管理、其他企业管理服务；②法律服务，包括律师及相关的法律服务、公证服务、其他法律服务；③咨询与调查，包括会计、审计及税务服务、市场调查、社会经济咨询、其他专业咨询；④广告业；⑤知识产权服务；⑥职业中介服务；⑦市场管理；⑧旅行社；⑨其他商务服务，包括会议及展览、包装、保安、办公等服务。

综合上述分类标准，结合目前全球服务外包产业的总体分类，商务服务外包主要包括企业管理、法律服务、咨询与调查、中介服务、人力资源管理、客户服务等。

二、全球商务服务外包发展现状与特点

（一）商务服务外包已经成为 BPO 业务的主要增长点

尽管商务服务外包目前难以进行准确的统计，但从主要国际数据来看，人力资源、客户关怀、财务和会计、培训、企业内部管理等都是近年来发展较快、较为成熟的 BPO 市场。根据 IDC 统计（见表 9–1），客户关怀、财务和会计、人力资源等服务外包都呈现出不同程度的增长，2009 年市场规模分别为 586.84 亿美元、258.78 亿美元和 183.51 亿美元；分别相当于 2007 年的 1.06 倍、1.11 倍和 1.14 倍；客户关怀外包市场占比为 52.3%，财务与会计外包占 23.1%，人力资源外包为 16.4%。2010 年，人力资源外包市场达到 682.3 亿美元，占业务流程外包市场最大份额，为 43.1%。据 IDC 统计，2007~2008 年，全球财务与会计、人力资源服务外包市场总额增长率分别为 11.7% 和 12.4%。虽然受到金融危机的影响，但与其他服务外包相比影响较小。巴塞尔银监会、国际证监会组织等相关国际组织（2005）对各种公司及组织外包活动调查并公布了《第五次行业外包年度索引》，其结果是，行政管理服务外包占比为 47%，其余分别为：财务 20%、人力资源外包 19%、客服中心 15%。法律等咨询类服务外包也在逐步释放。[1] Addleshaw Goddard 的一项调查发现，尽管企业对法律流程外包服务还很少使用，进入富时前 350 名的企业中，71% 的企业认为，诉讼是公司花费最大的业务。[2] 这些企业也认为，诉讼费是公司财务面临的巨大问题。美国商业服务提供商 Exigent 主管大卫·霍尔姆认为，出于降低企业成本考虑，越来越多的企业将采用法律流程外包业务。全球法律外包服务供应商 CPA Global 公司发现，越来越多的律师事务所，包括那些著名的伦敦法律界律师事务所，都会接手法律流程外包单。

（二）北美、欧洲和日本仍然是商务服务外包的主要发包地区

从地域分布区域看，全球商务服务外包市场主要集中在欧美地区。2008 年美洲

---

[1] 巴塞尔银行监管委员会、国际证监会组织、国际保险监督官协会、国际清算银行联合论坛：《金融服务外包（上）》，魏欣、李文龙译，《中国金融》，2005 年，第 13 期，第 59 页。

[2]《为什么要选择法律流程外包》，山东国际商务网，2010 年 3 月 16 日。

市场比重占 55.3%，是全球最大的市场；欧洲、中东、非洲区域占 30.6%；亚太地区占 14.1%，增长最快。总体上，全球商务服务外包市场主要由美国和欧洲推动。如，美国大部分企业为了降低服务成本，将原来由企业内部负责的人力资源、财务、客户服务等业务外包给专门服务机构。据 IDC 统计，美国业务流程外包已占全球业务流程外包的 63% 左右。Frost & Sullivan 在 2011 年发布的一项分析表明，2010 年欧洲呼叫中心外包市场实现收入 183.49 亿美元，到 2017 年，欧洲呼叫中心外包市场的收入有望达到 225 亿美元。根据《中国服务贸易发展报告 2009》中的 IMF 统计数据，2008 年会计和咨询国际服务贸易主要集中在欧洲市场（见表 9-2）。在统计的 26 个国家和地区中共出口总额 35.1 亿美元，进口额 26 亿美元。其中，前 20 位国家进口25.9 亿美元，占 99.6%，出口 35 亿美元，占 99.7%，主要为欧洲国家。

表 9-1　2007~2009 年全球部分商务服务外包市场规模　　　　　单位：亿美元

项目	2007	2008	2009
人力资源	161.34	181.38	183.51
财务和会计	232.72	260.11	258.78
客户关怀	555.57	615.75	586.84

资料来源：IDC。

表 9-2　2008 年全球会计和咨询服务国家和地区进出口额前 10 位　单位：百万美元、%

排名	国家和地区	出口额	占比	排名	国家和地区	进口额	占比
1	葡萄牙	713.8	20.3	1	俄罗斯	533.1	20.5
2	瑞典	454.4	13.0	2	瑞典	478.4	18.4
3	匈牙利	407.7	11.6	3	葡萄牙	377.3	14.5
4	俄罗斯	377.2	10.8	4	意大利	339.6	13.0
5	意大利	328.5	9.4	5	捷克	241.4	9.3
6	捷克	315.2	9.0	6	塞浦路斯	137.8	5.3
7	塞浦路斯	294.8	8.4	7	塞尔维亚	95.5	3.7
8	挪威	148.8	4.2	8	马其顿	77.7	3.0
9	韩国	106.0	3.0	9	匈牙利	62.5	2.4
10	塞尔维亚	101.5	2.9	10	罗马尼亚	47.0	1.8

资料来源：根据 IMF 数据整理。

(三) 承接国逐步向发展中国家转移

最初，欧美等发达国家主要从成本因素、地域因素考虑，普遍采用近岸外包方式，欧美既是主要发包地区，又是主要承接地区。随着经济发展环境改变，以及通讯信息技术快速发展，商务服务外包逐渐向印度、中国等新兴市场转移。这种离岸的趋势已经成为商务服务外包发展中的一个明显特征。其中亚洲承接国约占45%，印度、中国、菲律宾、韩国、俄罗斯等是跨国企业投资的重点。据印度软件和服务公司协会统计，2007年，印度法律服务离岸外包收入达2.25亿美元。一些地区的商务服务外包已经逐步从业务离散性向长期合约发展，服务外包管理水平逐渐与跨国公司接轨。

(四) 规模化经营能力提高

商务服务外包企业通过业务整合、并购重组等手段逐步实现企业规模化经营，在国外设立分支机构，提高经营能力。世界上最大的律师事务所Clifford Chance将一些文字处理工作离岸外包，与Integreon（法律和金融外包专业机构）签订合同，由该公司为其提供支持服务。Integreon公司承担该律师事务所的后台办公室角色，同时提供会计服务和IT服务。2008年，WPP公司收购市场研究公司TNS（Taylor Nelson Sofres），发展了多种广告和营销服务业务，成为全球最大的营销服务广告集团，在中国已经建立了139个分公司及办事处。2008年，印度TCS和Wipro分别以5亿美元、1.3亿美元购买花旗的BPO和技术部门，通过收购兼并快速提高了近岸服务能力。2008年，软通动力收购美国Akona Consulting，强化了技术咨询业务领域的经营能力。2011年，英国外包服务供应商Capita以6500万英镑收购了竞争对手Ventura，增强了客户管理业务的竞争实力。

三、中国承接国际商务服务外包的现状与主要特点

(一) 中国承接国际商务服务外包发展速度较快

从服务贸易数据来看，2010年，中国咨询服务出口额（包括法律、会计、管理、技术等方面的咨询服务）为228亿美元，比上年增长22.6%；其他商务服务出口额达到356亿美元（见表9-3），增长44.1%，高于服务贸易的总体增长水平。2006~2010年，服务出口额增长率为86.1%，咨询、广告宣传、其他商业服务3个领域的服务出口平均增长率为126%。

表9-3　2006~2010年中国商务服务贸易出口分项目表　　单位：亿美元、%

项目	2006		2007		2008		2009		2010	
	金额	占比	金额	占比	金额	占比	金额	占比	金额	占比
咨询	78	8.5	116	9.5	181	12.3	186	14.3	228	13.3
广告宣传	14	1.5	19	1.6	22	1.5	23	1.8	29	1.7
其他商业服务	197	21.4	269	22.0	260	17.7	247	19.1	356	20.8
服务贸易出口总额	920		1222		1471		1295		1712	

注：遵循WTO有关服务贸易的定义，剔除了其中的政府服务。

资料来源：中国国际收支平衡表，2006~2010年。

　　人力资源服务、财务、咨询与调查、法律服务、企业管理等服务外包增长显著，客户关怀、呼叫中心等外包领域迅速扩展。中国咨询服务出口额从2006年的78.3亿美元增长到2010年的228亿美元，年平均增长32.5%。据国际货币基金组织（以下简称"IMF"）统计，2007年，在世界43个国家和地区广告、市场调研、民意测验服务出口中，中国位列第五名（前四位为德国、西班牙、比利时、俄罗斯），占8.6%。在法律服务外包方面，截至2008年，共有来自20个国家的166家律师事务所在中国设立代表处，其中，北京和上海分别占总数的39.7%和53.6%。国内约有13家事务所在境外设立分支机构，有40余家会计师事务所已经承接境外业务。随着企业生产经营中的法律问题凸显，法律服务外包作为一种特殊形式的商业服务活动产生并迅速发展。

　　（二）商务服务发包方主要来自中国香港，美国、欧洲、日本等地区和国家

　　根据中国服务贸易统计显示，咨询服务外包主要来源于在中国香港、美国和欧盟这3个国家和地区，总计占咨询服务出口总额的70%以上。其他商业服务外包主要面向中国香港、美国和欧盟，3个地区占其他商业服务出口总额的2/3。根据商务部统计，按照离岸合同执行价值计算，日本和美国是两个最大的离岸市场，分别占2008年收入的20.7%和19.4%，其次是中国香港和中国台湾。

　　（三）商务服务外包承接业务范围迅速扩展

　　目前，商务服务外包已经拓展到企业管理、法律服务、咨询和调查、知识产权服务、中介服务、市场管理、保安服务、办公服务、财税管理、职业招聘、客户管理、数据处理等不同领域，并在这些领域逐步细化市场，产业链不断延伸。如，人

力资源服务外包已涉及企业内部所有人事业务，包括人力资源规划、制度设计与创新、流程整合、员工满意度调查、薪资调查及方案设计、劳动仲裁、员工关系、企业文化设计、管理咨询、人事外包、数据处理服务、信息调查服务等方面。财务和会计服务外包已经涉及企业海外上市投融资审计、企业境外分支机构延伸审计、跨国公司中国区的审计分包、管理咨询、税务服务、会计外包、境外工程承包相关鉴证和咨询等各个方面。

(四) 外资企业在商务服务外包中占据明显优势

外资在企业规模、专业水平、国际认证资质、综合管理水平、品牌知名度等方面均强于内资企业。在投资咨询、财务和会计等领域，绝大部分市场都被摩根士丹利资产服务咨询（中国）有限公司、菲利普莫里斯（中国）企业管理有限公司，以及普华永道、德勤、毕马威、麦肯锡等外资企业所占领。中国注册会计师协会发布"2010年度会计师事务所综合评价前百家信息"显示，全球四大著名会计师事务所在中国的分支机构，2009年的收入达913042万元，占前100家总收入的44.3%。其中普华永道中天257843万元，德勤华永237025万元，毕马威华振22110万元，安永华明196064万元，分别占行业前100家收入的12.5%、11.5%、10.8%、9.5%。普华永道中天2009年总收入是排名第五的中瑞岳华的近3倍。

(五) 本土公司以中小企业和低端服务为主

从企业规模上看，本土商务服务外包以中小型企业居多。由数据中华统计，除外资、中外合资企业外，企业管理服务规模在200人以下的企业占91.2%；职业中介企业（主要从事人力资源及咨询，职业中介等业务）共21207家，规模在200人以下的企业为19532家，占92.1%；咨询与调查行业（包括会计、审计及税务服务、市场调查、社会经济及其他咨询），500人以下规模的企业204816家，占90%；法律服务行业规模在100人以下的企业数为20810家，占97.4%；知识产权服务业规模在200人以下的企业占到99%。①

从服务价值链上看，一些本土商务服务企业还没有形成自己的优势领域，专业化服务水平与国际企业存在明显差距，只能承接附加值较低的中低端服务业务。埃

---

①根据数据中华企业在线数据库资料整理。

森哲（2009）指出"日本最普遍的外包模式是一种层级结构，承包商把一个项目外包给一个总承包商。总承包商完成一些前端流程后，将其中部分外包给第一级供应商，部分外包给第二级供应商，依次持续到第三、第四和第五级供应商。来自日本的服务提供商占据了总承包商位置，中国的服务提供商只能接触到第三甚至第四级工作。"

四、主要趋势

总体上看，中国商务服务外包已经初具规模，具备了良好的发展环境和条件，未来具有较高的成长性、巨大的市场需求和发展潜力。

（一）国际国内商务服务外包市场需求旺盛

从主要行业来看，企业管理、人力资源服务、法律服务、咨询、财务与会计管理、客户关怀等外包领域都将获得较快发展。一方面，随着国内信息技术及管理信息化水平的提高，硬件设备、数据库及信息系统不断完善，云计算、信息服务平台等新技术的推广应用，将为商务服务外包提供良好的技术条件。另一方面，未来时期，国际国内商务服务外包市场需求将加快释放。

从国际层面上看，全球服务化趋势将继续发展，跨国公司产业分工将继续推动商务服务外包的全球布局。[①]受金融危机冲击，发包企业外包计划出现减少或推迟，但长期来看，企业将更加重视成本控制，专注核心业务，通过专业化分工的方式提高效率，降低成本，减少风险，为此，将会有越来越多的商务服务业务外包。以日本为例，由于其老龄化、少子化、人口负增长等因素造成的劳动力不断减少，使得离岸外包成为日本企业获取海外人力资源的必由路径。同时，全球经济发展将促使各国政府间、企业间、各类组织间的联系增多，各类商务活动增加，对专业化服务的需求加大，这些将会大大推动商务服务外包发展。这些都为中国承接国际商务服务外包创造了市场空间。

从国内层面上看，一方面，跨国公司在华投资继续保持增长，尤其是服务业投资。2010年中国实际利用外商直接投资1057.35亿美元，增长17.4%；新设立外商投资企业27406家，增长16.9%。其中，租赁和商务服务业实际利用外商直接投资

---

①参见第二章《全球服务外包发展的现状及趋势》。

71.3 亿美元，增长 17.3%；企业 3418 家，增长 19.3%。另一方面，随着中国经济保持高速增长，国内企业市场化、组织化、专业化、国际化水平不断提高，必将带动各类商务服务外包增加。据埃森哲研究（2009），2008 年国有企业和民营企业主导的国内市场急剧增长，成为最大的外包项目来源，占总收入的 47%。"潜在买家对外包业务的认识和了解得到稳步改善，超过 3/4 的受访者熟悉或深入了解外包。超过一半的受访企业目前正在外包或计划外包其部分业务。本土买家更有可能考虑外包信息服务，如财务和运营服务。"①

（二）一线城市和区域中心城市是商务服务外包发展的主要区域

中国商务服务企业主要集中在北京、上海、广州等大城市，这为承接国际商务服务外包创造了有利条件。2008 年，北京、上海租赁与商务服务业企业数均在 4 万家以上，广州、大连、杭州都在 1 万家以上。上海 2008 年租赁和商务服务业占第三产业的 50.9%。在全球 50 大咨询公司中，已有 35 家进入北京，其中，德勤、安永、普华永道、毕马威等全球"四大"都在北京设立了机构。②同时，商务服务外包企业逐步向二线城市布局，中国大的离岸外包服务商开始在西安、重庆、武汉、大连、杭州等二线城市设立分公司或开发中心等。

表 9-4　2008 年我国主要城市租赁和商务服务业排名　单位：亿元、万人、家

排名	城市	主营业务收入	从业人员	企业数
1	北京	3575.7	93.5	45003
2	上海	2819.9	74.6	41929
3	广州	1848.32	31.98	19267
4	大连	952.20	19.65	14287
5	深圳	898.50	—	9732
6	成都	723.14	16.32	6027
7	杭州	564.97	13.1	10312
8	天津	291.82	15.43	9076
9	武汉	275.61	10.96	6792
10	重庆	231.72	12.4	8012
11	南京	150.68	—	—
12	苏州	102.2	4.63	2948
13	西安	99.28	5.18	3040

资料来源：根据各市统计局第二次经济普查公报整理。

① 埃森哲:2009 年中国服务外包市场研究报告。
②《北京市人民政府关于印发北京市商务服务业振兴发展规划的通知(2010 年)》。

根据表 9-5 分析判断，从事各类商务服务外包业务的企业 92 家。规模在 500~1000 人的企业中，北京、上海、广州占 40%。大连、成都、济南、合肥等城市商务服务外包企业多数为中小型企业。

表 9-5　示范城市商务服务外包代表企业分类　　　单位：人、家

人员规模	服务范围	总计	北京	上海	广州	天津
100~500	咨询	31	3	—	—	7
	培训、人力资源管理	4	—	1	—	1
	企业管理	6	—	1	—	1
	呼叫中心、数据中心管理	15	—	—	3	2
500~1000	咨询	12	3	—	—	—
	培训、人力资源管理	6	—	—	—	—
	企业管理	5	—	1	2	—
	呼叫中心、数据中心管理	13	—	5	3	—

资料来源　中国服务外包研究中心主编：《中国服务外包发展报告（2009）》，上海，上海交通大学出版社，2010。

（三）大规模的就业队伍和教育资源储备为中国商务服务外包提供人才保障

这些领域的高素质人才资源成为中国承接国际商务服务外包的重要优势之一。到 2009 年，中国租赁和商务服务业就业人员数约为 290.5 万人，比 2008 年增加 15.8 万人，增长 5.8%；其中，北京居全国之首为 72.9 万人，广东 28.5 万人，上海 18 万人。到 2008 年，中国律师行业从业人数为 21.6701 万人，财务会计行业执业注册会计师达到 8.5 万人，会计师事务所 7200 多家。

目前，全国 22 所高等院校开设了注册会计师专业方向。2008 年管理学专业（包括会计学、工商管理、财务管理、人力资源管理、国际商务等专业）毕业生中本科 356015 人，专科 632050 人，研究生 39114 人；法学类专业高校毕业生数共计 208000 人，本科 116100 人，专科人数 91900；法学研究生共计 23849 人，其中博士 1843 人，硕士 22006 人。[①]2009 年，全国普通高校研究生毕业生数为 371273 人，其中管理学研究生占 8.52%，法学研究生占 5.84%。

①教育部教育管理信息中心。

表9-6　2009年中国普通高校相关专业毕业、在校生人数　　　　单位：人

学科	毕业生数				在校生数			
	本科	中专	博士	硕士	本科	中专	博士	硕士
管理学	152392	238143	3770	27866	1960979	2334033	22028	92966
法学	117182	83739	2208	19473	465406	228694	12116	75273
经济学	150666	107598	2461	15866	710993	369194	11415	50277

资料来源：中华人民共和国教育部。

参考文献：

1. 商务部主编. 中国服务贸易发展报告2009. 北京：中国商务出版社，2009.

2. 李志强，李子慧. 目前全球服务外包的发展趋势和对策. 国际经济合作，2004 (11).

3. 中国广告杂志社主编. 2007年中国广告案例年鉴. 2008.

4. 卢锋. 我国承接国际服务外包问题研究. 经济研究，2007(9).

5. 中国服务外包研究中心主编. 中国服务外包发展报告 (2009).

6. 赵弘. 北京商务服务业发展探析. 中国中小企业，2009(9).

7. 牛艳华. 国际商务服务业发展特点及经验启示. 科技情报开发与经济，2010(19).

8. 国家统计局. 国际统计年鉴2010.

9. 国家统计局. 2010年国民经济和社会发展统计公报.

10. 埃森哲. 2009年中国服务外包市场研究报告.

11. 中国商务部服务贸易司，中国服务外包研究中心. 后危机时代服务外包发展现状研究，2010.

第三编　调查研究与案例分析

第十章　我国服务外包人才队伍培训的现状及对策

——对苏州、成都、合肥服务外包人才队伍和专业化培训情况的调查

近年来，随着我国服务外包产业的快速发展，人才供求矛盾日益突出，人才短缺、结构不合理等问题已经成为制约服务外包发展的瓶颈，积极探索并建立与我国服务外包产业发展相适应的人才培训服务体系十分迫切。为此，作者于4月中旬～6月中旬期间，分别对示范城市合肥、苏州、成都进行了专题调研①。

在苏州调研期间，先后召开了由苏州市商务局、发改委、经信委、教委，苏州工业园区参加的座谈会，并对苏州工业园区、苏州高新区、药明康德、欧索软件、苏州工业园服务外包职业学院等企业和培训机构进行参观走访。并走访了昆山市有关政府部门、华桥开发区，以及远洋数据、华道数据等服务外包企业，安博教育、央邦等服务外包培训机构。在成都调研期间，先后召开了由市商务局、教育局、人事社保局、高新区、服务外包协会、巅峰软件、维纳软件、股瑞特科技有限公司、华迪信息技术有限公司、成都信息工程学院、成都大学、四川商务职业学院等政府有关部门、协会以及培训机构参加的座谈会。并重点参观走访了天府软件园、巅峰软件、维纳软件、NCS中国、华迪信息技术有限公司、成都信息工程学院、四川商务职业学院等企业和培训机构。在合肥调研期间，先后召开了由市商务局、教育局、职业教育学院、高新区和服务外包企业召开的座谈会，并重点参观走访了安徽服务外包产业园区、滨湖新区、动漫基地，以及安徽服务外包培训学院、安徽职业技术

---

① 作者作为中国产业发展促进会调研组成员，随中国产业发展促进会副会长张龙之、副秘书长刘治等一同调研。

学院、联合包裹外包服务（安徽）有限公司、易商数码、科大恒星、科大讯飞、宝葫芦集团、幸星数字娱乐科技有限公司等培训机构和服务外包企业。

一、苏州服务外包人才培训的主要经验

苏州市服务外包产业发展位居全国前列。2010 年，完成服务外包离岸执行金额 12.7 亿美元，同比增长 45.2%。全市服务外包从业人员超过 12 万人，其中，大专以上学历占 65%。近年来，苏州在积极推进服务外包培训工作，大力引进和培养服务外包人才等方面作出了积极探索。通过加大政策扶持力度，积极引进教育资源，构建多层次的服务外包人才教育培训体系，逐步缓解了服务外包人才的供给短缺问题，初步形成了由高等院校、职业教育机构、服务外包企业、社会培训机构共同参与的多元化、多渠道、多层次的服务外包人才培育体系。2010 年，全市受训人数达 1.77 万人。其中，苏州工业园区现有 16 所院校、7 个公共实训基地和 40 余家培训机构，年培训能力超过 1.4 万人次。昆山市 2011 年被认定为国家级服务外包人才培训中心，花桥开发区被认定为省级服务外包人才培训基地。到 2015 年，苏州服务外包从业人员将达到 30 万人，新增培训 10 万人。

（一）制定服务外包人才培养政策，加大财政资金支持力度

苏州市为了加快服务外包人才集聚效应，成立了服务外包人才培训工作领导小组，由市长任组长，分管教育、商务的副市长分别任副组长。全市先后出台了《苏州市服务外包产业跨越发展计划》、《苏州市对中央财政服务外包专项扶持资金进行配套的实施细则》、《苏州市加快服务外包人才培养的若干意见》等政策文件，加大对服务外包企业和培训机构人才培养的财政资金扶持力度。对于国家给予服务外包企业每招聘一名大学生补贴 4500 元，培训机构每招聘一名大学生补贴 500 元的政策，市里均按照 1∶2 进行配套。对市级以上服务外包培训基地给予一次性 10 万 ~50 万元的财政经费资助；对培训基地所培训人员通过考核，并与服务外包企业签订 1 年以上劳动合同的，给予基地每人 1000 元的经费支持；对于市服务外包校企联盟的建设，财政给予一次性补贴；对于引进的服务外包领军人才，市政府给予 50 万 ~100 万元补贴。

此外，昆山还针对当地情况出台了《关于实施加快领军型创新人才引进计划的意见》、《关于加快优秀人才引进与培育的若干政策》、《关于引进和培养服务外包

人才的实施办法》等政策措施。按每年一般预算收入的1%设立亿元人才发展专项资金。苏州工业园区于2007年成立了培训管理中心，以紧缺和高技能人才培训、建设实训基地和引进培训机构为核心为重点，对相关培训费用给予补贴。2010年园区共投入530万元，对60多家服务外包企业、超过1500人次的培训进行补贴。这一措施对吸引优秀专业培训机构落户起到了良好作用。园区还采取与国际知名专业机构合作开发培训课程等方式，对在园区内企业就业的学员给予费用全免或部分免除等优惠，并免费为优秀学员推荐就业。同时，政府还加大财政投入解决服务外包人才的住房问题。苏州工业园建造了大面积公租房，大学生都可以申请。昆山也建立了50万平方米的人才公寓。花桥开发区加强园区配套设施，医院、运动城、电影城等娱乐健康设施建设。这一系列措施使人才招得来，留得住。

（二）建立服务外包人才培训体系，推动培训模式向订单式、实训式转型

苏州市服务外包人才培训体系主要由学历教育、培训机构、实训基地、企业培训4个部分构成，基本形成了以普通高校、职业技术学院等学历教育为基础，专业培训机构、企业等非学历教育为依托的服务外包人才培养体系。

1. 高等院校层面

（1）增加服务外包课程设置。近年来，苏州高校纷纷增设了嵌入式软件、数字媒体技术、现代物流、动漫设计与制作、通信网络与设计等专业。苏州工业园区政府除鼓励区内高校开设服务外包课程和实训课程外，还帮助建立院校及外包企业之间的沟通机制，鼓励各类创新培养模式。

（2）引进高校资源联合办学。苏州独墅湖科教创新区与国内著名大学开展合作办学，中国科技大学软件学院、南京大学苏州研究院、东南大学软件学院、四川大学苏州研究院、西交利物浦大学等高校先后落户园区。昆山软件园加强与成都电子科技大学、苏州大学、托普职业技术学院、昆山登云科技职业学院等的合作，加快培育服务外包人才的步伐。

（3）建立服务外包教育培训机制。苏州市教育局通过建立一批基地、成立外包学院、成立实训中心，制订人才培训计划、开展师资培训等方式，年培训服务外包从业人员25000人。

（4）加强与全国各地高校合作。昆山市政府与东北，安徽、广西等100多所高校签订合作协议，由人事局一名专职副局长负责，为服务外包企业在全国各地招募人才。

2. 职业教育层面

（1）设立服务外包职业培训学院。苏州工业园服务外包职业学院是全国第一所外包学院，为大专 3 年。学院已经形成了师资培养、研究咨询、培训服务、技能鉴定全链条的培训服务，并根据市场需求进行课程体系建设、编写教材，通过与服务外包产业集群对接，为课堂教学和学生就业提供空间。

（2）树立"为产业办教育"的理念。苏州工业园区服务外包职业学院针对 ITO、BPO、数字媒体外包三大重点领域设立相关专业，实现了学院专业与地区产业链之间的高度融合。在人才培养上，注重科学编制方案，开设课程突出对学生外语能力、谈判能力和专业技能的培养，采用双语教学、模拟实训、创造仿真环境等模式，提高学生的综合能力和实践能力，使学生毕业后即能就业。

（3）高度重视校企合作。苏州工业园区服务外包职业学院除每年培养 1000 多名实用性服务外包专业人才，还为企业提供专业培训。他们与多家知名企业合作，通过共建实训室、定向班、实习基地、承接项目等多种模式，实现人才与企业需求同步发展。

3. 培训机构层面

（1）大力发展服务外包培训机构。全市认定了苏州科技学院等 27 个市级服务外包人才培训基地。培训的主要领域包括：信息技术、动漫游戏、集成电路设计、现代物流、信息安全、客户服务、金融财会、设计研发、实用外语、项目管理等。培训的对象包括：服务外包新从业人员、在岗人员及企业中高层管理人员。

（2）积极吸引海内外培训机构。苏州软件（微软技术）实训基地、SUN 华东实训基地、索迪—IBM 实训基地、安博（昆山）实训基地和印度 NIIT、HMM 培训中心等相继在苏州落户。昆山市注重发挥安博、央邦等龙头培训机构的作用，开展定制培训、从业人员资质培训、国际认证培训等业务，强化培养"外语 + 软件 + 专业"（即"1+1+1"型）复合人才。安博教育集团培训中心被认定为"教育部软件人才实训基地"、江苏省博士后工作站，凯捷咨询、华道数据、恩斯克研发、伟速达安全系统等企业成为该工作站的主要载体。苏州工业园区的培训机构多数采用订单式培养。很多国内培训机构与国际知名培训机构、企业和中介组织合作，研发适合园区企业需求的培训课程。一些有条件的企业将内部培训部门独立出来，为其他企业提供专业化、社会化的培训。

4. 企业培训层面

（1）坚持对新上岗的应届毕业生培训。苏州工业园区许多企业为应届毕业生提供数个月的实训与企业文化培训，并给予实习补助，培训教师为本企业具有丰富实践经验的技术管理人员，教材一般由企业组织编写。与培训机构相比，企业实训目的更明确、效果也更显著。

（2）立足成为院校的长期实习基地。苏州工业园区企业与相关专业的职业学院和高校签订长期的实习基地协议，不仅为院校的课程设置与教学内容提供咨询，而且为应届生提供实习机会。由业务主管人员作为实习指导教师，制订每天的专业技能工作清单和每周的评估标准，定期进行讲解、讨论和分析。经过两个月左右的强化实习和团队训练，学生不仅丰富了实践经验，企业也获得了实用型人才。

（3）把企业培训前置到学校。远洋数据等企业把培训工作前置到校园里，使学生毕业后就可以直接上岗，提高了培训效率。

（三）建立服务外包实训公共服务平台

苏州市依托服务外包职业学院、服务外包人才实训中心等机构，按照"先进性、公益性、公共性"的原则，着力建设一批面向全市的共享型、开放式的实训平台。苏州工业园区投入 2100 多万元搭建了一批专业性公共实训平台，涵盖软件技术、动漫、集成电路设计、呼叫中心、物流、金融财会等行业。欧索公司搭建了人才公共服务平台。通过建设数字企业园区、建立培训数据库、利用 SaaS 平台，实现了线上和线下培训相结合，从招生到就业全流程的服务，加强了院校和企业对接。

二、成都服务外包人才培训的主要经验

成都是我国西部软件信息技术服务外包的主要基地城市。近年来，成都市通过健全组织体系、制定相关扶持政策、加强职业培训机构建设等措施，全面提高服务外包人才培训规模和质量。2010 年，全市累计培训 1.2 万人左右，培训后就业率达到 90%，共认定市级服务外包人才培训机构 24 家。

（一）加强财政资金支持

成都市根据国办 69 号文和商务部有关服务外包产业支持政策，配套制定了一系列支持政策。在 2010 年服务外包专项资金中，将服务外包人才引进、培养作为重点工作。主要包括：①服务外包企业每新录用大专以上学历员工从事服务外包工作并签订 1 年期以上《劳动合同》，给予企业每人 3000 元的定额培训支持。②服务外包

培训机构培训的大专以上学历毕业生从事服务外包业务，并与本市服务外包企业签订 1 年以上《劳动合同》，给予培训机构每人 500 元的定额培训支持。③对经认定的培训机构与服务外包企业合作培训、定向培训急需人才，培训结束后本市企业录用率达到 80%以上，给予培训机构项目培训费用 50%的培训支持，每个培训项目最高 10 万元。④为服务外包培训提供资金渠道来源。规定：对参加服务外包职业技能培训后取得《职业培训合格证书》或《职业技能资格证书》的失业人员给予培训补贴，补贴资金在各级政府安排的就业专项资金中列支。服务外包企业组织从业人员培训，其培训经费从企业职工教育经费及各级财政安排的服务外包专项资金中列支。

（二）建立政府和行业协会相结合的服务外包人才培训组织体系

成都市就业局和商务局建立了服务外包培训就业工作联席会议制度，定期召开联席会议，共同负责组织认定服务外包培训企业和培训机构，根据全市服务外包行业发展规划和用工需求，提出服务外包从业人员培训和就业计划，负责指导企业和定点培训机构按照国家职业标准或服务外包行业标准开展针对性强、时效性强的培训，并对培训质量进行监督检查。同时，发挥行业协会作用。通过成都市就业促进会和服务外包协会搭建培训就业服务平台，按照项目定期组织培训。

（三）针对全市服务外包产业特色制订培训规划和项目

成都市商务局、人力资源和社会保障局共同制订了《2010 成都市服务外包行业培训就业行动计划》，提出了培训目标，不断满足了当地企业用人需求。主要包括 8 个方面的培训：信息技术系统操作服务、信息系统应用服务、基础信息技术服务、企业业务流程设计服务、企业内部管理数据库服务、企业业务运作数据库服务、企业供应链管理数据库服务、语言（英语、日语、韩语等）培训。

（四）加强各类服务外包教育培训资源整合

一是充分利用各类院校的优质资源。推动电子科大、四川大学、信息工程学院等院校与服务外包企业合作，提升学校培养服务外包人才的动力和高校毕业生进入服务外包行业工作的意愿。目前，多数市属高校和中等职业学校成立了服务外包专业，或在专业内设立服务外包方向的培养目标。二是鼓励国内外知名培训机构和大型企业发展培训业务，增加培训机构数量，提升培训质量，对输送人才数量多、质量高、有特色的服务外包培训机构给予奖励。三是依托国家级"成都服务外包人才培训中心"及"成都软件人才培训联盟"等载体，搭建成都市服务外包人才培训平台，重点开展基础性人才的培养及校企合作，并给予相应的资金支持。

（五）加强高级人才引进的政策力度

重点引进服务外包行业的领军人才、海外和沿海城市有多年从业经验的中高端管理、研发等人才。从人才引进机制、渠道等方面完善鼓励政策，形成中高端人才"洼地"效应。

三、合肥服务外包人才培训的主要经验

近年来，合肥通过加强基础工作、健全政策体系、推进园区建设，培育领军企业、引进重点项目、创新人才培训机制等措施，逐步形成点面结合的服务外包发展格局。目前，全市共有服务外包企业 217 家，从业人员 3.74 万人，服务外包培训机构 20 家，年培训规模超过 2 万人。2010 年，全市服务外包合同金额 8.97 亿美元，增长 369.6%，其中离岸合同金额 1.13 亿美元，同比增长 16.49%；服务外包执行金额 8.17 亿美元，同比增长 642.7%，其中离岸执行金额 0.88 亿美元，增长 41.9%。

（一）利用雄厚的科教资源和丰富的服务外包人才资源

20 世纪 80 年代合肥市被确定为全国四大科教基地之一。目前，合肥是我国科技创新型试点城市、合芜蚌自主创新综合试验区的核心城市、皖江城市带产业转移示范区的重点城市。有各类高等院校 56 所，在校大学生 50 万人；各类研发机构 680 个，全市专业技术人员 40.9 万人。每万人拥有技术人才的比例及城市人均拥有大学生数量，均居全国同类城市前列。这些都为全市服务外包产业快速发展提供了重要的人才保证，同时也为服务外包人才培训提供了重要的教育资源。

（二）积极探索"学分互换"、产学研相结合的人才培训模式

合肥市鼓励园区、企业、培训机构、高校通过多种形式建立服务外包人才实训基地，将实训纳入高校教学课程体系，打通高校—培训机构—企业的人才培训通道，并根据高校学分制收费标准给予一定补贴。同时，积极推广培训机构、企业、高校开展"学分／学时"互换模式，加快高校毕业生向服务外包适用型人才的转变速度，提高人才培训效率，被商务部誉为大学生就业的"合肥创新模式"。

（三）初步建立了高校、企业、培训机构共同合作的培训服务体系

全市涌现出一批以安徽服务外包人才培训中心、安徽菲斯科培训咨询有限公司、安徽易德人力资源管理有限公司、安徽省通信产业服务有限公司培训分公司等为代表的服务外包人才培训机构。安徽服务外包培训学院与40多所院校签约，基本形成了比较实用成熟的课程体系，培训后的大学生可直接进入通讯运营商和服务外包机构工作，基本做到了高校、培训机构、企业、学生的"无缝对接"。安徽国际商务职业学院与安徽服务外包园区合作，把学生送出去进行订单培养，形成了规模性人才输出的机制。与此同时，市政府还建立了沟通交流机制，定期组织服务外包企业、培训机构、高等院校开展各种形式沟通交流，建立外包人才供需信息平台。

（四）基本形成了服务外包特色专业培训

全市围绕服务外包发展的重点领域设立培训项目，主要包括：对日软件外包工程师、Java 国际软件外包工程师、.net（点奈特）国际软件外包工程师、网络与数据库工程师、呼叫中心客服专员、数据处理专员（欧美与对日本、韩国方向）、语言类（英语、日语、韩语等）培训，以及职业礼仪、沟通技巧、目标管理、服务意识等职业素养方面的培训。

（五）切实加强服务外包培训行业管理

全市利用服务外包培训工作领导小组和联席会议机制，加强商务、教育和劳动等政府部门的沟通、协调与合作，加强对服务外包培训机构的设立审批和资质审核。同时逐步建立和完善培训标准化体系，实现培训项目课程体系标准化、收费标准化、实施流程标准化、培训课程质量评测标准化等。确保培训质量，维护培训市场秩序。

四、目前服务外包人才培训存在的主要问题

通过调研发现，目前服务外包产业普遍面临人才短缺、结构性矛盾突出、招人难、留人难、培训力度小等问题。

（一）服务外包人才需求层面存在的主要问题

1.服务外包人才总量缺口较大

从苏州调研情况来看，按照苏州市"十二五"时期服务外包离岸执行额年均增

长率保持在 40%以上的目标，服务外包产业每年需要增加大学生 5 万人左右。由于当地高校资源匮乏，各类服务外包人才供给缺口很大，实用型、复合型人才供给不足的矛盾突出，尤其是熟练的程序架构师、分析师等高层经理级人才不足。苏州工业园区反映，由于高校应届毕业生普遍缺乏实践操作、团队协作经验和外语沟通能力，企业只能以较高成本招聘有工作经验的人才。安徽移动公司也反映，现在企业订单不发愁，只是缺少合格人才。

2. 服务外包高端人才尤其短缺

承接附加值较高的国际外包业务需要有全球战略眼光，能够带领大型技术团队承接复杂外包业务订单的行业领袖、高级技术人才、管理人才和国际营销人才。由于我国服务外包发展时间短，技术水平、国际化管理能力与印度等国家相比差距较大，尤其是上述几类高级人才缺乏，成为制约我国服务外包产业高端化、规模化、国际化发展的瓶颈。

成都调研企业反映，目前低端人才供应比较充足，中高端人才缺乏。如，技术骨干或具有 5 年以上项目管理经验的人才，项目经理、国际商务谈判、海外营销等高级人才，这些人才对于企业承接跨国公司业务具有决定性作用，但企业自己难以培养，引进也比较困难。目前服务外包培训主要面向中低端人才，也同样难以解决领军人才、高端人才的缺乏问题。

苏州工业园区反映，目前院校培养复合型、跨行业、外语沟通能力强的实用型人才数量远远不能满足产业发展的需求。专业培训机构多数周期较短、师资力量较薄弱，学员在实际项目操作运用方面与企业业务有一定差距；企业内部培训虽然成效好，但成本较高，员工流动的风险也较大，导致很多企业宁愿直接录用有工作经验的员工，也不愿意花费财力从事新员工培训。

3. 服务外包人才能力较弱

一是外语能力弱。毕业生的英语、日语水平通常不能满足企业承接境外业务的要求。如，成都市许多服务外包企业从事对日业务，但成都专门设置日语专业的高等院校只有 7 所，每年毕业的日语专业本科生不足 500 人，远远不能满足企业对日外包发展的需求。二是技术能力狭窄。目前国内培养的技术型人才主要局限在 Java、.net、C++、C 等领域，SAP、BI（商业智能）、Oracle 等中高端开发型人才相对缺乏，制约了软件外包高端业务发展。三是复合型人才培养艰难。学生在学习发包国语言、文化与技术之间存在矛盾。语言学得好，技术相对弱；而技术学得好，语言相对弱。

4.服务外包人才流动性较强

苏州、成都、合肥企业普遍反映，人才招聘难、留人难。成都服务外包行业平均流动率约为12%左右。

造成这一问题的主要原因：一是行业收入水平较低加速了人才外流。目前苏州市服务外包行业平均工资水平为1500~2000元左右，工资水平较低是导致人才流动过快的主要因素。远洋数据公司反映，呼叫中心、数据处理中心等业务人员流失率很高，主要是薪酬低。有经验的员工跳槽现象很普遍。从BPO业务来看，一个新员工通常要工作半年后才产生效益，但有的仅工作一个月就离职了。合肥动漫企业里刚参加工作的员工工资一般为2000~2500元左右。科大恒星反映，目前企业基础员工多数是1985年以后出生的，本科生工资仅3000元左右，与发达地区差距较大。因此，技术人员流动性较大，人才供给跟不上。合肥一批优秀的、熟练的、拥有一技之长的技术骨干向上海等一线城市流动的比例在不断上升。二是生活成本增加过快。当前房价、物价等增长较快，使许多中高级人才难以承受，导致对行业的吸引力下降。三是工作相对枯燥。由于服务外包行业以年轻人为主，但软件开发、数据处理、呼叫中心等工作对于年轻人来说，相对比较单调。由于许多服务外包园区远离市区，缺乏生活、娱乐等基础设施配套，给年轻人的生活学习带来不便。昆山软件园有60~70家软件公司反映，年轻人找对象难、社会活动较少，中高端人才招聘很难解决。四是企业相互挖人的现象较为普遍。

5.服务外包产业规模和层次制约了人才发展

由于我国服务外包产业总体上处于产业链的低端，对于高端人才发展空间形成一定约束。从合肥调研情况来看，合肥由于缺乏千人乃至万人以上的大型服务外包企业，难以形成规模经济和辐射带动效应，对服务外包专业人才需求规模相对较小，人才需求层次相对较低，制约了服务外包人才培训机构的培训规模和发展速度。许多服务外包优秀人才经过培训由于缺乏合适的岗位和发展空间，到北京、上海、广州、深圳等一线城市就业。

（二）服务外包人才培训层面存在的主要问题

1.优秀高等院校和高级培训机构参与程度低，服务外包培训以中低端人才为主

总体上看，目前高校教育难以适应服务外包产业发展需要。一是由于教育部直属本科院校受教育部规定课程设置的限制，约束了高校专业课程设置上的自主权。因此，这些"985"、"211"类院校无法根据服务外包市场发展的需求创新设置课

程，难以承担服务外包人才的培养工作。目前，各地服务外包人才培训工作主要依靠二三类本科院校、职业院校、社会培训机构来完成。这些机构从生源质量、师资质量主要定位于培养基础性、常规性的中低端外包人才，缺乏培养复合型中高端人才的能力和条件。如：职业院校的学生外语基础较差，许多学校的小语种教师缺乏，很难大规模培养涉外服务外包人才。

2. 教学与企业需求脱节，人才培养方向单一

由于我国服务外包产业刚刚兴起，且以计算机软件开发服务为主体，学校对人才培养的要求和目标不清晰，在开设专业时，对服务外包企业的人才知识、技能要求不清楚，一些院校仅把服务外包简单地认为计算机软件开发。因此，在人才培养中注重计算机知识，却忽略了行业的专业知识；注重 ITO 人才的培养，却忽略更为广泛的 BPO 和 KPO 业务的人才培养。许多企业反映，由于服务外包专业课程设置无法适应企业对人才知识结构及工作能力的需求，导致服务外包企业难以从毕业生中直接用人，往往需要投入大量的人力、财力对新入职的毕业生进行专业培训，而大学生毕业通常需要培训 3 个月后才能上岗。

3. 服务外包专业师资队伍难以满足需要，"双师型"人才紧缺

目前，服务外包专业师资在数量、质量上都存在较大差距。院校和培训机构多数教师仅能够完成课堂和课本教学，缺乏对服务外包前沿技术、规范的了解和实战经验。苏州工业园区服务外包职业学院反映，服务外包教师选择余地小、范围小、没有标准，由于缺乏对高级人才的财政支持体系，学校面临师资缺乏的问题很突出，尤其是既懂理论又有大型服务外包企业丰富实践经验的专家、高级教师引进十分困难。

4. 国家缺乏人才培养标准和认证体系

由于服务外包专业属于新兴学科，国家尚没有形成科学统一的评价标准和体系。高校、培训机构在体制融合、资质认证、服务外包专业教材系统性开发等方面都要探索。尤其是在培训规划、人才培养定位、师资选拔、课程体系设置、培训教材编写、培训收费、培训效果评估等方面，都缺乏国家层面的标准体系和资质认定体系。导致服务外包培训机构良莠不齐，影响了培训质量和培训市场秩序。

5. 国家财政资金支持力度有待加强

首先，服务外包培训机构主要解决大学生进入服务外包企业的"最后一公里"，也是服务外包人才输送的主要渠道，但普遍陷入资金困境，生存难以为继。这些机构反映，目前，国家对于服务外包培训机构每培训一名学员给予500元补贴的标准，

支持力度不够，难以调动培训机构的积极性。其次，企业在培训经费上也面临困难。合肥一些动漫企业反映，大学生到企业通常要3~6个月的培训才能上岗工作，因此，动漫外包企业培训经费支出较大，通常需要政府补贴。再次，多数院校反映，在学生从事实训实习、项目教学等实践环节，由于缺少足够的经费支持难以进行。此外，受训学生也反映培训费用较高，培训机构收费通常在6000元左右，许多学生难以负担。

6. 缺乏对服务外包的宣传和社会认知

服务外包是一个新兴产业，由于缺乏宣传，许多地方政府、企业、学校、学生、家长都缺乏认识，影响了学生进入行业的积极性。

五、政策建议

大力发展服务外包产业关键在人才。服务外包培训应立足产业发展需要，重点解决高素质服务外包人才缺乏、专业人才供求的结构性矛盾、人才适用性差等问题，积极扩大培训规模，提高培训质量，实现服务外包人才的可持续发展。应发挥政府推动作用，聚集院校、培训机构、企业和行业协会的力量，依托高等院校人才资源、师资队伍和教学条件的优势，加大对培训机构支持力度，鼓励企业建立实训基地、开展岗位培训，有效地解决教学团队、课程开发、实训项目、教材建设、实习基地等关键环节的问题。逐步构建由政府、高校、培训机构、行业协会、企业、大学生之间有序连接、有机结合的服务外包人才培训服务体系。

(一) 加大对服务外包培训的财政补贴

一是加大对培训机构补贴力度。目前，培训成本相对较高，大学生经济能力有限，造成许多培训机构经营难以为继，国家适当提高补贴标准有利于减轻培训机构资金压力，鼓励其做大规模。建议国家财政用于培训机构培训服务外包人才补贴费用由500元/人提高到1000元/人，地方政府按1：1进行配套。二是对服务外包企业承担大中专院校学生实习实训和新员工培训给予适当补贴。三是将财政补贴政策覆盖范围扩大到中等职业学校。目前，在BPO业务中录用了大量中等职业学校毕业生，这些学生经过培训后能够胜任工作。四是将培训奖励资金申报时间改为9月份。院校和培训机构普遍反映，由于学院毕业证的发放时间是6月底，企业与毕业生签订就业协议一般在7、8月份，9月份才可能进行准确的人数统计。五是设立中西部地区服务外包人才培训专项资金支持，加快中西部服务外包人才培养。

（二）创新服务外包人才培训模式

1. 创新高等院校教育模式

一是扩大高校课程设置自主权。鼓励有条件的院校根据服务外包产业发展的要求和趋势进行相关学科建设，动态设置各类专业课程，不断细化培训专业方向。同时，鼓励部属高校和地方院校共同开展服务外包人才培养合作。二是积极推行高校学分学时互换机制。将学生在企业实践实训时间换算为学分或学时，以鼓励在校学生参与企业实践活动。据创睿软件反映，建立 3（3 年学校）+1（1 年企业）培养模式，能够有效实现大学生毕业后直接进入服务外包企业工作。三是积极推进院校与服务外包企业合作。应将服务外包实训环节纳入高校教学课程体系，实现人才供需有效对接、资源共享。建立企业高层管理人员与高校师生的长期交流机制，鼓励高校聘请服务外包企业实践经验丰富的高级技术和管理人员作为兼职教师，参与高校人才培养计划制订、实训指导和专业课程教学等，加快服务外包实用型、复合型人才的培养。鼓励校企双方根据服务外包企业的岗位要求、数量共同制订培养方案，开展订单式服务外包人才培养。

2. 创新企业培训模式

鼓励服务外包企业建立实训基地。支持企业接纳大中专院校学生开展在校期间的实训、毕业前的实训，并为学生创造良好的实训条件和环境，可根据高校学分制收费标准给予一定补贴，鼓励有实力的企业将自己的业务嵌入高校和职业学院的服务外包专业课程，打通高校、培训机构、企业的人才通道，实现"毕业即就业"的无缝对接。加快高校毕业生向服务外包适用型人才的转变，提高人才培训效率。尤其要鼓励国际知名外包企业和高等院校、培训机构共建服务外包人才培训基地，引进先进的培训理念和模式，鼓励国内跨国公司开展面向社会培训。

3. 提高培训机构质量

专业服务外包培训机构是服务外包人才的主要渠道，推动培训机构模式创新，全面提高培训质量尤其重要。一要制定培训资质和标准。尽快建立服务外包专业培训机构的资质认定标准和市场准入标准。尽快制定与国际接轨的服务外包课程体系标准、流程标准、人才职业标准、师资标准以及培训质量评估标准等。尤其要注重专业学科与企业实际需求的结合。二要大力引进国外服务外包专业培训机构，利用其海外渠道和全球化的师资优势，通过建立海外培训中心、各类模拟仿真情景实际操作训练等模式，快速提高国内服务外包人才的国际化水平，为提高承接国际外包能力创造条件。三要逐步提高国内培训机构质量、层次和水平。鼓励培训机构进行委托培训、定制培训和定向培训等培训模式创新，对其引进先进技术设备和高端课程，重点进行高端人才培训、海外培训，财政可适当提高补贴额度。安博教育反映，企业常年与思科公司合作，年培训1万人以上ITO、BPO、KPO人才，并设立了国际考试中心，但成本较高，希望财政增加补贴额度。

4.加强服务外包师资队伍建设和培训

对服务外包专业的师资、设备和教材进行大力支持，同时大力引进服务外包企业专业人员到学校进行教学、实训，解决实训教师缺乏问题。同时，加强对院校领导的专业培训，提高领导意识。

（三）加强服务外包培训公共服务平台建设

一是通过建设服务外包人才网站、人才数据库、数字化园区，以及定期举办服务外包人才招聘会、论坛、发布权威报告等方式，搭建服务外包人才供需信息服务平台，强化企业、院校、培训机构的沟通交流机制。二是鼓励服务外包龙头企业、跨国公司内设的培训中心成为社会化的培训服务平台。三是发挥服务外包协会等中介组织的作用，建立社会培训体系。通过组织定期培训，举办服务外包行业技能大赛等方式，提升学生的关注度和对其的吸引力，扩大基础服务外包人才规模。

（四）加强服务外包培训的组织规划、管理和宣传工作

各地政府有关部门应设立服务外包工作领导小组，建立联席会议机制，加强商务、教育、劳动保障、财税等部门的沟通协调与合作，规范服务外包培训市场管理。加大对服务外包产业的宣传力度，提升产业影响力，吸引和聚集更多的人才资源。

（五）强化服务外包高级人才引进优惠政策

建立服务外包高端人才的引进策略与渠道，建立高端人才全球化配置的机制。通过项目合作、定期回国交流等方式充分利用海外人才资源。尤其要强化高端服务外包人才的引进工作，重点引进海外行业领军人才和具有多年从事服务外包经验、熟悉国际外包市场的高级项目经理、高级技术和管理人才。完善人才引进机制、环境和奖励政策，国家和地方财政应给予相应的补助，并妥善解决安家、子女教育、户籍等生活问题。

第十一章　服务外包：中西部开放型经济发展的突破口

——对中西部五城市服务外包产业发展的调查

西部大开发和中部崛起两大战略的实施，为我国中西部地区的开放型经济发展和经济全面起飞提供了雄厚的物质条件和坚实的体制保障。随着中西部地区交通通信等基础设施不断完善，产业体系不断健全，生态宜居环境明显改善，人才聚集效应不断增强，要素成本较东部地区具有明显优势，产业转移和升级步伐明显加快，对外开放水平显著提高，同时加速了服务外包产业发展和聚集。

2010年10月18~26日，作者先后对合肥、武汉、西安、重庆、成都5个国家服务外包示范城市进行调研。①分别与这些城市的商委及其他有关政府部门、企业、行业协会、中介服务机构等进行座谈，对重点服务外包园区、服务外包企业、服务外包培训机构、行业协会进行了走访调研。

一、中西部服务外包产业发展的主要特点

(一) 服务外包产业发展势头强劲

近年来，中西部五城市服务外包产业都呈现出高速增长态势，尤其是金融危机以来逆势上扬趋势，服务外包产业规模逐步壮大，实力明显提升，聚集效应明显增强，服务外包产业体系正在逐步形成。

成都市已经形成以信息技术服务外包为主，覆盖研发、工业设计、市场营销、人力资源、财务会计等业务流程的服务外包产业体系。2010年成都市服务外包离岸

---

①作者作为《"十二五"中国国际服务外包产业发展规划纲要》编制起草组、"区域布局"和"产业发展"两个专题负责人，带课题组到上述5个城市调研。

执行金额 2 亿美元，同比增长 100% 以上，其中 ITO 占 90% 以上，服务外包从业人员 7 万人，各类服务外包企业 600 家。形成了以天府高新区为龙头，锦江、青羊、金牛、武侯、成华、都江堰等服务外包特色园区共同发展的格局。高新区聚集了全市 70% 以上的服务外包企业。

西安市已经形成了以研发服务外包为主，跨国公司和国内大企业为龙头，ITO 和 BPO 共同发展的服务外包产业格局。2010 年，离岸服务外包业务总额 2.92 亿美元，同比增长 30.11%，软件和服务外包企业突破 1000 家，从业人员突破 9 万人。形成了以西安高新区为龙头，航空基地、经济技术开发区、沪灞生态区、碑林动漫产业园等服务外包示范园区共同发展的格局。西安软件园聚集了全市 90% 的软件和服务外包企业。

武汉市已经逐步成为在嵌入式软件和空间信息技术、信息安全、制造业信息化等应用软件领域的国家级服务外包产业基地。2010 年离岸外包执行金额 1.08 亿美元，软件及服务外包企业 550 余家，从业人员 5 万人，新增就业人数 1.86 万人。基本形成了以武汉光谷软件园为龙头的发展格局。武汉光谷软件园聚集服务外包企业 60 多家，从业人员约 2 万人，其中本土服务外包企业占 70%。

重庆市已经逐步形成以软件服务外包为主，包括工程设计、电子商务、动漫、金融等服务外包产业领域。2009 年服务外包离岸执行金额 4219 万美元，同比增长 21 倍。2010 年达到 1.05 亿美元，同比增长 147%，服务外包企业约 300 多家，从业人员 5 万人，共认定 5 家技术先进型服务外包企业。逐步形成了以两江新区北部新区为龙头，渝中、西永微、永川、北碚等服务外包园区共同发展的格局，北部新区聚集了全市 60% 的服务外包企业。

合肥市在软件研发、数据处理、动漫网游、呼叫中心、人力资源管理、共享服务、金融后台服务等服务外包领域呈现出良好的发展势头。2010 年服务外包离岸执行金额为 8800 万美元，服务外包企业 217 家，从业人员 3.74 万人。基本形成了高新区、经济技术开发区、安徽服务外包产业园、滨湖新区 4 个专业化服务外包园区。涌现出科大恒星、易商数码、联发科技、联合包裹外包服务（安徽）有限公司等一批具有代表性的外包企业。

（二）人才优势、成本优势和环境优势已经显现

5 个城市在人才资源、成本和环境等方面都体现出不同程度的优势。这些城市基础设施普遍完善，人居环境较好，生活成本较低，高等教育资源丰富，员工与东部

大城市相比具有较好的稳定性，为服务外包产业发展提供了较好的保障。西安拥有高等院校 42 所，在校大学生 60 万人左右，每年服务外包相关专业大学生毕业 3 万人。西安软件、研发等人才储备优势突出，有各类工程技术人员近 40 万人，其中软件、通信、计算机等专业人才 8 万人。服务外包企业人均月工资水平约为 3000 元左右。城市商务成本较低，行业成熟度较高，员工稳定性好，通信交通等基础设施完备。同时，在英语、日语等语言人才上具有明显优势。成都拥有电子科技大学等数十所高校，各类专业技术人才 60 多万人，为软件信息技术外包提供了强大的人才储备。成都的综合成本相比一线城市有较大优势。主要体现在人力成本、土地租金、税收优惠等方面。成都市普通职工的平均人力成本在全国 20 个服务外包示范城市处于中游水平，同一线城市相比低 30%~40%，土地和租金成本相比一线城市处于较低水平。合肥有 59 所高校，在校生 48 万人，服务外包企业人均工资水平 2300 元左右。合肥 UPS 公司反映，与印度相比，合肥有明显的人才优势、语言优势，基础设施条件好。武汉拥有高校 55 所，在校生达 70 多万人。重庆有高等院校 56 所，在校生达 45 万人左右。

（三）政策服务环境明显改善

调研企业普遍反映，目前国家服务外包政策好，支持力度大，地方政府执行到位，国家给予的相关优惠政策企业基本都能够享受兑现。对于国家政策给予的服务外包培训补贴、服务平台建设等资金支持，多数地方政府都给予了不同程度的配套资金支持。合肥市政府相继出台了《关于促进服务外包产业发展的实施意见》，完善了地方服务外包政策体系，有效提升了服务外包产业发展环境。武汉市为服务外包企业开拓国际市场，以及培训机构、企业的国际认证等提供资金支持。成都市对于服务外包企业的设立及发展提供了优惠的税收政策及资金扶持。成都维纳软件反映，政府通过减免营业税，为企业海外拓展业务提供补贴，在人才培训上为企业和咨询机构互相交流搭建平台等服务增强了企业发展后劲。重庆海关反映，重庆充分利用口岸优势，吸引了国际大公司入驻。

（四）服务外包培训体系逐步形成

5 个城市都在积极探索服务外包人才培养模式，基本形成了高校、培训机构和企业相结合的服务外包人才培养体系，这为下一时期解决中西部城市服务外包人才短缺问题，实现跨越发展奠定了坚实基础。

各城市都将人才培训作为战略重点加以支持。2008 年，武汉软件协会开展"万名软件人才培养工程"，与华中科技大学软件学院合作培养高端软件外包人才，同时与民办培训学校合作培养中低端服务外包人才。武汉现有专业服务外包培训机构 16 家，到 2010 年共完成各类外包实训 34890 人次。西安已经建设了多层次、分领域的人才动态信息库，基本覆盖了园区重点企业，平均每周为企业发布招聘信息 40 多条。2009 年，组织软件园春秋大型招聘会、校园招聘会、宣讲会 100 多场，引进高端人才 320 人，培训 15766 人。目前，西安共有各类服务外包培训机构 33 家，加上雄厚的高校资源，将成为我国西部地区和全国服务外包的人才培训基地。成都有 24 家服务外包人才培训机构，到 2010 年共培养服务外包人才 11 万人，每年从地方财政中安排不低于 1500 万元的服务外包产业人才培训配套资金。

在培训模式方面，合肥、武汉采用企业与高校进行学分置换的模式，即学生在大学四年级去服务外包企业进行实训，毕业后直接去有关企业工作，既满足了企业用人需要，又缩短和减少了人才培育时间和成本，这一模式为我国服务外包人才培养提供了经验和示范。

在社会培训方面，服务外包培训学院作为社会培训机构，主要完成大学毕业生从高校到企业"最后一公里"的培训，培训时间通常在半年到一年不等，培训教师多数是具有实际经验的一线技术管理人员。安徽省服务外包培训中心与全省 80% 的高校合作从事 ITO、BPO 培训，教师大都来自企业一线的项目经理。安徽服务外包产业园设立的服务外包培训学院成立以来，进行为期 3~9 个月的培训，共输送了 3000 多名服务外包人才。目前，合肥市有培训机构 20 家，2010 年培训人员 8000 人。

(五) 逐步成为国际服务外包交付中心

由于近年来 5 个城市的基础设施、生态环境、政策环境不断优化，而人力成本、土地成本、商务成本等普遍低于一线城市和东部沿海城市，许多北京、上海、深圳等地的服务外包企业纷纷将总部设立在一线城市，将交付中心转移到这些城市。如，武汉惠普公司总部设在上海，武汉公司有 1150 人左右，主要从事研发、设计、软件测试、云计算等服务外包，离岸业务为 100%。武汉传神公司是一家专业翻译外包公司，总部设在北京，2010 年 9 月，公司的交付业务从中关村转移到武汉光谷软件园。重庆环球数码动画公司总部设在香港，将高端研发放在深圳，大量交付业务转移到重庆北部新区，成为西南地区最大的动画制作基地。华为公司将总部设在深圳，主要从事核心技术研发，在西安高新区设立了 1 万人的研发中心从事海量产品的研发。

这些案例表明，"一线城市接单，二三线城市交付"的产业分工格局已经形成，这种分工模式对于带动中西部城市服务外包发展具有较大促进作用。

二、中西部服务外包产业存在的主要问题

（一）企业层面的问题

第一，企业实力偏弱。服务外包企业普遍规模较小，缺乏龙头企业，行业经验不足，大部分缺乏长远战略，增值业务不多。据调查，西安 100 人以下的企业占 47%，100~350 人的企业占 42.8%，500 人以上的企业仅占 10.6%，2000 年成立的企业占 86.4%，服务外包企业新人多，少于 3 年工作经验的占 2/3，民营企业占 62.1%。

第二，企业劳动生产率较低。西安服务外包企业平均劳动生产率为 16855 美元 / 人，与印度相比（64123 美元 / 人）相差 3 倍以上。

第三，成本增加压力加大。人力成本提高、汇率上升、行业竞争激烈等因素，都挤压了服务外包产业的上升空间。西安日本 NEC 反映，招聘优秀人才难度加大，虽然企业年薪增长 5%，但 2010 年公司辞职率达 30%。

第四，融资难问题。服务外包企业都是轻资产企业，普遍融资难、上市难。

（二）政策层面的问题

1. 服务外包企业资质认定离岸比例过高

国家政策要求服务外包企业离岸业务占 50% 才可以享受相关优惠政策。通过对 5 个城市的调查了解到，目前这些城市主要是在岸业务，平均离岸业务的比例均不足 30%。其主要途径：一是通过在华跨国公司承接外包业务，二是通过一线城市总部发包业务。因此，尽管国家服务外包扶持政策优惠，但多数服务外包企业很难享受到。同时，一些企业为了拿到国家优惠政策往往仅上报离岸业务，在岸业务少报或基本不报，导致整个行业漏统漏报现象普遍存在。

2. 人才培养任务十分艰巨

如何创新服务外包人才培养机制和模式，如何使服务外包人才在中西部留下来，服务外包人才如何与市场对接等，这些都是迫切问题。企业普遍反映，目前，我们的教育与市场需求差距太大，还没有形成校企合作机制，院校很难把握企业需要人才的标准。由于高校教材普遍存在知识滞后、学生知识陈旧、语言不熟练，尤其是高端人才太少、人才断层问题严重，企业只能接中低端业务。学校设置课程欠缺，

动漫设计与游戏制作等项目需要大量的专业人才，但供给跟不上。目前，我国只有10%的大学毕业生能够顺利进入服务外包企业。

武汉思远培训学校反映，国家对服务外包培训机构扶持政策不够，补贴力度小。如果按照半年培训时间计算，目前学生的培训成本为6000元，培训学院收费普遍在2000~5000元不等，而国家政策补贴仅500元，难以维持运营。在合作建立人才培养模式方面，本科院校制度比较死板，学生必须毕业后才能参与培训，很难合作培训，学生又不愿花钱花时间再接受培训，外包企业反而与高职类院校合作比较顺畅。此外，社会培训学生入学贷款难以得到解决。合肥科大恒星反映，企业培养一名服务外包人才通常需要花3年时间，再加上大学4年，一名比较成熟的人才需要培养7年，但很多人培养出来就被挖走了。目前，高级开发员、程序员流失比较普遍，如果国家没有人才鼓励政策，服务外包将很难做大。武钢软件反映，本土服务外包企业面临的人才问题更加突出。由于武汉地处中部，成本优势明显，吸引了IBM、HP、Intel等国际公司，这些公司的待遇和条件普遍好于本土企业，人才很容易流失到这些跨国公司。合肥科大讯飞是安徽最大的本土服务外包公司，有员工1000多人，主要从事语音技术等服务外包业务。企业反映，真正愿意留在合肥的软件人才不太多，尤其是软件开发人才稳定性较差。西安企业反映，有经验的中低端员工落户较难。

3. 服务外包产业政策体系有待完善

第一，技术先进型服务企业认定标准过高。尽管国家服务外包政策很优惠，但由于企业资格认定门槛过高，绝大多数企业无法享受这些政策。由于技术先进型服务企业既强调高技术，又强调较高的离岸业务标准，绝大多数服务外包企业无法达到要求。到2010年5个城市认定的技术先进性服务企业，成都53家，西安25家，武汉7家，重庆5家，合肥21家。武汉科技局反映，虽然一些企业的技术在国内领先，但没有离岸服务，所以不能评定为技术先进型企业。

第二，服务外包统计问题突出。一是服务外包没有纳入国家统计体系。统计部门反映，调查难度很大，企业参与积极性不高。二是存在漏统现象。安徽企业反映，服务外包业务交付多数通过互联网完成，没有实物载体，海关要求企业把业务项目刻成光盘递交申报才能予以认可，并享受相关优惠政策，但许多企业业务交付后没有报关，所以无法纳入统计。三是由于业务接单和交付不在同一个城市，造成统计与实际情况不符，这对中西部城市在统计数据上影响较大，而且难以享受相应政策。如，许多企业总部设立在北京、上海、深圳等一线城市，在这些城市接单，具体业务执行交付在中西部城市的分公司完成。公司总部通常只有极少数人，绝大多数员工集中在中西部的交付中心。如，HOV公司北京总部只有1个人，西安有1000多名员工。但通常在总公司统计，无法进入中西部城市统计。

第三，对于国际服务外包的认定问题。中西部服务外包企业主要承接在华跨国公司业务或转包业务，许多企业反映，他们虽然承接的是国际业务，但与跨国公司在华公司签订合同，使用人民币结算，都不能被统计为离岸业务，企业也无法享受优惠政策。

第四，政府服务效率有待提高。安徽联发科公司反映，企业从海关进口设备很麻烦，时间长，进口设备增值税抵扣流程复杂，希望简化审批流程。

三、政策措施建议

服务外包产业是未来我国开放型经济发展的重要引擎，国际化程度高，吸纳大学生就业能力强，有利于促进城市服务业整体水平提高。凡是有条件的城市和地区都应该加快培育，鼓励发展。为此，应针对我国经济的发展实际切实推进，把服务外包产业作为推动中西部城市开放型经济发展的突破口。

（一）实行服务外包区域差别政策

长期以来，中西部地区的国际化水平、服务业发展水平、人才数量等方面都与东部地区有很大差距，因此，在政策上不能搞一刀切，对于中西部地区应实行倾斜政策。在企业资格认定上，降低离岸业务比例，根据5个城市的反映，离岸业务比例的标准设定在30%（或绝对额50万美元）为宜。应进一步加大对中西部地区的基础设施建设投资，在引进人才、企业融资、税收优惠、财政补贴等方面应给予倾斜，以鼓励跨国公司到中西部地区投资，鼓励东部地区企业在中西部地区设立交付中心。

（二）建立服务外包人才培养体系

"十二五"时期，应逐步形成高、中、低端各类服务外包人才全面发展的格局，尤其要加强高端人才培育，应从国家层面在服务外包课程专业建设上提供支持和引导，制订服务外包人才培训规划和标准，加大对在职员工培训的补贴费用。建立政府、高校、企业、行业协会、培训机构一体化的服务外包人才培养体系，尤其要加强对培训机构的扶持，加大财政补贴力度，鼓励吸引外资培训机构进入国内培育市场，扶持国内培训机构做大做强，形成品牌。为培训机构在教师队伍建设方面提供帮助。形成高校与培训机构、企业的稳定合作机制，积极推广学分互换机制，完善学生在培训机构的入学贷款制度，鼓励企业为学生实习提供便利。

(三) 不断完善服务外包政策体系

一是建立科学的服务外包统计体系。"十二五"时期，应将服务外包纳入国民经济统计体系，积极探索以地域为单位的统计模式，建立与服务贸易形式相适应的统计系统。二是创新融资政策。政府通过设立服务外包产业基金、中小企业担保公司等方式为服务外包企业融资创造条件，积极探索"中小企业集合债券融资"等融资方式，支持有条件的服务外包企业上市融资。三是简化行政服务流程，实行一站式服务，提高政府服务效率。

(四) 继续发挥跨国公司的示范带动作用

与本土企业相比，跨国公司在服务外包业务上经验成熟，国际渠道通畅，技术水平普遍较高。应积极发挥跨国公司的作用，带动本土企业成长。一是鼓励在华跨国公司向本土企业发包。支持跨国公司通过与国内公司合资合作等方式发包给本土企业，培养国内企业接包能力。二是鼓励在华跨国公司承接国内服务外包业务。目前，跨国公司服务外包企业基本从事离岸业务。我国的成本优势和巨大的潜在市场是吸引外资的主要因素，许多在华跨国公司希望承接在岸业务。为此，在政府采购上，要坚持内外资平等原则。鼓励外资服务外包企业在金融、电信、保险、制造业等领域发展。三是鼓励在华跨国公司发挥技术优势，培养当地人才。武汉、西安等城市在这方面都取得了一定经验。如，武汉惠普公司 2010 年在当地招聘 400 名实习大学生，未来为武汉培训 1 万人左右服务外包人才。西安英飞凌公司与高校合作，培养 7500 多人。

(五) 积极培育国内服务外包市场

应鼓励国内大企业和政府向企业发包。加快释放国内服务外包市场潜力，对迅速扩大我国服务外包企业规模，提高竞争力具有重要作用。目前，我国大企业、政府的大量服务业务内置，既增加了成本，又不利于推动服务专业化。为此，应通过鼓励国内企业和政府发包，培育国内服务外包市场，形成市场的良性循环。

第十二章　案例研究①

一、服务外包城市发展案例

（一）苏州市服务外包产业发展的经验及启示

苏州是全国 21 个服务外包示范城市之一。服务外包产业由小到大、由弱变强，在全国服务外包产业发展中发挥了较强的示范带动作用。

1. 苏州服务外包产业发展现状

（1）服务外包产业规模快速壮大。全市服务外包企业数从 2007 年的 412 家，增加到 2010 年的 1150 余家，翻了近两番；接包合同额和离岸执行额分别从 2007 年的 3 亿美元和 1 亿美元，增加到 2010 年的 22.9 亿美元和 13.07 亿美元，年均增长率分别达到 96.9% 和 135%；2010 年，离岸合同额和执行额均位居全省第二位，名列全国 21 个示范城市的前五位；通过 CMM/CMMI3 级以上的企业数从 2007 年的 18 家增加到 2010 年的 79 家，年均增长率超过 63.7%，其中 5 家企业通过了 CMMI5 级认证，76 家企业通过 ISO27001 国际认证；从业人员由 2007 年的近 5 万人增加到 2010 年的 12 万余人，年均增长 33.9%。

（2）服务外包产业结构和区域布局趋于优化。全市初步形成软件设计、动漫创意、研发设计、生物医药、金融后台服务和物流供应链管理等六大服务外包产业集群，ITO、BPO 和 KPO 业务分别占 50%、30% 和 20%。主要发包来源国家和地区分别为美国、日本、新加坡和欧洲，中国台湾，上述国家和地区约占全市离岸执行额

①作者感谢苏州市商委、昆山市商务局、苏州工业园区、成都市商委、合肥市商委、博彦科技股份有限公司、瑞友科技股份有限公司、维多利亚加中教育集团、欧索软件有限公司、西源软件技术有限公司、成都信息工程学院、成都服务外包行业协会提供的有关资料。

的 80.8%。服务外包产业主要分布在苏州工业园区、苏州高新区、昆山市、太仓市和吴中区等集聚区，上述区域的离岸执行额占全市的 91.5%。继 2007 年苏州工业园区被认定为中国服务外包示范基地之后，昆山、太仓（花桥经济开发区）、苏州高新区、张家港经济开发区、常熟东南经济开发区等 8 家开发区分别被认定为省级国际服务外包示范基地和示范区。

（3）品牌服务外包企业聚集度较高。全市先后引进了美国惠普、强生财务共享中心、日本富士通、大宇宙、法国凯捷，印度沛特尼电脑，中国的台湾华硕科技，以及药明康德、东南融通、万国数据、中金数据、华道数据、方正总部等一批国内外知名服务外包企业。目前，共有 17 家世界 500 强公司、全球外包百强企业和国内十大外包领军企业在苏州投资了 20 余家服务外包企业或分支机构。新宇软件入选"2010 IAOP 全球外包 100 强"。新宇软件、新电信息、江苏欧索、江苏仕德伟、华道数据、宏智软件、凌志软件等 7 家企业入选"2010 年中国服务外包成长型企业"。

（4）服务外包园区特色逐步形成。几年来，苏州工业园区国际科技园和中新科技城、苏州高新区科技城和创业园、昆山花桥国际商务城和软件园、常熟大学科技园和科技城、太仓 LOFT 创意产业园和国际服务外包园、吴中科技园和太湖科创产业园等服务外包载体相继建成。目前，初步形成苏州工业园区——"中国模式服务外包产业第一园"、昆山花桥经济开发区——"中国金融 BPO 示范区"、苏州高新区——"华东地区软件服务外包中心"、吴中经济开发区——"生物医药研发高地"的品牌效应。苏州工业园区、昆山花桥国际商务城和常熟东南经济开发区分别入选"2009 年度中国服务外包最佳示范园区十强（TOP10）"。

（5）服务外包政策体系不断完善。苏州市成立了由市长挂帅的服务外包领导小组，连续 3 年召开全市服务外包推进工作大会进行总体部署。市政府先后制订了《关于促进服务外包发展的若干意见》、《苏州市服务外包产业跨越发展计划》、《关于促进服务外包产业跨越发展实施意见》、《苏州市对中央财政服务外包专项扶持资金进行配套的实施细则》、《关于加快服务外包人才培养的若干意见》、《苏州市技术先进型服务企业认定办法（试行）》等一系列促进服务外包发展的政策措施。并将服务外包"十二五"规划列为全市"十二五"规划的专项规划之一。编制了《苏州市服务外包产业招商指引》。并积极争取中央、省级财政服务外包扶持资金 1.63 亿元。

2. 服务外包产业发展面临的主要问题

苏州市面临的这些问题也是中国服务外包产业发展的共性问题。

第一，企业规模小。目前全市服务外包企业平均每家仅 100 余人，73%以上的企业规模不足百人，500 人以上规模企业近 70 家，1000 人规模以上企业 7 家。第二，龙头企业较少。2010 年，全市离岸执行额超 500 万美元的企业 70 家，超 1000 万美元的企业 31 家，超 3000 万美元企业 3 家。第三，人才支撑不足。按照苏州市"十二五"服务外包规划的目标，服务外包离岸执行额年均增长率保持在 40% 以上，由于高校资源匮乏，各类人才供给缺口很大，服务外包实用型、复合型人才供给不足的矛盾突出，尤其是熟练的程序架构师、分析师等高层经理级人才不足。第四，园区基础设施、商务配套服务不够完善。不能满足国际化、信息化、功能化、社区化的要求。第五，对服务外包认识不足。个别地区认为服务外包项目投资规模小、对地方税源贡献不明显、需要大量投入和补贴，因此，把招商引资的重心仍然放在制造业项目上，致使部分服务外包园区发展缓慢。

3. 服务外包产业发展的主要优势

"十二五"时期，苏州服务外包产业发展有诸多有利因素，这些将为苏州服务外包产业做大做强创造有利条件。

（1）充分利用国际产业转移和外资优势。全球信息技术、生物医药等产业转移使苏州能够充分发挥比较优势。目前，苏州聚集了 2 万多家外商投资企业，有 134 家世界 500 强公司在苏州投资了 400 多个项目，这些外资为苏州服务外包产业开拓国际渠道，延伸产业链条，为实现服务外包的规模增长创造了有利条件。

（2）充分利用制造业基础强大的产业优势。苏州市作为中国第二大工业城市和现代制造业基地，制造业发展几十年的积淀形成了强大的优势资源，不仅为苏州积累了巨大的经济财富，而且为服务外包发展创造了有利条件。随着产业结构调整，大型制造企业的生产性服务外包需求将加快释放，为服务外包提供新的增长点，同时，也为服务外包企业开拓国际市场提供渠道和平台。

（3）充分利用长三角城市群的区位优势。苏州是长三角城市群的重要经济增长支撑。近年来，中央明确提出了长三角建设世界级城市群的战略。与此同时，上海在"十二五"时期将全面建设国际经济中心、金融中心、航运中心和贸易中心的战略，以及海峡两岸签署 ECFA 协议，有助于苏州加强与上海及长三角城市的深度分工合作，并利用台商集聚优势，大力开拓台湾市场。

4. 推动服务外包产业发展的主要措施

到 2015 年，苏州市服务外包产业的目标将实现接包合同额 150 亿美元，离岸执行额 70 亿美元，从业人数 30 万人，1000 人以上规模的大型服务外包企业近 90 家。全市提出了培育新核心，构建新动力，形成新载体，开拓新空间，构筑新格局的任务，并着手组织实施服务外包企业"小巨人"工程、服务外包"人才倍增"工程、服务外包"战略招商"工程等专项工程。

（1）重点引进和培育龙头企业。加快引进一批龙头、规模型企业是提升区域服务外包发展水平的关键所在。苏州市围绕服务外包"十二五"规划确定重点招商领域和重点行业，进一步加大招商力度，着力引进一批国内外知名的外包企业落户。尤其是对品牌优势明显、发展潜力大的本土外包企业，进行重点指导、服务和支持，帮助他们做大做强。

（2）打造城市服务外包品牌。通过政府组织赴境外的投资促进活动，参与举办国际服务外包合作大会、服务外包博览会、中国（苏州）服务外包创新发展与国际合作年会、协助配合各服务外包示范区举办的 SSON（共享服务和外包）中国峰会、金融外包峰会等，扩大城市服务外包品牌效应。

（3）扎实推进服务外包人才引进和培养工程。加强人才培训工作，积极寻求国际知名外包企业、培训和咨询管理机构作为战略合作伙伴，共建专业化的服务外包人才培训基地，根据服务外包产业发展推动人才培训机制创新。大力吸引海内外具有从事服务外包经验、对国际外包市场熟悉的项目经理以上的中高端人才。特别是引进一批入选国家"千人计划"、省高层次"双创人才计划"和市"姑苏人才计划"的服务外包领军人才。加快建立服务外包人才库。依托市服务外包人才培养实训中心，形成"蓄水池"效应。

（4）打造各具特色的服务外包园区。一是合理规划服务外包园区布局。按照建设办公、生活、休闲、娱乐于一体的高品质服务外包集聚园区的要求，完善基础设施建设，切实发挥各类载体的孵化和促进作用。二是创新服务外包园区开发建设模式。积极与国内外优秀开发商合作，共同建设运营服务外包专业园区，形成个性化、专业化布局。三是强化公共技术平台建设。加大对各类公共技术平台的投入力度，为服务外包企业提供必要的技术支撑和公共服务，形成"平台共建、信息共通、资源共享"的良性格局。

（二）昆山市服务外包产业发展的经验及启示

昆山市凭借比邻上海、制造业发达等区位优势，服务外包发展迅速，为我国中小城市发展服务外包产业作出了有益探索。

1.昆山服务外包产业发展现状

（1）服务外包产业发展势头快。截至 2010 年，全市共有服务外包企业 410 家，从业人数两万人，其中外资企业 153 家。通过 CMMI3、ISO27001 等国际认证的服务外包企业 15 家。2010 年，完成接包合同额 2.13 亿美元，离岸外包执行额 6923 万美元，分别增长 56% 和 6%。花桥国际商务城 2009 年被评为"中国最佳金融服务外包基地"和"中国十大最佳服务外包园区"；2010 年被评为"江苏省高层次人才创新基地"。昆山软件园成为江苏省国际服务外包示范区，并被命名为"江苏省海峡两岸软件服务外包产业园"。

（2）逐步形成了特色服务外包产业。通过不断明晰产业定位和优化产业环境，基本形成了金融、软件、KPO 三大服务外包领域。花桥金融后台服务外包业务迅速聚集，形成了较完整的金融服务外包产业链，已经成为国内较有影响的金融服务外包基地。法国凯捷、柯莱特科技、颠峰软件、华道数据、远洋数据、中金数据、万国数据等一批国内知名金融服务外包供应商入驻花桥。此外，美国微软、中创软件、好山水动漫、松树顶卡通等一批软件和动漫企业不断落户，恩斯、精骐、德芳、爱华机电等一批研发外包企业相继投入运营。

（3）服务外包园区层次逐步提升。2010 年，昆山经济技术开发区新增服务外包企业 23 家，新增服务外包业务额 8984.66 万美元。花桥开发区新增服务外包企业 17 家，新增服务外包业务额 1.1 亿美元。首创了金融 BPO 基金，成立了国内首家金融外包研究中心，与美国麦肯锡合作推出了中国首份金融业服务外包报告。昆山高新区依托"一区多园"的资源优势，加快海尔、神州电脑及高晟机器人等研发中心建设。2010 年，昆山软件园新增服务外包企业 28 家，新增服务外包业务额 507.9 万美元。昆山工研院、软件园、清华科技园、留学人员创业园、文化创意产业园、N 维空间站等载体充分作用，在技术研发、软件开发、公共平台、动漫创意等方面都取得较快发展。

2. 发展服务外包产业的主要经验

（1）加快推动服务外包产业集聚。

第一，加强规划引领。昆山市在发展服务外包产业中注重规划先行。他们聘请美国麦肯锡、西玛公司等一批国际著名咨询机构规划产业发展导向，花桥与美国 TPI 公司合作，在国内率先构建服务外包国际运营标准。

第二，大力开展招商引资。全市先后组团赴欧洲、美国、印度、中国香港、上海、北京、深圳等地开展服务外包招商推介和专场沙龙活动，成功举办首届中国金融外包峰会、海峡两岸（昆山）软件服务外包合作及采购对接会，以及服务外包企业对接交流会等重大活动，集中签约了一批金融后台、软件和动漫等服务外包项目。

2010年4月，通过在中国香港举办金融BPO产业园推介会，成功推出了花桥国际商务城中国金融"硅谷品牌"。

第三，坚持龙头企业带动。全市重点引进国际服务外包知名企业入驻。如：华道数据是入选2009年度全球外包百强企业，在全行业规模大、服务链条长。中创软件是全省唯一获得"中国软件行业最佳外包服务奖"的企业，他们开发的市民卡项目荣获国家"金蚂蚁自主创新奖"。易方呼叫获得"中国最佳呼叫中心大奖"。巅峰软件入围"全国服务外包交付保障20强企业"。2011年，东南融通、简百特、柯莱特信息等一些知名外包企业相继投产运营。

第四，完善配套服务。市政府部门根据各区特点，分赴花桥经济开发区、昆山软件园、留学生创业园、清华科技园及出口加工区，就金融服务外包、软件、动漫及物流发展情况进行深入调研，通过开展"诚信服务月"活动，及时发现、了解和帮助企业解决经营中遇到的问题。

(2) 积极开拓服务外包市场。昆山市通过积极组织服务外包企业参加国际国内大型推广活动，促进了合作交流。2010年3月，市政府率领动漫外包企业参加江苏省动漫外包代表团赴日本、韩国参加动漫展会并进行产业相关促进活动，开拓日韩动漫外包市场，加强企业与国外知名企业在动漫创作、衍生品开发、市场开拓等方面的交流与合作。2010年4月，组织企业参加了"中国·苏州—爱尔兰合作交流推介会"。充分运用两地政府间的交流平台，加强全市服务外包及科技研发企业与爱尔兰的双边经贸合作。2010年6月，组织参加了第三届"中国国际服务外包合作大会"。

(3) 加强财政资金和政策扶持。全市积极落实国家、江苏省相继出台的服务外包发展政策。一方面通过服务外包网、服务外包简讯等载体加强政策宣传；另一方面帮助符合条件的企业积极争取资金，2010年向商务部申报服务外包培训资金共计450万元。全市明确在鼓励龙头型服务外包企业做强的同时，要加大对中小型服务企业的扶持力度。在2010年的市服务外包发展专项资金中，花桥开发区、昆山软件园以及16家企业获得补助。昆山软件园制定了《关于加快软件和服务外包发展的若干规定（试行）》，从地方政策上进一步推动园区发展。

二、服务外包园区发展案例

(一) 苏州工业园区服务外包产业发展的经验及启示

苏州工业园区于1994年2月经国务院批准设立，经过17年的开发建设已成为全国最具国际竞争力的开发区之一，具有"中国服务外包产业第一园"之称。截至2010年年底，园区汇聚各类服务外包企业1100余家，从业人员5.2万人。2010年，园区承接服务外包合同签约金额12.09亿美元，同比增长62.7%；离岸外包执行金额7.83亿美元，同比增长50%；ITO、BPO、KPO业务产值比重为47：35：18。园区企业的离岸接包金额中97.22%来源于美国、欧洲、日韩和亚洲其他地区。到2015年，将建成12个特色服务外包产业园，吸引100家世界500强企业向园区发包，培养1000家具有一定规模的接包企业，吸纳10万名服务外包从业人员。

1. 苏州工业园区服务外包发展的主要历程

第一阶段：学习借鉴，自发起步（1994~2000年）。1994年2月，苏州工业园区开发建设，以中新合作的优势吸引了一批海外服务外包企业入驻园区。1994年8月，高达计算机技术（苏州）有限公司成立，成为园区首家中外合资服务外包企业。1998年10月新电信息科技（苏州）有限公司成立，成为园区首家外商独资服务外包企业。

第二阶段：培育发展，成长壮大（2001~2005年）。2001年，服务外包的主要载体——苏州国际科技园首期落成。2002年，综合保税区、独墅湖高教区启动建设。2004年5~6月，胡锦涛总书记、新加坡李显龙副总理、吴仪副总理、新加坡李光耀资政相继来园区视察服务外包企业，极大地鼓舞了士气。2005年，园区服务外包离岸执行金额达1.5亿美元。

第三阶段：先行先试，快速崛起（2006至今）。2006年，技术先进型服务企业试点政策在园区实施。2007年，园区被认定为首个"中国服务外包示范基地"，同年，园区出台了《关于促进苏州工业园区服务外包发展的若干意见》及暂行细则，并制订园区服务外包产业发展规划。2008年，构建"一区多园"的发展格局，离岸外包执行金额达3.2亿美元。2009年，王岐山副总理召开全国服务外包座谈会，充分肯定园区技术先进型服务企业试点政策的效果，并将该政策推广至全国服务外包示范城市。2010年，园区被认定为"中国服务贸易创新示范区"，并入选"中国服务外包十强园区"前三甲。

2. 园区服务外包发展的主要做法

（1）精心建设各类服务外包载体。园区根据不同产业的需求精心打造各类服务外包载体，形成了以国际科技园、创意产业园、腾飞苏州创新园为依托的信息技术外包集聚区，以生物产业园为依托的生物医药外包集聚区，以中新生态科技城为依托的生态科技研发外包集聚区，以中国电信苏州呼叫中心产业基地为依托的呼叫中心集聚区，以综保区为依托的商贸及供应链管理外包集聚区，以 CBD（中央商务区）为依托的金融服务外包集聚区，以创意泵站为依托的动漫游戏外包集聚区，以科教创新区为依托的教育及公共服务外包集聚区，以乡镇分园为依托的业务流程外包集聚区。一区多园的服务外包载体格局初具规模。

（2）积极打造各类公共服务平台。园区投资 10 多亿元相继建设了 SaaS 公共服务平台、软件评测平台、嵌入式软件公共技术平台、中科集成电路设计中心、动漫游戏公共服务平台、综合数据服务中心、生物医药公共实验平台、人力资源服务平台、沙湖股权投资中心、安全应急中心、市服务外包人才培训基地、呼叫中心实训基地等各类公共服务平台。启用了 eSchool 网络在线课程，并通过组团招聘、储备人才库等帮助企业培训和引进人才。苏州工业园服务外包职业学院被称为"中国服务外包第一校"。园区继携手全球标准化协会（LISA）成功举办"2010 年软件全球化亚洲论坛"之后，又于 2011 年 4 月与 SSON（全球共享服务外包网络）共同举办了"中国战略共享服务与外包峰会"。

（3）引进和培育壮大一批服务外包企业。园区引进了惠普信息服务中心和 Best Shore 全球外包服务中国枢纽中心、三星半导体（中国）研究开发有限公司、强生亚太财务共享中心、艾默生环境优化技术（苏州）研发中心、博世技术中心、百得电动工具共享服务中心、泰科电子财务共享中心，培育引进了全球服务外包百强新宇软件、大宇宙商业服务，Stream（思雅）信息咨询等，入驻新电信息、凌志软件、宏智科技、方正国际、万国数据、神州数码、金光纸业研发等一批总部或职能性总部。

截至 2010 年年底，累计有 10 家全球服务外包百强企业入驻园区，54 家企业获得技术先进型服务企业新标准认定。园区服务外包企业获得各类认证（含双软企业、高新技术企业）315 项，其中获得 CMM/CMMI 及 ISO27001 等国际认证 91 项。离岸外包执行金额超过 500 万美元的服务外包企业 24 家（其中离岸外包执行金额超过 1000 万美元的企业 11 家）。宏智、方正等 4 家企业入选 2010 年中国服务外包成长型百强企业，新宇软件荣获"2006-2010 年中国服务外包最佳商务实践五年成就奖"。

（4）不断完善地方配套政策。苏州工业园区于 2007 年编制了《苏州工业园区服务外包产业规划》，并出台了《关于促进苏州工业园区服务外包发展的若干意见》及暂行细则。2010 年 4 月，园区管委会对暂行细则进行了修订，出台了《关于促进苏州工业园区服务外包发展的若干意见》实施细则，从税费优惠、荣誉奖励、房租补贴、载体建设补贴、人才奖励、员工培训、认证补贴、市场开拓补贴、通信专线补贴等多方面明确了对服务外包企业的鼓励方式。园区每年安排服务业（外包）专项资金，用于扶持服务业与服务外包产业发展。

3. 园区服务外包发展的主要经验与启示

2006年，苏州工业园区开始"有计划、有系统、有重点"地转型调整，相继启动实施了制造业升级、服务业倍增、科技跨越、生态优化"四大计划"和领军人才创业工程，打造"中国模式服务外包第一园"的品牌。

（1）制造与服务联动发展。经过多年招商引资，园区已基本形成了以电子信息制造、机械制造、化学制品及医药制造、造纸及纸制品制造、金属及非金属制品制造等制造业生产体系。根据《苏州工业园区3+5产业发展报告》，园区主导产业升级转型将突破和改善两头在外的车间式生产经营模式，提升主导产业技术发展水平和规模能级，引导和推动产业向产业链和价值链两端延伸，共享服务中心成为园区制造业转型升级的首要选择。

由于跨国公司尤其是世界500强企业在园区聚集程度高，由跨国公司为主的制造业拉动的服务外包内需旺盛，园区已有上千家制造业企业选择了财务外包，还有3000多家企业选择各类后勤外包。近两年来，跨国公司继生产制造转移后展开了新一轮的服务业转移，强生、泰科、百得、三星、博世陆续在园区设立财务、物流、IT、研发等共享服务中心。形成了"操作工升格'全能运动员'，制造业攀升微笑曲线高端"的势头。

1995年，三星投资1.5亿元在园区设立了三星半导体（苏州）有限公司，接踵而来的是三星家电、显示器、笔记本的制造基地落户，园区成为三星集团海外最大的制造基地。2006年，三星集团将研发中心也转移至苏州，研发力量占总部研发机构的10%。2008年，三星半导体全球分拨配送中心也在园区设立，这个机构原先仅设立在韩国本土和中国香港。

制造业投资项目的发展需求，使研发机构和物流中心的进驻成了必要的步骤。2009年10月，三星电脑在园区的新研发大楼启用，三星集团加快了研发本地化的步伐。苏州研发中心内的研发人员也从原先的200名增至300名，研发规模与韩国总部平分秋色，未来的趋势将超过韩国总部。

（2）离岸与在岸同步开拓。中国有很大的内需市场，这和印度几乎完全依赖离岸市场有明显不同。特别是在金融危机、日本海啸等因素对离岸业务有较大影响的情况下，稳步开拓在岸市场也是企业保持业务稳定增长的有效途径之一。

园区在鼓励企业增加离岸外包业务的同时，积极引导企业拓展国内的业务渠道，将区内优质品牌服务提供商名单纳入境内外专业采购协会的备选名单，通过举办各类采购商和园区供应商洽谈会，帮助区内企业寻找商机，优先将政府及国有企业的服务采购交给区内服务企业。园区服务类政府采购规模从 2004 年的 5200 万元快速增长到 2010 年的 44600 万元，年均增长率达 43.07%。

专栏 1：方正重组整合国内 IT 服务全产业链布局

　　2003 年，日本方正株式会社把工厂设到园区，其软件业务也随之而来。在方正 IPO（首次公开股募股）计划遭遇金融危机而搁浅之后，方正国际希望发挥在日本十多年的技术积累，把握好中国软件产业高速增长的市场机遇。2010 年 3 月，方正国际通过股权重组在苏州设立了新的总部，力争实现国内市场和海外市场"两翼齐飞"的发展格局。方正全面实施 IT 品牌战略，致力于民族软件及信息化产业的发展。目前，方正国际在全球拥有四大研发基地、两个合作研究中心，并在北京、苏州、武汉、东莞、江阴、东京、大阪、多伦多等地建有前方交付平台和研发基地，业务涉及金融、医疗卫生、轨道交通、媒体、地理信息等领域，实现了从 IT 咨询、解决方案设计、软件产品销售与定制开发、软硬件系统集成，到业务流程外包、IT 系统运维的全产业链服务。全产业链布局将进一步提升方正国际的技术研发和服务能力。

资料来源：苏州工业园区提供。

　　（3）政府与企业共同推进。园区政府的公关及贸促能力、客服能力、财政实力、运营能力十分突出，通过提供全方位的优质服务和周到的亲商服务，打造最佳投资环境。近几年，每年安排服务业（服务外包）引导资金用于推动产业发展，取得了良好的效果。中新合作使园区的发展受到各级政府的全面支持，各类政策在园区先行先试。在中新理事会第十二次会议上，王岐山副总理强调，将继续在服务外包方面给予园区政策支持。园区在基础设施、区域规划、交通网络、生活设施、教育体系等方面加大投入，积极营造一流的人居环境，致力于将园区建设成为现代化、园林化、国际化的新城区。在软环境建设方面，园区充分重视信息交流，搭建了各类公共信息平台，使园区企业实现了信息共享，设立产业投资基金、引导补助资金、创投集团，并给予上市资金扶持。创建了优越的企业孵化环境及知识产权保护环境，支持人才创业。

(4) 人才与产业共同发展

第一，重视服务外包人才的引进和培养。2010 年政府扶持企业的人才培训资金达 528 万元，共有 60 家企业、1520 人受益，斥资 900 万元新建 3 个实训基地，受训人数达 3000 人。2007 年，园区开始推行优租房制度，目前已成功实施了 4 个优租房项目，规模达到近 50 万平方米、6000 套，可安置 15000 名员工，有效解决了人才扎根苏州的后顾之忧。

第二，聚集国内外各类高等教育资源。园区引进了中国科技大学、中国人民大学、南京大学、西安交大、西交利物浦大学等 14 所高等院校与园区产业发展相关的优势专业和科研力量，如 IT、纳米技术、金融管理等专业。随着研究人员的不断增加，先后有东南大学、中国科技大学、南京大学在科教创新区内建立了大学科技园，以加速科研成果产业化。目前，已经成为 IT 研发与外包、生物医药、纳米技术、创意设计的集聚区。因此，这里也成了园区高端人才聚集的区域，硕士、博士，高层次管理和技术研发人才约占从业人员总数的 20%，每万名从业人员中本科以上学历占比高达 76%。

第三，大力发展服务外包人才培训机构。2008 年，园区政府投资 7 亿元建设苏州工业园区服务外包职业学院，针对人才需求最为紧缺的 ITO、BPO 和数字媒体外包三大重点业务领域培养专业人才。学院以"合作共赢"为目标，搭建政、校、企三方合作平台，已经同 40 多家国内外知名服务外包企业、行业机构开展校企合作。2010 年，园区政府与安永（中国）正式签订协议，共同推出苏州工业园区金融服务外包及财务共享中心人才培养项目。

（二）天府软件园服务外包产业发展的经验及启示

天府软件园是成都软件外包的核心载体。园区聚集了 IBM、SAP、爱立信、DHL、马士基、埃森哲、Wipro、华为、腾讯、阿里巴巴等几百家国内外知名企业，已经成为国内规模大、发展态势良好的软件园。截至 2010 年年底，园区汇聚各类服务外包企业 140 家，从业人员两万人。2010 年，园区承接服务外包合同签约金额 2.8 亿美元，离岸外包执行金额 2.3 亿美元。

1. 正确处理好园区发展的 3 个核心关系

产业园区在发展中必须破解 3 个关系难题：园区与产业、园区与城市、园区与企业的关系。

天府软件园的成功也是正确把握了这三大关系。第一，园区运营必须以发展产业为目标。园区不仅是一个空间概念，更是一个产业概念。发展园区的目的最终应归结为发展产业、为产业服务，园区的运营重点应该是为产业发展创造良好的生态环境，不能脱离产业目标而单纯追求园区发展。否则，就会出现行业聚集度低、业务混杂、缺乏体系和专业化，甚至成为变相房地产项目等问题。第二，园区发展需要与城市发展互动。园区是产业发展的重要载体，而产业发展则依赖于城市大的资源环境与产业生态系统的支持，反之，城市资源和产业生态又可以通过产业不断发展得以改善，共生共荣。第三，园区运营以关注和满足企业核心需求为主要任务。园区运营的好坏取决于能否为企业提供有效服务，促进企业成长。要具备这种能力，需要园区运营者突破单纯的园区运营管理与基础服务的定位，把自己视为企业的合作伙伴，与企业建立良好深层次的互动。

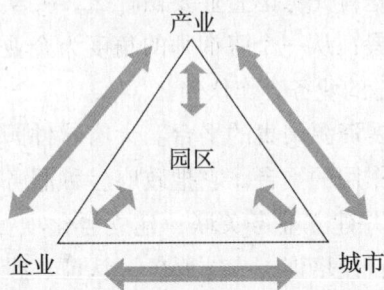

图 12-1　园区与产业、城市、企业的关系

　　从天府软件园 3 年的主题宣传语（2009 年，"成都，非常适合外包"；2010 年，"软件、外包、成都"；2011 年，"Right Place，Right Pepole"）中，始终贯穿着园区与产业、城市、企业之间密不可分的联系。园区为产业而生、产业与城市互动、产业发展落脚于企业成长，这种三位一体的关系构成了产业园区健康发展的坚实基础。

　　2. 制订园区聚焦发展的科学规划

　　成都市政府明确将高新区作为软件及服务外包产业的集中发展区，确立了以天府软件园为主要载体的 9 平方公里的核心发展区域，并聘请国际知名咨询公司进行园区总体规划。软件园一直按照规划实施运营。这一集中发展模式，提高了城市产业资源的利用效率，实现了规模效益和集约效应，避免了资源分散和恶性竞争。天府软件园可以最大限度地调配和利用各方资源，同时也更加专注于自身管理和服务的提升。

　　制造企业是人随着工厂流动，而软件外包则是企业随着人才转移。高新区在天府软件园打造一个 37 平方公里、工作和居住人口分别达 60 万人的"天府新城"，形成以软件服务外包产业为主导，融合科技、商务、时尚、宜居等现代服务业，将产业与城市、工作与居住有机结合，配套环境良好的城市"新中心"，成功地解决了"产业孤岛化"和"城市空心化"问题，为吸引众多国内外知名企业落户，大量高素质人才到园区就业奠定了基础。

3. 创新园区招商理念和运营模式

（1）不做"招商"而做"专业咨询"。园区招商容易陷入攀比优惠政策的误区，实际上政策优势是有局限性和不可持续性的，一个成熟的客户除考虑政策因素之外，还要综合考虑是否具备适合长久业务成长的市场环境、人才资源、产业配套能力、服务专业化水平等，这些是企业长期落户的关键要素。为此，天府软件园在招商时不是强力地推销自己，而是首先考虑企业要做什么，要实现怎样的目标，成都是否真正适合其业务的长远发展，从一个咨询师的角度为企业提供专业意见，帮助企业最终决策，做企业忠实可靠的业务合作伙伴。

（2）打造服务外包发展资源聚集的平台。天府软件园是一个服务外包产业，是各种资源聚集并相互产生作用的平台。它把政府各种服务职能送进企业，帮助各个企业实现信息与资源共享并建立业务关联；建立孵化项目与大公司间的投资关系、业务合作、人员互动机制，让培训、人才服务、认证、投融资等服务机构与企业建立合作关系；促进高校、行业协会与企业交流合作，举办各种国际标准的专业论坛，如共享服务中心（SSC）、通信（CWF）、汽车电子、互联网及 Webgame 等。天府软件园的服务平台始终面向成都，乃至国内外服务外包企业，这种开放式的产业平台理念，保障了园区能够在更广的领域整合产业资源并推动产业进步。

（3）构建服务外包产业价值链。园区在招商中，着力引进世界性的行业龙头企业，有重大战略带动作用的项目，然后围绕龙头企业在园区内引入上下游产业链企业，以构建相关价值链体系。同时，根据成都人力资源特点来确定适合发展的领域，培养企业集聚。在天府软件园，已有 IBM、诺基亚、爱立信、西门子、埃森哲、SAP、马士基、Wipro、华为、腾讯等一大批软件和服务外包领域的龙头企业进驻，并形成了信息、通信、动漫等产业聚群。在天府软件园中，跨国公司和本土公司的数量平分天下，合作竞争。天府软件园创业孵化平台有 200 家互联网和电子商务的孵化项目，2010 年年底获得了《IT 经理世界》评选的"十年最佳创新孵化园区"的称号。园区"孵化器—加速器—产业园"的阶梯孵化模式为成都服务外包发展作了积极的储备。

（4）满足企业关键性需求，成为战略合作伙伴。园区能够成为企业的合作伙伴，意味着不是做简单的服务提供者，而是要成为企业核心价值链中的重要环节并具有不可替代的作用，也就是能够具备满足企业关键性需求的能力。软件外包企业竞争力的核心是人才和成本。长期、有效的人才供给是企业选择一个地区（园区）长期发展的关键考量指标。成都在服务外包的人才资源、人力成本上有一定优势，需要解决的是如何转化为满足企业需求的有效人力供给。

天府软件园把帮助企业完成"最后一公里"的人才转化和中高端人才引进作为最重要的服务之一。通过人力资源服务平台整合各方资源，并不断探索、创新人才工作方法和服务方式，建立起长效的人才解决机制和有效的人才服务体系。其中包括：从企业选址时期的人力资源状况咨询到初创期的团队组建，从企业的共性培训到师资库的建立与使用，从常年的高校招聘到每年多次面向国内外中高端人才的"天府人才行动"计划等。

天府软件园也始终关注企业其他共性和个性化需求。运营国家级软件技术平台面向中小企业提供技术服务、开放运营双线机房、搭建手机测试平台、建立外包人才蓄水池、建立协助企业拿单的销售支持机制、引入风险投资并建立了天使投资人俱乐部等。

（5）专业化团队与市场化运作相结合。服务外包是一个国际化、专业化和市场化的行业。2009年年初，由高新区政府发起成立、由高投集团全资投资成立的成都天府软件园有限公司，作为一个独立的公司化园区运营实体，聘请了具有丰富行业经验、国际化的职业经理人团队，建立了一整套完善的市场化运营服务体系。高新区政府对天府软件园公司的定位，既保证了园区运营在微观层面的专业性，又确保了始终一贯地坚持产业发展方向。

（三）合肥高新区动漫产业发展的经验及启示

1. 园区的基本情况

合肥高新区是国家级动漫产业发展基地、中国服务外包基地城市示范区，被列入安徽省"861计划"、合肥市"1346"行动计划。2009年5月，高新区创立了1万平方米的"合肥市原创动漫园"。目前，高新区拥有动漫和服务外包企业305家，从业人员达6100人，2010年总产值达36.1亿元，实现税收9200万元。其中动漫企业84家，具有原创能力和代表作品的企业30多家，年产原创作品20多部，时长达7000分钟，动漫产业总产值达到10.5亿元。思科系统（中国）研发有限公司、合肥完美世界网络技术有限公司、合肥智明星通软件科技有限公司、北京五星东方影视投资有限公司、安徽幸星数字娱乐科技有限公司、合肥市世纪讯微科技有限公司（腾讯）等一批在国内有一定影响、一定规模的龙头企业纷纷入驻基地。樱艺缘的动画片《黑脸大包公》走出国门，先后在美国、日本，中国台湾等地电视台热播。2015年，高新区动漫企业将达到600家，其中培育亿元以上企业40~60家，培育上市公司两家以上，实现动漫年产值180亿元，动漫影视作品年制作时间达到50000分钟。

2. 促进动漫产业发展的主要经验

（1）健全组织领导，形成有效运营管理机制。动漫产业是合肥高新区重点培育的战略性新兴产业。为加快动漫和服务外包产业发展，高新区成立了动漫和服务外包产业工作领导小组，由工委、管委会主要负责同志担任组长，下设领导小组办公室，对基地动漫和服务外包产业的发展战略、建设方案、规划编制、论证评估和基本建设等方面实施统一的组织领导，统筹规划、协调落实，全力推进基地建设。

（2）制订扶持措施，提供产业政策保障。高新区始终把"营造政策洼地、形成产业高地"放在首要位置，制定了《合肥高新技术产业开发区关于鼓励软件、动漫和服务外包产业发展的若干政策》，从市场准入、作品原创、人才体系建设、市场开拓、技术攻关、融资渠道、知识产权保护、公共服务平台建设等方面给予支持。从2010年起，5年内每年安排5000万元专项资金，用于动漫产业园区公共服务（技术）平台建设、动漫作品原创以及对动漫企业发展的财政扶持，重点支持动漫游戏企业的原创产品开发，鼓励和帮助企业申报国家、省、市有关专项资金项目和获得省和国家奖励等。共有20多家企业获得2000多万元的资金扶持。2009年5月，由园区管委会出资建立了数字化、网络化、自动化的动漫渲染平台。2010年11月，高新区管委会又出资建立了多媒体演示平台。

（3）帮助企业拓宽融资渠道，优化创业投资环境。高新区引入风险资本、证券、法律、工商、税务等中介服务，建立银企战略合作关系，为动漫企业提供技术创新资金和担保资金。多次组织由贷款企业、银行、担保公司三方参与的银企对接会。同时，推荐符合条件的优势企业上市融资，引入风险资金对企业增资等手段，扶植优势企业规模化发展。

（4）满足基地企业对人才的需求。园区一方面与中国科技大学、安徽大学、安徽农业大学艺术学院、新华学院等省内外相关专业知名院校建立战略合作机制，共同推进人才培训和教学实践，使企业与学校形成互动。安徽炫伍数字科技有限公司和安徽师范大学合作，培养动漫及设计人才；新华学院成立了动漫游戏学院；安徽樱艺缘公司和安徽建工学院进行校企合作，培养原创动漫人才。另一方面，基地通过广泛的宣传推介、定期举行专场人才招聘等形式帮助企业寻找人才。

（5）为企业搭建沟通、交流、合作的平台。定期举行动漫产业研讨会，积极组织动漫企业参与国内外大型动漫节展。如，中国国际动漫节、第十四届香港国际影视展等，为企业提供形象展示、宣传推介、沟通交流、寻求合作等服务。此外，园区还为企业筹备、策划、承办动漫节、游戏大赛等活动，承办每年的基地动漫产业发布会及集体签约仪式、核心项目论证会等。

（6）"走出去、引进来"，推动产业规模化。园区走访各地近千家动漫企业，多次去北京、上海、广州、深圳考察，赴美国、日本招商引资；积极与国内著名动漫企业进行技术合作或投资共建，重点打造一批具有核心技术、自有知识产权和具有国际竞争力的"旗舰型企业"，推动动漫企业向规模化、国际化迈进。目前，以时代幸星数字为主的动漫原创及出版发行产业、以完美时空为主的网络游戏产业、以北京智明星通为主的社区游戏产业已经引进，吸引了相关产业链配套企业。

（7）加强宣传，提高基地知名度。高新区积极协调中央、省、市有关宣传媒体，通过电视台、电台、网络、报纸等各类媒介宣传基地。合肥高新区与安徽网络电视台签订战略合作协议，推介基地动漫企业和相关作品，大力支持安徽动漫频道开播。

三、服务外包企业发展案例

（一）博彦科技的经验及启示

1. 企业的基本情况

博彦科技创立于 1995 年，是亚洲领先的软件技术服务供应商，也是中国 IT 服务外包行业的先行者和领军企业。博彦科技为全球客户提供 IT 咨询、应用程序开发和维护、ERP 和 BPO 等服务。公司是全球客户信赖的 IT 外包合作伙伴，拥有大批专业人才和全球范围的交付能力。博彦科技总部位于北京，在上海、深圳、西安、成都、天津、武汉、杭州、南京都设立了分支机构和研发中心，在美国、日本、新加坡和印度设有交付中心，这些全球性交付中心可以和世界共享服务、行业知识和成熟的流程管理。同时，全球交付、现场服务、近岸服务和多级离岸交付中心等交付方式，使博彦在全球范围内都能够以低成本交付高质量的服务。

博彦科技主要提供的服务包括：产品研发、全球化服务、应用程序开发和运营维护、企业应用服务和解决方案的实施、质量保证和测试以及业务流程外包。同时，博彦与众多世界领先科技公司和垂直行业领先企业成功合作的经验使博彦科技在业内享有盛誉。在世界领先的科技公司中，3/5 都是博彦的长期客户；在垂直行业中，博彦专注于高科技、金融、电信、制造、医药等领域，已为微软、惠普、IBM、Google、SAP 和 Oracle 等多个公司提供了优质高效的服务。

产品研发服务	产品全球化	应用开发和维护	企业应用服务和解决方案	质量保证和测试	业务流程外包
·需求分析 ·概念设计 ·架构设计 ·产品开发 ·功能扩展 ·项目测试 ·质量保证 ·项目跟踪 ·项目评估	·全球战略布局 ·全球资源整合 ·全球人才甄选 ·专业技术团队 ·全球交付能力 ·本地化测试 ·35种语言本地化	·应用软件开发 ·应用软件测试 ·应用软件维护 ·IT基础设施管理 ·系统移植、再工程 ·系统集成	·SAP实施和培训 ·Oracle ·"ebizframe" ·ERP解决方案 ·CRM 客户关系管理 ·SCM 供应链管理 ·商业咨询	综合质量管理体系（IQMS） ·质量库 ·知识共享 ·工具及支持 ·可见度 ·标准认证测试 ·全生命周期测试 ·测试自动化 ·测试工具开发	·电子数据采集和数据录入 ·内容编辑及管理 ·文档和出版 ·人力资源管理 ·财务金融

图 12-2 公司的主要服务内容

博彦科技先后被评为 IDC 中国 IT 外包十强、Red Herring 亚洲私企 100 强、国际外包协会（IAOP）全球外包 100 强、2009 中国十大外包领军企业、2010 中国软件行业（服务）领军企业、2010 中国最佳雇主企业等。2007 年获得了 ISO 9001 和 ISO 27001 认证，2010 年获得了 CMMI 5 认证和 ISO 20000 认证。到 2015 年，公司将成为中国三大服务供应商之一，通过企业内部开发和战略收购，销售收入预计超过 1 亿美元。

2. 企业的发展历程

（1）创业初期（1995～2000 年）。1995 年 4 月，博彦总裁王斌和 3 个同学一起创立了博彦。成立之初，团队规模很小，公司发展方向也在探索阶段。同年 8 月，微软推出 Windows95 引起了全球性的轰动。当时，微软正在寻求一个能让 Windows95 本地化的中国公司，而 IT 外包业对大多数中国人来说还是个未知的领域，博彦接受了这个任务。从此，博彦科技明确了软件外包的战略方向。

此后，博彦天津分公司和第一个离岸交付中心相继成立，主要客户很快扩展到惠普、IBM、SAP、Novell、Oracle、雅虎和 Google 等巨头公司。除了产品本地化，博彦开始参与研发过程中的软件测试，并成立了专业化的测试中心。通过与世界顶级公司的合作，博彦建立高效率的内部管理流程，他们也从中学到了先进的技术和管理技巧。博彦作为 IT 领域优秀供应商，在业界知名度越来越大。

（2）黄金时期（2001~2004 年）。这一时期博彦科技逐步走向成熟，并确立了行业领军地位。2001 年 8 月，博彦科技获得信息产业部颁发的软件企业认证证书。2004 年 3 月被科学技术部（以下简称"科技部"）认证为"中国软件欧美出口工程"试点 A 类企业。2004 年 7 月通过"ISO9001：2000"质量体系认证。公司年增长率达到 70%~80%，远远高于平均水平（全国市场的年均增长率为 52.1%）。博彦一方面关注销售模式的拓展，另一个方面改善经营管理，优化工作流程，提高服务质量。从而使得博彦近岸服务的交付速度优于印度公司等同行业竞争者。同时，博彦制订了全球化战略的计划。实施这一战略有两个原因：第一，大多数的外国客户希望公司的代表和工程师能提供现场快速反馈的服务。第二，公司内部越来越多的员工有用英语交流能力，使得他们能够更加密切地与国际客户合作。2002 年，博彦美国分公司成立，博彦成为第一个美国专利局的外包公司。

（3）巩固阶段（2005~2009 年）。公司团队规模扩大到几千人。博彦公司加强了在国外和国内一线城市的战略布局，2005 年，在上海、武汉等地成立了分公司。2007 年，在新加坡成立了分公司。博彦通过高质、高效、专业化的服务，凭借全球化的服务网络，秉承"超越期待，尽善尽美"的理念，满足了日益增长的客户需求，蓄积了强大的实力和竞争优势。博彦严格遵循全球最高的质量安全标准，获得了 ISO9000、ISO27001、CMMI5 等认证，以及国内外权威机构颁发的各种最高奖项。这一时期，博彦已经形成了 5 个国家（中国、美国、日本、新加坡、印度）10 余个城市的全球化战略布局，具备了全球资源网络和全球交付能力，国际化形象日益凸现，品牌和市场认知度得到迅速提高，正在稳步迈向"国际一流软件技术服务提供商"的战略目标。

3. 企业的成功经验

（1）建立全球销售网络。博彦拥有全球化的销售网络，拥有一支庞大的具有强大技术背景和丰富行业经验的营销队伍。各个团队中一些成员专门负责已经建立长期合作关系的大客户，提供 24×7 的全天候服务，一些成员专门负责指定的销售区域和垂直细分行业。博彦计划在海内外招聘更多的销售人员以加强销售工作，并采取更有效的销售管理工具和绩效激励机制，以帮助更有效地管理销售渠道和提高销售业绩。

（2）注重客户关系培养。博彦主要面向终端客户提供 IT 咨询、工程研发、应用程序开发与维护、业务流程外包等服务。公司通常把服务推荐给各行业公司的首席信息官、首席技术官，部门的 IT 和研发负责人或是客户的外包项目负责人。通过一些销售和市场策略，提高客户对产品和服务的了解，从目标客户挖掘新的经常性业务，促进客户忠诚度和品牌知名度的提高。通过业务开发团队提高服务水平和市场份额。高管团队成员也通过经常与客户互动，积极参与管理关键的客户关系。公司与其他公司结成战略联盟，以帮助全球高科技公司进入中国市场。通过联盟，客户获得产品和解决方案的市场准入，公司获得了宝贵的行业经验，技术诀窍和赢利机会。博彦与微软、惠普、谷歌、华为等世界 500 强和行业领先企业成功合作，建立了长期紧密的合作关系，被授予微软全球核心供应商，SAP 授权培训和解决方案合作伙伴和 Oracle 认证解决方案合作伙伴。

（3）创新业务拓展模式。博彦积极创新销售模式，丰富营销渠道，创新合作战略。除了采用电话预约、登门拜访、现场演示等传统模式，还积极采用 SaaS、SPIN 顾问式营销等现代营销模式拓展业务，促进有效沟通和销售流程体系化，提升业务拓展能力。

在销售渠道上，公司开通了 Skype 电话，以方便客户在任何地区、任何时间联系并及时获得服务；充分利用公司网站、新浪微博、Twitter、视频网站等网络媒体和社交网络平台，开展整合营销；有针对性地组织各种推广活动，积极参与行业峰会、技术研讨会、高峰论坛等，确保及时了解国内外及行业趋势，有效把握市场和客户需求。在拓展业务过程中，公司更加关注客户的终身价值，注重建立长期的合作关系，通过优质客户管理的方式不断挖掘潜在需求，并预测客户在未来各个发展阶段的需求，以期达到与客户共赢、共发展的目的。

在销售过程中，博彦采用全球开发中心模式的销售管理方法和流程。着眼于整个销售生命周期，从潜在客户的产生、管理到售前支持、销售管理和大客户管理，直至完成项目交付和服务升级维护。通过完善销售流程、优质客户管理、销售业绩评估体系，以实现拓展业务和提高绩效的目标。

为了给客户提供专业、优质、高效的服务和更有价值的解决方案，公司致力于知识积累和知识管理，通过专业人员对垂直行业研究和分析、项目人员的资源整合、项目经验总结，以及内部知识共享平台的互动和交流，不断积累优秀的案例研究和解决方案。

（4）与世界巨头结盟。博彦与微软合作，双方在不同管理层间逐渐构成了稳固的合作关系。如，高层领导人、企业、产品线经理、项目经理等，博彦总裁与微软的执行副总裁经常互访。两家公司之间的合作先后经历了 3 个阶段：①服务供应商

（1995~2001 年）：主要提供本地化服务和支持当地市场需求。②高增值的伙伴关系
（2001~2007 年）：通过核心研发活动帮助微软公司培育多元化、能满足本地化客户较
高要求的能力。③战略合作（2007 年至今）：博彦利用丰富经验和各种垂直行业的企
业关系帮助微软扩大市场。

（二）瑞友科技的经验及启示

1. 公司的基本情况

瑞友科技是全球化软件与信息技术服务供应商。公司成立于 2003 年，总部设在
北京，在日本设有营销服务机构，在上海、西安、杭州设有研发和项目交付基地，
并与日本最大的系统集成商 NTTDATA 公司在西安成立了合资公司。公司以现场、在
岸、离岸和成熟的全球交付模式，为 200 余家全球客户提供 IT 应用系统规划、设
计、开发、维护服务和技术人员现场服务等个性化 IT 服务。

瑞友科技在全球信息技术服务中，以高成长率、业务创新和市场成功拓展，树
立了中国 IT 服务和软件外包行业中的开拓者地位。2004 年，瑞友科技首批入选中华
人民共和国科学技术部"中国软件欧美出口工程"（COSEP）A 类企业，率先通过
美国 SEICMM5 评估。2005 年，又率先通过美国 SEICMMI5 评估。公司多年成为国家
规划布局内重点软件企业、国家火炬计划重点高新技术企业，曾入选 ChinaSourcing
第二届优秀外包企业 ITO10 强、ChinaSourcing 第一届优秀外包企业 ITO 20 强。

公司在国内市场确立了在金融、电信、物流等高端行业的稳固地位。在欧美、
日本等发达国家市场，通过大规模营销策略、提高国际化服务能力等方式，逐步确
立了具有全球竞争力的 IT 服务供应商地位。

2. 公司的主要成长经历

（1）初创时期。2003 年 7 月，瑞友科技的前身用友软件工程公司成立。用友软
件工程注重全球化布局和技术创新，2004 年 1 月，成立了日本子公司和上海分公司。
2005 年，公司设立了第二个交付基地，成立了西安分公司，并成为国家规划布局内
重点软件企业。这一阶段，公司爆发式增长，2005 年营业收入达 6000 万元，出口创
汇 300 万美元。

（2）快速发展阶段。2006 年，公司进入快速稳健的发展阶段，经营业绩当年实
现了 100%的增长，营业收入达 1.2 亿，出口创汇 1000 万美元。在业务取得快速发
展的同时，公司将客户需求放在首位，提出了"个性化 IT 服务"的理念，将公司的
经营思想和服务能力带入一个更高的层次。公司在成立 5 周年之际入选"ChinaSour-

cing 第一届优秀外包企业 ITO 20 强"。

（3）全面发展时期。2009 年 4 月，用友软件工程公司更名为北京瑞友科技股份有限公司。在这一阶段，公司摆脱了金融危机带来的不利影响，业务走上了全面发展的道路。2009 年 5 月，瑞友科技联合其他 IT 服务企业以及相关机构共同倡议，发起成立了火炬 IT 服务创新联盟，鼓励企业合作、创新、共赢、发展。2010 年 9 月，公司发起成立了中国金融信息技术创新战略联盟，旨在提高我国金融信息技术的创新水平，着力打造产业技术创新链。瑞友科技坚持以技术创新营造企业品牌和核心竞争力，致力于通过服务的持续改进，组织的不断创新和发展，成为全球优秀的 IT 服务供应商。

3. 企业发展的理念和战略思路

（1）企业遵循的 5 个原则。瑞友科技在经营理念中，长期坚持 5 个基本原则。①聚集人才，积累技术和知识，专注主业，持续加强能力建设。②通过管理和创新，追求客户的满意度和质量标准的不断提高。③为员工创造相对稳定、能提升能力、有发展空间的环境。④追求合理的利润，确保客户的长期利益和企业自身的稳定发展。⑤承担应尽的社会责任。

公司认为，一个能够提供优质服务的公司必须能够聚集人才。公司通过人性化的管理，为员工提供发展的各种机会、较好的物质报酬，使员工有较高的满意度，专心服务客户，提升服务质量和服务水平。企业诚信、社会责任感是瑞友企业文化的核心，长期以来，公司通过潜移默化的影响，使员工树立友善、诚信、合作、社会责任感等价值观。

（2）倡导技术创新实现企业价值。瑞友科技总裁邵凯认为：从价值层次分析，IT 服务外包市场目前存在四类能力：劳动力资源能力，组织管理能力，以技术为核心的工程能力，以技术、产品、行业知识为核心的整体解决方案能力。瑞友科技一直坚持认为，中国 IT 服务外包行业价值提升的道路在于坚持以技术创新为核心的价值型 IT 服务。研发具有自主知识产权的技术，提高核心竞争力，是推动产业升级和企业发展的内在动力。只有具备符合客户和市场需要的自主知识产权技术，企业才能具备生存和发展的主动权，应对日益激烈的国际国内竞争。

技术创新对于 IT 服务企业而言，是长期的战略性工作。瑞友科技在创立之初，就建立了前瞻性的研发体系，形成了完整的具有组织保证的软件生态周期服务能力。为了更好地适应全球业务的需求，保证公司的创新机制，2008 年 11 月，公司成立了 IT 应用研究院（ITARI），深入行业应用研究，不断提升 IT 服务能力。ITARI 研究的范围涵盖 IT 服务模式研究、技术工具、行业应用以及 IT 服务过程，从而组建与商业价值链前后贯通的 IT 生态系统，为客户创造价值。

瑞友科技针对应用开发中软件设计、软件复用和快速开发进行战略布局，投入 2000 多万元打造了国际化应用开发平台——RayooTech-GAP（以下简称"GAP 平台"）。GAP 平台不仅是一个快速应用软件开发平台，而且能提供高复用度的大规模软件定制开发模式，这个平台致力于贯穿软件开发的全生命周期，从需求分析、设计到构建和进化，在提升软件交付质量的同时帮助客户降低总体成本。同时，瑞友科技完全拥有对 GAP 平台的知识产权，基于 GAP 平台开发的客户定制化软件相当于一份知识产权的保险，可以避免卷入知识产权纠纷。2007 年，GAP 平台参加了北京第二届优秀构件评选，其中 GAP 平台的构件主框架和工作流程平台分别获得了一等奖和三等奖。2009 年，瑞友科技 GAP 平台入选国家火炬计划。目前，公司 95% 以上的定制化项目都可使用 GAP 平台进行研发。

（3）倡导个性化企业服务。瑞友科技确立了高中低端系统的 IT 服务战略，针对个性化 IT 服务的发展潮流，提出以个性化的 IT 服务满足与众不同的客户，实现业务经营的独特性和个性化。不断提升 IT 服务过程的能力，深化应用 CMMI5 体系，全面推进项目管理能力、开展 ISO27001（信息安全体系）建设、不断积累全球化团队协作经验。

总裁邵凯认为，科技进步和全球经济一体化的发展趋势，给企业带来众多机遇的同时，也让它们在战略、业务模式、经营等方面面临着前所未有的挑战。面对当前固化的信息系统和传统的 IT 服务模式，信息化建设要满足这种个性化并灵活多变的业务就必须为客户量身定做，提供"面向未来的个性化 IT 服务"。个性化 IT 服务能为任何企业建立独具竞争力的 IT 系统和能力，并成为未来国内 IT 服务发展的方向。

个性化 IT 服务来源于客户的个性化需求，由客户的业务发展驱动，并受到 IT 技术的引导。其在业务需求上以客户方为主，在技术实施上以供应商为主，进行个性化 IT 服务项目策划、开发、实施推广和后期服务、优化升级等。服务供应商必须专注于客户的需求。目前，软件外包的发展趋势正从基础技术层面的外包业务转向服务流程外包，企业的需求已经从单纯的 IT 技术升级到技术和复杂业务相结合的层面，这就需要 IT 服务供应商能够深入理解客户的业务，具备强大的 IT 专业能力、快速的响应和反馈能力、持续服务的能力，以及基于客户需求和 IT 趋势进行创新服务的能力。

IT 服务是整个过程的服务，有别于传统的产品服务或售后服务，必须清楚客户的需求和潜在需求，尊重客户的个性。个性化 IT 服务意味着服务供应商有更高的服务能力和专业素质，它的需求主要来自行业龙头企业和创新型企业的发展与竞争需要，目前一部分大型中国企业客户的 IT 规划和软件系统开发等高端业务，基本被国际 IT 咨询公司和跨国 IT 厂商垄断和控制。瑞友科技提出个性化 IT 服务的理念，并以此联合中国的 IT 服务厂商，发挥地缘优势、专注服务能力建设和提高服务质量，以争取更多的国内高端客户 IT 系统的建设和维护业务。长远来看，个性化 IT 服务有利于中国的 IT 服务企业形成自己的核心竞争力，有利于整个产业摆脱处于产业链低端的状态，走上良性健康发展的道路。

(4) 走向世界级企业的构想。邵凯认为，要成为世界级企业需要两个必备条件。一是将自己置身于国际商业标准体系中照镜子，利用已经成功跻身世界级行列的企业为标杆去判断自己的努力方向和发展道路是否正确。二是能够建立和培养跨文化管理和国际化品牌运营的能力。我国本土的销售能力和渠道建设能力优势在国际化经营中已经不复存在，要快速提高核心技术创新能力和世界级品牌管理能力，同时，把"中国制造"能力转变为"国际资源整合"能力。针对这些挑战，中国 IT 服务企业需要从三方面改进自身策略。一是由以产品生产为中心的业务流程，转向以客户和市场为中心，灵活应变的服务流程。二是鼓励协作精神，实现开放、沟通、跨越组织和地域的工作方式。三是发挥和挖掘 IT 的最大价值。

四、服务外包培训机构和平台发展案例

(一) 维多利亚加中教育集团的经验及启示

1.公司的基本情况

维多利亚加中教育集团由加拿大维多利亚教育集团和中国加中实训合并成立，是目前国内唯一一家在海外拥有培训机构的综合教育集团，分为北美区和中国区两部分。

集团北美区位于多伦多，成立于 1999 年，是全球领先的职业教育解决方案提供商。拥有大专学院、职业教育培训中心、IT 咨询公司、Jerry 潜能英语培训中心、国际人才交流中心等。以 IT 技术、金融、会计、物流、实用英语培训为主。实现了"培训就业、出版发行、出国服务"的三位一体。目前在加拿大多伦多、密西沙加、温哥华，美国硅谷设有实训基地或教学中心。北美区成立 12 年来，举办了 500 多期

公益讲座，培训 3 万多人，并帮助了 1 万多华人移民就业，获得了加拿大政府和社区的赞扬。为"加拿大家庭援助协会妇女服务中心"、"北美华人语言与文化交流协会"、"华人高级软件管理协会"、"加拿大华人青年联合总会"、"环球爱心教育基金会"等 5 个移民相关的非盈利组织提供了直接有力的支持。聚集了一批拥有北美数十年工作经验、较高知名度的师资团队，形成了以华裔人才为主的高端人才聚集地。

集团中国区位于西安，成立于 2002 年，是全国知名的欧美软件服务外包人才和动漫游戏创意人才实训机构。以"创新、专业、实用"为教育理念，以"标准开发模式，实用案例教学，职业规划指导、职业素质强化"为教学特色，强调软（件）硬（件）结合、分类实施。采用独特的"北美项目过程体验式"人才实训模式。将实习、实训与企业需求紧密结合，培养和输送从事软件开发、动漫游戏制作的国际化、复合型服务外包人才，搭建企业与学员双赢的桥梁。主要业务遍布陕西、山西、河南、甘肃、成都、重庆、山东、江苏、浙江、安徽等地，并在西安、烟台、无锡、昆山设有实训基地，与全国近百所院校建立了合作关系。2008 年，已经成为陕西省文化创意产业实训平台、江苏无锡惠山区软件外包园文化创意产业平台。

2. 公司的战略定位

（1）方向定位：面向欧美的软件外包人才实训基地。不仅传授学生技术，更注重在欧美文化、外语、技能等方面影响学生。2008 年后，集团进一步确定了欧美软件服务外包人才和动漫游戏创意人才实训的方向，在原有方向基础上扩展定位动漫网游创意人才实训。

（2）模式定位：校企合作和实习实训。集团提出"依托学历教育、实施就业教育"的理念。认为实训的服务对象有两个，一个是高校，另一个是企业。培训机构就是校企合作的桥梁，让高校学生在学好扎实理论课程的前提下，通过实战实训，提高动手能力。在软件外包方面，提高编程能力、文档读写能力、流程控制和质量控制能力等。同时，在实训期间要体验软件企业的工作环境，学会团队协作、锻炼沟通能力等。维多利亚加中教育集团和高校共建实习实训基地，让大学生在校三四年的时间里，完成概念实训、技术实训、项目实训、毕业实习实训等，并负责向企业推荐优秀学员，为当地服务外包提供稳定、合格人才，成为服务外包产业的人才储备池。

（3）文化定位："创新"和"专业"的企业文化。"创新"在集团的企业文化中，一方面体现在课程体系的创新，另一方面体现在授课模式的创新。培训课程体系不仅包含技术内容，而且需要在文化、职业素养、沟通技巧、IT 外语等方面充实，课程安排体现"夯实基础＋突破方向"、"理论学习＋动手实践＋励志教育"、"项目驱动教学"等原则。

授课模式是培养合格软件外包适用性人才的关键。维多利亚加中教育集团的授课打破高校的常规教学方式，使学员身份由一名大学生转变为准职业员工，在工作习惯、心态、观念上都发生变化。培训要求学生和老师（工程师）之间是项目经理与项目组员的关系，团队协作、会议讨论、演讲教学、英语角等都体现在平时的授课模式中。同时，"创新"也体现在校企合作的模式上，"N+1"①模式、"0+4"②模式是校企合作的常用规范。

"专业"在企业文化中主要体现在课程专业性上，该培训机构的课程设置、方案设置都是由加中企业顾问团队（各企业资深管理人员）审定设置，一方面要考虑相关专业基础课程的开设，同时要与企业需求完全接轨，实现无缝链接。

（4）专业定位：J2EE 软件开发工程师。Java 语言自 2002 年就在程序语言排行上占据前五名以上的位置，很多公司的产品和管理系统也由 C/S 模式转换为 B/S 模式，Java 语言人才成为最紧俏的人才之一。集团决定把实训的专业定位在 Java 方向——J2EE（Java2 Platform，Enterprise Edition）软件工程师。

（5）服务定位：为学生服务培养实用技能，为企业服务输送适用人才。培训机构承担着为高校服务、为学生服务、为企业服务的职责。如果高校是入口，企业是出口，培训机构就是"毛坯加工成精品"的车间。通过培训，不仅要让学生能够找到工作、胜任工作，而且终生热爱这份工作。

（6）发展定位：服务全国，面向国际的服务外包培训机构。2009 年，维多利亚加中教育集团确立了国际化的目标。在理念上，确立了外包人才培养必需实施海外培训的战略。同年，在烟台高新区成立了国内第一家分公司。2010 年，集团提出了"十二五"期间的"125 工程"，开始转变院校合作模式，以双平台建设促进产业发展，并在无锡惠山区软件外包园设立了第二家分公司。2011 年，在江苏昆山设立第三家分公司，主要业务是金融 BPO 人才的实训实习。

---

① N+1：指专科 2+1 或本科 3+1 的校企合作模式。
② 0+4：指与本科高校合作办学或联合培养的一种合作模式，即校企共同制订教学计划，联合培养学生，企业从大一就参与学生培养活动。

3. 坚持国际化与本土化紧密结合的服务外包培训

维多利亚加中教育集团真正实现了国际化与本土化结合。在师资队伍上，集团有近百位具备国际化视野的优秀老师，涵盖 IT 产业、金融服务、财务服务、物流服务、英语、企业文化等领域，他们不仅是合格外包人才培养的生力军，而且能够成为我国外包企业对接欧美市场的桥梁。这为培养符合中国服务外包企业需要的适用性人才奠定了坚实的基础。

在实训体系模式上，公司建立了分类、分层次的设计实训体系。实训案例和文档均来源于北美外包企业，针对国内学生特点，进行实景化仿真企业工作环境、工作流程训练，企业文化、规范、标准开发等培训，使学生在国内就可以模拟海外工作情景。

在海内外培训互动上，海外实训是外包人才培训的有效途径。外包人才培训强调"外包不见'外'"，只有能够深刻理解发包方的文化、规范、流程、标准，才能与发包方融为一体，很好地完成外包任务。公司建立了海外实训基地，以及高清晰远程视频互通平台，真正实现了海内外师资的互动、海内外文化的交流、海内外技术的撞击、海内外模式的互通，实现了实景化、高仿真的外包流程。

4. 实施创新战略、服务战略、专业化战略

维多利亚加中教育集团创立以来，不断根据产业发展形势和问题，创新人才培养模式，以适应服务外包产业发展的需求。2002 年，集团提出"学历技能双修、高校同步训练"的人才培养模式，开展与民办高校（西安培华学院）的校企合作。2005 年，集团进入西安软件园后，成为政府指定的欧美外包人才实训基地，率先提出了"校外实训、N+1 合作"的人才培养模式，获得高校的普遍认可。2009 年，提出了"欧美人才、海外实训、高校同步"的人才培养模式，建立了"实景仿真外包流程"的远程视频海外实训模型，实现了培养模式从实训、从校外到校内的转变。目前，已与近 10 所高校开展合作实践这种模式。集团树立服务学生、服务高校、服务企业、服务产业发展的意识，使学员能深刻理解欧美企业的规范、标准、流程、熟练运用英语进行沟通交流。

5. 打造欧美外包人才交流和欧美市场对接平台

（1）欧美外包人才交流平台。外包人才的培养、引进与交流是外包产业发展的永恒主题。集团将欧美外包产业人才分为四大类，因材施教、分类使用。

图 12-3　服务外包人才分类

其中，上两层人才在海外工作，对他们的技术研发能力要求不太高，但对专业沟通能力和职业品格要求较高，特别是 Top Sales 是很难培养出来的，需要时间的磨炼和对发包方文化的深度理解，集团利用师资具有十几年海外工作经验的优势，可以充当现场经理、Top Sales 的角色。下两层人才在国内工作，对他们的技术研发能力要求逐渐加强、专业沟通能力略有降低，但也要求能够理解发包方的相关文化、规范、标准、流程等知识。目前，开发项目经理是国内培训的空白和难点，也成为集团的主攻目标。

（2）欧美市场对接平台。集团的近百名海外师资可以为面向欧美外包提供较多的国际资源、渠道和市场机遇。既培养了中高端的欧美外包产业人才，同时，也搭建了北美市场拓展、市场维护、项目分析、项目管理等方面的对接平台。

（二）欧索软件公司的经验及启示

江苏欧索软件有限公司成立于 1998 年，现有员工 500 多人，在上海、苏州、南京、合肥、济南、北京等地设立了分支机构，被工业和信息化部认定为系统集成二级资质企业、国家级高新技术企业和技术先进型企业，并通过了 ISO9001、ISO27001 和 CMMI3 认证。长期以来，公司创立了独特的商业模式，其核心是将软件服务、人才教育、人才服务相结合，打造以软件人才为核心的产业链，为客户提供最适合的软件产品、咨询服务和人才。

1. 搭建服务外包人才公共服务平台

（1）主要的平台类型。欧索软件公司搭建公共服务平台的目标是构建人才培养、储备、供给、引进和发展的服务体系。平台包含 1 个综合信息门户与 4 个功能平台。

综合信息门户：作为一个公开展示的窗口，能够进行公共信息发布、功能平台集成、用户配置等操作；作为政府政策制定的参考，可以对平台后台运行数据进行挖掘分析；同时也支持广告发布与课件资源交易服务。

在线学习平台：提供企业知识库建设管理、企业内部学习课件、学习与跟踪等服务功能，帮助企业有效沉淀知识形成体系，并与需求的企业分享。

企业实训平台：以完成企业项目与岗位能力培养为着力点，通过导入企业典型项目、把项目分解为真实工作任务，再按不同岗位培养目标把工作任务分解到不同岗位，形成岗位成长方案。岗位成长方案可用于企业内部新人的培养，也可以用于合作院校储备人才的培养。

人才测评平台：从人才素质、技术能力、岗位能力 3 个方面提供测评服务，给企业在招聘、内部培养过程中对员工的能力素质进行分析提供参考，同时平台也可以为院校培训机构提供测评指导。

人才中介平台：平台的完整服务能向企业提供强大的招聘服务，通过使用平台过程中的相关数据记录，企业招聘时可以通过平台看到择业者的简历、参与项目实训的绩效情况、平时关注哪些知识、对什么感兴趣，以及参与测评的结果等，提高筛选的效率与针对性。

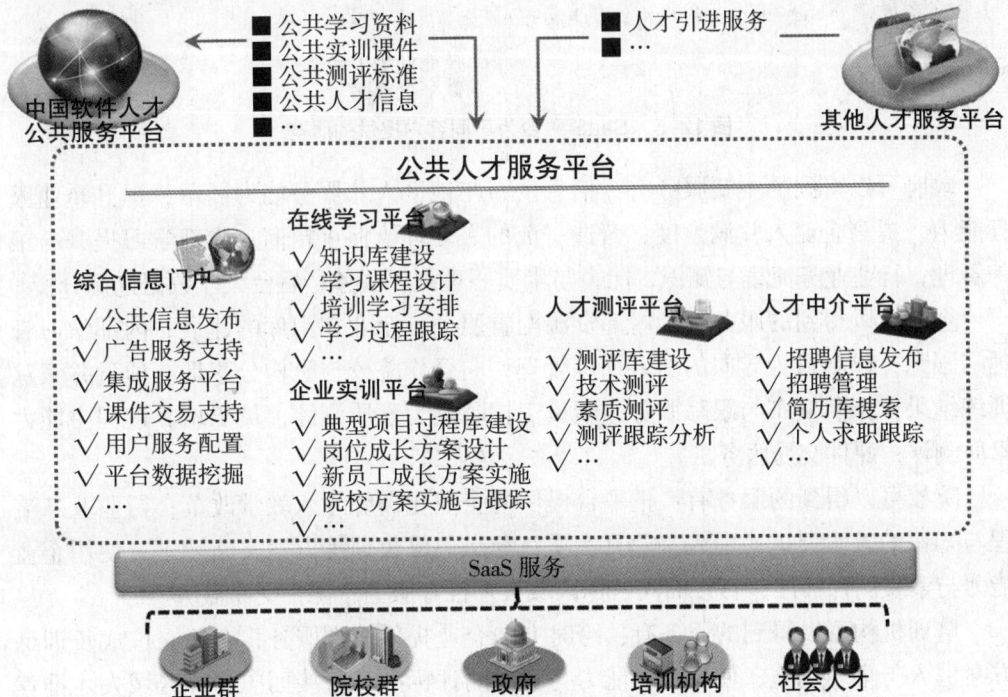

图 12-4　服务外包人才培训公共服务平台

（2）SaaS 平台为不同客户提供的服务。通过 SaaS 平台，可以为主要客户提供五大类的服务。

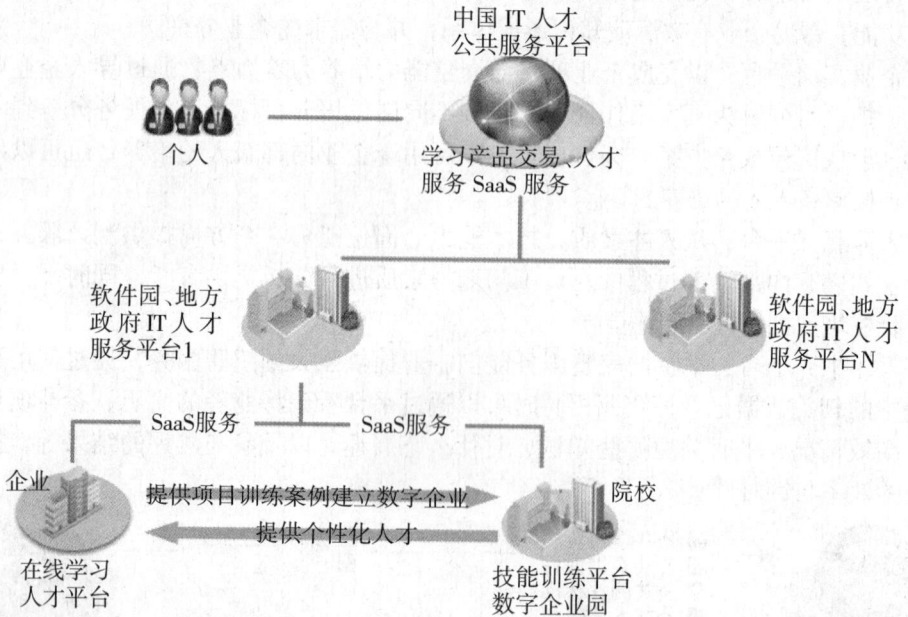

图 12-5　SaaS 平台为不同客户提供的服务

政府可以得到的主要服务有：信息发布与地区人才服务能力展示；提升企业服务能力，提高企业入驻满意度；营造一流的人才环境促进招商；内部学习提升与跟踪管理；行业业务流程与知识；能力与素质心理测评服务；后台人才数据挖掘分析。

企业可以得到的服务有：内部资源配置服务；企业知识库的建设；内部学习管理与跟踪；以项目为导向的新人训练管理；向合作院校与机构分享训练项目并跟踪训练结果；招聘发布与跟踪服务；新员工招聘能力素质测评；员工培养过程中能力素质测评；课件交易服务。

院校可以得到的服务有：把平台提供的企业化训练导入教学改革；行业业务流程与知识的教学引进；引入企业真实项目与岗位成长训练方案实施教学；使用企业能力与素质测评标准；直接面向目标区域人才推荐服务；课件交易服务。

培训机构可以得到的服务有：跨时空向企业提供培训服务；企业岗位成长训练方案引入与集中实施；使用企业能力与素质测评标准；直接面向目标区域人才推荐服务；课件交易服务。

个人可以得到的服务有：平台公共课件的学习；训练机构的咨询体验；平台公共测评的使用；求职跟踪；课件交易服务。

2. 建立服务外包人才培训标准体系

经过多年实践，欧索建立了一套服务外包人才培训标准体系。2010 年 8 月，欧索申报的标准体系正式成为江苏省质量技术监督局、省发展和改革委员会、省经济和信息化委员会联合批准的"江苏省服务业标准项目计划"软件人才培养服务规范。申报岗位包括有：游戏美术设计工程师、网络游戏工程师、软件测试工程师、嵌入式应用工程师、嵌入式系统工程师、.net 软件开发工程师、Java 底层软件开发工程师、JavaWeb 软件开发工程师、3G 应用工程师、3G 开发工程师。

岗位标准体系：针对服务外包企业的主要岗位进行定义，包括岗位类别、岗位职责、任职资格、薪酬建议、岗位培养、替代岗位和职业发展等。

课程标准体系：确定产业需求较大和优先鼓励培养的人才类别和岗位，从技术课程体系和行业课程体系两个维度制订。例如：技术课程体系包括 Java 软件工程师、.net 软件工程师、测试工程师、C/C++ 软件工程师等，行业课程体系包括基础软件、工业软件、智能电网、智能交通、通信、互联网、软件技术外包、数字内容、集成电路设计等软件和信息服务业重点领域，形成复合人才培养的课程体系。

师资标准体系：师资培训包括对授课师资的技术能力、授课技巧、授课手段和学生管理辅导能力进行培养。师资认证标准包括师资的基本任职条件、师资技术和授课能力考核体系，指定课程模块的任教资格证书管理、课程体系升级的再培训和认证等。

测评标准体系：对于软件人才的考核、选拔、认证、评级有利于掌握软件人才的分布和状态。测试标准涵盖软件人才培训认证体系（含在线学习及实训），在职软件人才技能测评体系、软件人才任职资格测评体系（含招聘及选拔），这些评测标准体系将应用于培训机构对学员的认证、软件企业对在职员工的能力评测、人才中介服务企业对应聘人员的技能测评和甄选。

培训机构标准体系：包括人才教育培训基地的硬件、规模和环境，师资认证和课程研发能力，人才培养层次、效果评估和认证等方面的认定标准和机构认定的管理体系。

3. 创新服务外包人才培养模式和流程

第一，通过实施校企对接，在高校建设数字企业园，帮助企业实施人才储备计划。数字企业园是在产业政策与人才标准体系的指导下，把企业运营环境、项目及相关的教辅资源引入院校，通过特定的成长方案培养人才的教学实施体系。第二，通过"线上＋线下"、情境化训练等模式，建立以企业需求和真实项目为导向的人才培训模式。第三，创建院校人才输送及企业人才需求对接的平台。

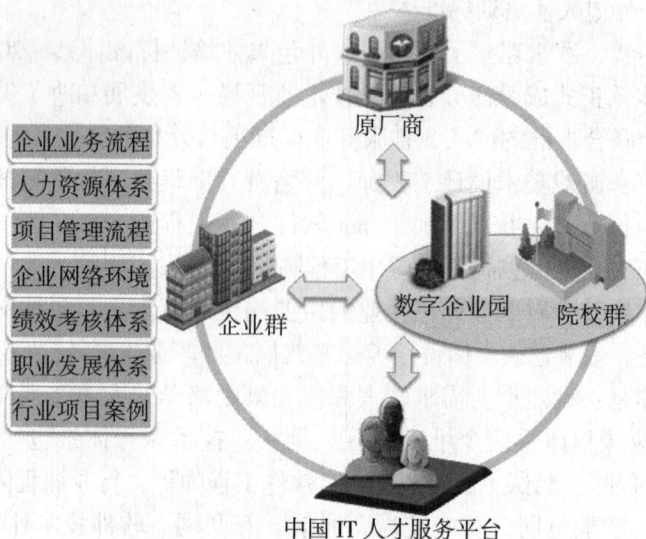

企业业务流程
人力资源体系
项目管理流程
企业网络环境
绩效考核体系
职业发展体系
行业项目案例

原厂商

企业群　数字企业园　院校群

中国 IT 人才服务平台

图 12-6　校企对接的培养模式

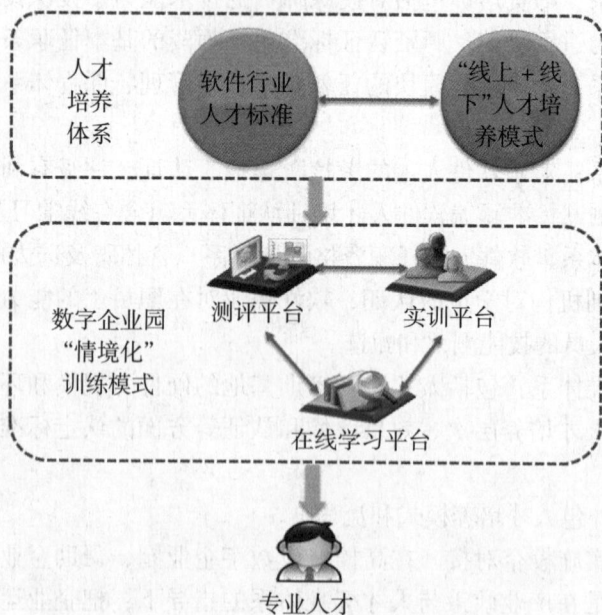

人才培养体系

软件行业人才标准　⟷　"线上＋线下"人才培养模式

数字企业园"情境化"训练模式

测评平台　实训平台

在线学习平台

专业人才

图 12-7　数字企业园培养模式

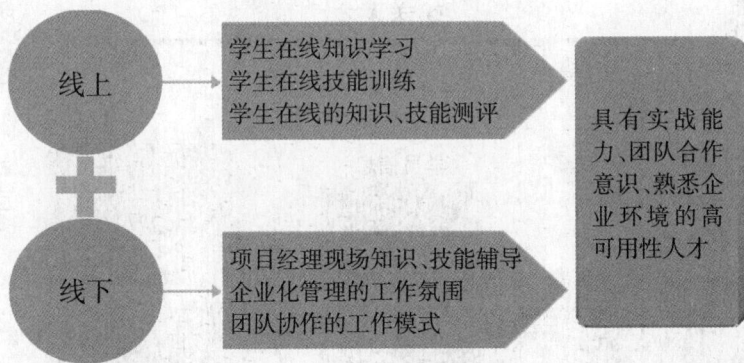

图 12-8 "线上 + 线下"的服务外包人才培养模式

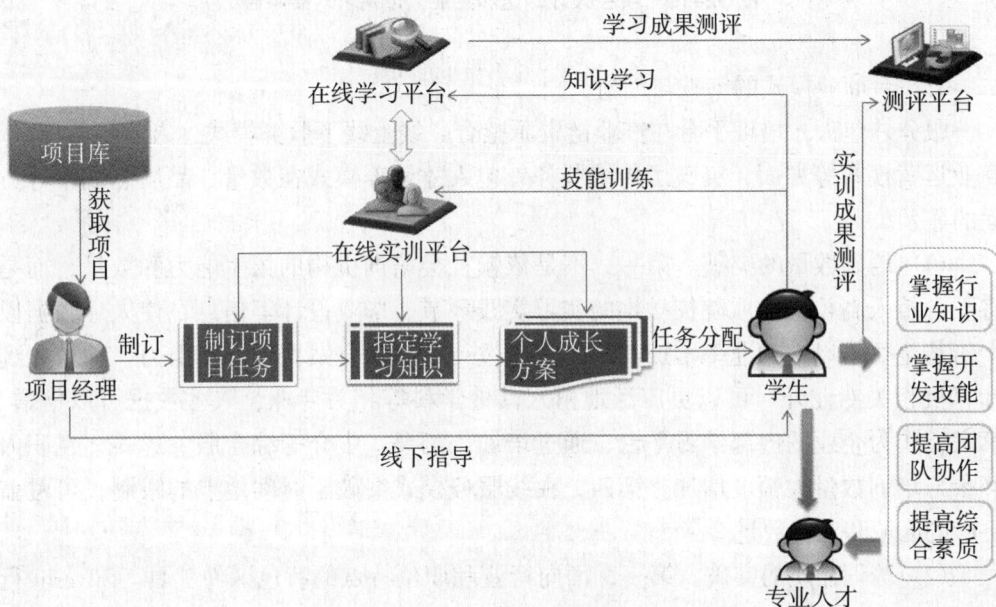

图 12-9 情境化训练模式

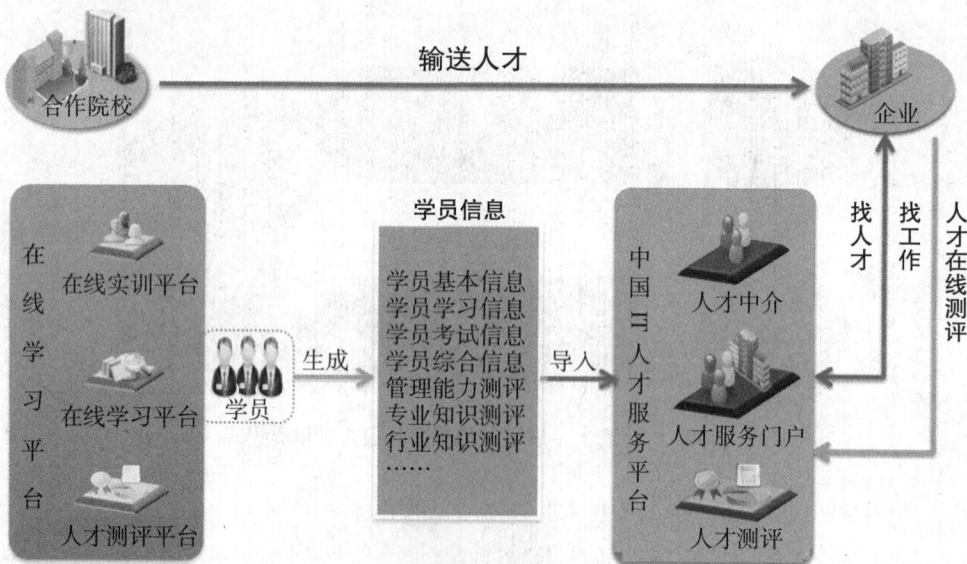

图 12-10　院校人才输送和企业人才需求对接平台

4.平台商业模式的突破与创新

服务外包人才培训平台在产业链资源整合、线上线下服务模式、人才培养模式、商业运营模式等方面，突破了传统服务外包人才培养模式在数量、品质、成本等方面的瓶颈。

(1) 培训数量的突破。第一，不是依赖社会培训机构的招生能力和数量，而是将平台植入高校，抓取院校学生的实习实践环节、毕业设计等信息，使人才数据以十倍甚至百倍以上的速率增加。第二，通过行业解决方案课件的吸引力，除植入到计算机相关专业外，可以更广泛地植入其他学科等相关专业，人才数据可以倍增。第三，作为企业的内部学习平台，通过培训、测评、中介等综合服务形式，在职人群参与培训数量大幅度增加。第四，在线服务模式突破了时间地点的限制，可覆盖更广的区域和人群数量。

(2) 培训品质的突破。第一，面向行业和职位特点的特色课件工具。Silverlit 行业流程和业务特色课件制作工具、根据项目和工程特点任务为导向的课件制作工具，创新的情境训练模式，突破了传统以书本为主的培训模式，更适合培养具备行业业务能力、行业解决方案技能的复合型人才。第二，专家和讲师的行业经验、核心技能、知识体系等固化为平台课件，线上线下相结合的训练模式，突破了优秀教师的数量和时间限制，更多人可以共享优质的师资。第三，人才培养机构通过共享平台资源，突破了师资能力不足、行业积累不足、培训生源不足的制约，除进行通用型技能培训，还可以满足岗位多样化的人才需求。

（3）培训成本的节约。第一，线上线下相结合的服务模式，能够方便院校和企业自主组织培训，极大地降低了师资成本、时间成本、生活成本。第二，通过平台企业会员包的策略，积累大量和固定的平台企业会员中高级培训需求，可以定期开设中高级培训公开课，解决了中高级培训因师资成本高、参加人数少所形成的高成本制约。第三，突破了由于费用支付能力、时间受限等因素造成的参训人数少的问题。

（三）西源软件的经验及启示

成都西源软件技术有限公司是成都颠峰软件集团的子公司，成立于 2007 年，是 2009 年成都市商务局、劳动和社会保障局、教育局首批认定的"成都市服务外包人才培训机构"。公司形成了校企合作的渠道，尝试企业人才培训机制提前嵌入大学生教育和教学过程，有针对性地培养技能型、实用型、规范化的软件人才。公司与四川省内 30 多所大学、大专、高职建立了良好的合作关系，是 20 多所大专院校的学生实习实训基地；与 20 多个软件企业、呼叫中心等建立了密切的合作关系；并与相关企业的技术骨干、项目经理签订了培训教师协议。成立以来，每年培训 1500 名高职及本科类院校毕业生，实训学生就业率在 90% 以上，切实解决了企业招人难和高校毕业生就业难的问题。

1. 创新办学理念

第一，创新课程体系。根据企业需求定制课程，针对现实的岗位目标，量身定做相适应的课程计划。第二，创新教学内容。针对特定企业岗位的语言培训、职业素养培训、项目管理培训等，实现用人单位缩短人才培养周期、降低新员工培训成本。第三，创新教学模式。公司提供真实的项目实训环境，学校从企业引入教学案例和指导教师等，使学员在"真实的项目、工作环境、人际环境"中学习真实的职业技能，毕业后能够很快胜任工作。第四，创新学习方法。为学校和企业提供各种先进的软件学习平台和手段，如来自 IBM、SAP 等各种动漫软件的运行环境、课件和讲师等。提供全新的学习方法，如 E-Learning，让学生随时随地、密切联系实际地进行学习。第五，创新辅导就业。以知名企业和大型企业为依托，与各类 IT 企业紧密合作，针对确定就业岗位和学员的职业规划进行实用型人才培训，并推荐就业。

第六，创新学习、就业和创业交流平台。建立学员俱乐部，为学员提供一个相互之间、与业内人士交流的平台，为将来的职业发展构筑良好的人际关系网络。第七，创新岗位互动。学校和企业共同拟定在职培训计划，吸引企业技术骨干回到学校更新理论知识，学校老师进入企业实战项目，强化理论联系实际的能力。

2.建立与学校合作培训的主要模式

（1）BPO培训模式。主要分为语音类和数据类两大类，培养IT蓝领工人。目标学生为中职或大专的计算机或相关专业学生，采用2+1的培养模式，即2年学校基础教育，1年企业实习实训+顶岗实习。企业培训1年期间又划分为两个阶段，3个月基本技能的强化培训和9个月的顶岗实习，学生毕业即转为公司正式员工。

（2）ITO培养模式。面向本科计算机软件专业学生，采用3+1的培养模式，即3年在校基础教育，1年企业课程置换实习实训。企业1年实习分为两个阶段，6个月在公司参加模拟项目演练，6个月到企业担任项目成员。在实习过程中完成毕业设计，毕业设计采用双导师制，在校教师和企业项目经理同时担任论文指导老师，学生用企业的实习换取学分，最后毕业。整个实习实训过程以项目驱动，相当于学生在毕业前就已经拥有了1年的项目经验。

（3）教师资源共享。由企业资深项目经理担任合作院校的专业课老师，让当前最流行的前沿技术能够及时普及学校，也让学生在校期间随时能感受到行业和企业的氛围。

（4）共同培养双师型教师。公司的技术部门岗位随时向合作院校的师资开放，引入学院教师到企业来实习，保持学院教师团队的技术先进性。

（5）共建工作室。把企业的工作室建到学校去，工作室由企业员工和学校老师共同组建，学院一般具备技术研发能力和行业背景，企业具有获得项目的资质及先进的管理流程，两者相结合可以获得更多订单，既锻炼了师资队伍，又提高了教学质量，同时项目案例又可以改进成教学课件，增强学生的项目实践能力。

（四）成都信息工程学院的经验及启示

成都信息工程学院在办学模式创新、课程体系创新和实践教学创新方面，总结和摸索出一套"虚拟学院、专业融合、分类培养"的模式。

1.办学模式创新：虚拟学院

学院整合全校与服务外包相关的11个二级学院26个专业，组成相对松散的虚拟学院，前3年基础和专业课基本不变，着重利用最后1年实践，根据社会需要，采取专业融合和校企联合分类培养的灵活机动的人才培养模式，从而做到快速有效地培养软件与服务外包人才。摒弃了招生、专业基础教育和学生日常管理等大量的工作，可以集中精力有针对性地抓好供需环节和实践教学等重点工作。

2. 课程体系创新：专业融合

学院利用校企联合建立的服务外包实训基地，重点针对相关专业大学四年级学生，把原来最后一年的毕业设计和实习进行调整，设置交叉学科、新兴边缘学科，进行一定程度的专业融合，有效解决学生知识面窄的问题，提高了综合技能，满足了不同企业对人才数量、类型及复合型的需求。如，金融服务外包人才培养主要有以下几种融合："计算机＋金融"、"金融＋计算机"、"英语、日语＋金融、计算机基础"及其他专业选择性融合。

3. 实践教学创新：校企紧密联合

学院引入三泰电子、金证股份、中国移动四川分公司等，联合在校园内建立了一个研究中心（金融服务外包研究中心）和4个服务外包实训基地（银行业 ITO 与 BPO 实训基地、证券业 BPO 实训基地、保险业 BPO 实训基地、电信业呼叫中心实训基地），有效地解决了师资单一，学生实战能力不足问题。

（五）成都服务外包在线培训平台的经验及启示

1. 平台的基本情况

成都服务外包行业在线培训公共平台（http://training.cdcass.org.cn，以下简称"在线培训公共平台"）由成都服务外包行业协会主办，于2010年10月建成并投入试运营。其目的是为了满足当地服务外包产业对人才复合性、行业知识、职业素养的要求。在线学习平台通过近10个月的运行，目前实名制用户近3000人，他们是来自于省内各大院校师生，专业涉及软件工程、软件测试、网络工程、数字媒体、金融、商贸服务等服务外包专业。

2. 平台开展的主要创新服务

（1）产业资讯和行业知识交流。通过学习来自国内外及成都服务外包产业发展的资讯，加强学习者对服务外包的认知和理解，动态了解服务外包的发展。

（2）常春藤世界名校的精彩课程。通过引进耶鲁大学、哈佛大学、斯坦福大学等世界名校的开放课程视频及资料，推广博学的思维方式，为成都服务外包行业的人才提供有先进工作理念、良好心态的高素质人才。

（3）引入服务外包人才培训机构课程。目前，平台已成功引入国信安基地、成都东软学院的相关精品课程，通过视频进行知识的分享，通过动手练习让同学们及时巩固所学知识，并通过将名师的优质代码与自己的比较，提升技术能力。

（4）"校园行"系列公益讲座。2010年平台启动了"校园行"活动，通过沙龙、公益讲座等方式，邀请专家、企业人士走进院校，与院校师生探讨人才培养问题，并进行产业知识、行业背景普及，学习心态及职业方向引导，职业习惯教育等。已走进西南石油大学、成都东软学院、成都大学、四川商务职业学院、成都青苏职业中专学校等院校，直接参与现场的同学3000余人。

（5）在校学生"培训机构·企业行"。通过邀请同学们参观培训机构、企业并和企业人力资源经理、在职员工交流，使同学们与培训机构、企业有进一步的了解与互动，帮助在校学生真实了解行业动态，提前为自己未来的择业做好思考和实际准备。在校学生"培训机构·企业行"已走进成都英才软件职业技能培训学校、音泰思计算机技术（成都）有限公司、成都市青羊区力方职业技能培训学校等培训机构和企业，直接参与人数300余人。

（6）暑假夏令营。平台2011年启动了"万人免费学CG（电脑图形）"和"百杰行动·大学生公益IT项目实战训练夏令营"两个项目，分别是CG方向和程序开发（Android、Java）方向，面向服务外包相关专业学生或拟入行从业者，进行一个星期的免费暑期夏令营。全程邀请服务外包领域资深人士带队训练，学生按照准员工的实施方式，通过具体项目增加了学生的行业经验，增强了投身于IT产业的信心，培养了良好的职业素养和团队协作精神。

第四编 国际经验与政策研究

第十三章 国际经验与我国服务外包政策发展

近年来，随着越来越多的跨国公司服务业离岸，全球服务外包浪潮高涨，许多新兴经济体和发展中国家都在抢抓机遇，把服务外包作为重要的新兴服务业加以扶持，通过加强产业规划指导、大力吸引外资，实行优惠的财税政策和土地政策、加强通信基础设施投入、加强教育投入、加强知识产权保护、完善服务体系、设立服务外包园区等方式，促进服务外包产业发展。本章着重介绍了印度、爱尔兰、巴西、俄罗斯、菲律宾等国家促进服务外包发展的经验，供我们借鉴。与此同时，对我国服务外包产业政策的发展进行梳理，并提出对策建议。

一、印度促进服务外包产业发展的经验

（一）印度服务外包产业发展状况

印度拥有 11 亿人口，是世界第二人口大国，人均收入不足 600 美元，但目前是世界最大的软件外包国家、世界第二大计算机软件出口国，软件出口额占全球市场份额的 20%，美国客户购买的软件产品有 60% 是印度制造的。印度是全球离岸服务外包的最大承接国，约占全球软件外包市场的 65%、整个服务外包市场的 46%。2010 年，印度服务外包业务量达到 700 多亿美元，位居全球第一，实现了 10% 以上的增速，IT 外包增长 23%；软件和客户服务外包出口达到 600 亿美元，年增长率为25% 左右。据印度劳动和就业部门统计，在 2010～2011 财年期间，印度全部新增就业人数 97.9 万人，其中信息技术和业务流程外包部门新增就业人数达 66.5 万人。据印度全国软件和服务企业协会（NASSCOM）估计，到 2020 年，ITO 和 BPO 的出口额将增长近两倍，达到 1750 亿美元；ITO 和 BPO 行业除提供 230 万人直接就业外，提供间接服务的将达到 650 万人。

印度软件与服务出口的主要方式是离岸外包，目前软件产业中有80%的收入来自外包业务。据世界银行对各国软件出口能力的调查和评估结果显示，印度软件的出口规模、产品质量、生产成本等综合指标均名列世界第一，业务范围除软件外包外，呼叫中心、后台服务、金融服务、研发中心、动画制作等都有较强的竞争力。印度离岸外包发展大致经历了3个阶段。[①] 第一阶段（1997~1999年），以跨国公司建立离岸外包机构为主。"千年虫"危机给印度公司提供了软件外包的历史机遇。1997年，GECS公司在印度建立了第一个国际呼叫中心，主要承担货币收款、信用卡服务和数据管理等业务。随后，其他跨国公司也陆续建立了为海外总部提供服务的外包公司。印度服务外包企业主要集中在新德里、孟买和班加罗尔。第二阶段（1999~2000年），本土公司和在岸服务快速发展。随着大量具有跨国公司工作经历的员工陆续创办自己的公司，印度当地外包企业开始兴起。这一阶段，印度大企业包括Hero、Reliance、Hiranandani和Godrej等释放外包业务，在岸外包的发展对于推动印度服务外包产业上规模、上层次发挥了重要作用。第三阶段（2001年至今）。这一阶段，印度服务外包产业已经走向成熟，并成为印度经济发展的支柱产业和就业的主要渠道，涌现出TCS、Infosys、Wipro等世界级企业。NASSCOM认为，"ITES-BPO部门内部的增长主要来源于大公司"。2001~2003财年，跨国公司自己的外包机构占全部外包企业的比重从42.6%上升到了57.8%，而第三方外包提供商的比重从57.4%下降到了42.2%。

（二）印度促进服务外包产业发展的主要政策措施

印度服务外包产业的迅速发展，除英语素质、时差、人力成本等优势之外，政府在推动软件与服务外包发展方面发挥了极为重要的作用。通过实行财政税收优惠政策、创新高等教育体系、完善人才培训体系、完善知识产权保护的法律法规、鼓励产业园区发展、发挥行业协会作用等，形成了一整套完善的促进政策体系。

1. 加大软件产业扶持政策力度

为了促进软件外包和出口，吸引外国投资，印度政府陆续制订了相关政策与计划。

---

① 李辉：《爱尔兰、印度、俄罗斯发展服务外包比较研究》，载《中国国际服务外包产业发展研究报告》，2011年。

（1）税收优惠政策。1986 年，印度政府对 IT 企业实施 5 年减免 5 年减半，再投资部分 3 年减免等一系列的措施。1991 年印度税法规定，符合条件的软件企业在 2010 年前免征所得税；从事软件及信息服务出口企业 2010 年前免征出口关税，对生产软件产品免征流转税。对软件研发所必须进口的软件实施零关税优惠，对为开发软件而进口的硬件设备也实行不同的关税减让；在国内注册的软件企业，若在 5 年内实现外汇净收入 25 万美元以上，则进口设备可享受零关税，国内采购的中间产品免除地方税外，相当于出口产品价值 50%的产品可在国内市场销售等。2000 年 3 月起，印度政府在全国批准设立 140 个经济特区，企业在 10 年期满后还可通过经济特区政策延续享受税收优惠。

（2）金融优惠政策。印度政府在政策性金融机构设立软件产业风险投资基金，为软件企业提供信贷扶持；同时，大力推动符合条件的软件企业上市融资，积极吸收跨国风险投资。此外，放宽了软件企业海外收购的有关限制，使印度软件企业通过收购兼并向集团化和跨国化方向发展。

（3）"电信港（Teleport）"计划。针对薄弱的基础设施建设，印度政府积极实施"电信港"计划，投入巨资建成了由高速宽带通信设备、数字交换与传输设备、跨国通信网络以及卫星地面站组成的网络系统，为国内软件企业和海外研发机构提供可靠的数据通信连接。为了顺利实施这一计划，印度政府打破了几十年由国营电信企业垄断的体制，取消了电信设备的特许生产制度，向外资开放电信产业，并逐步实施电信部门私有化。目前，班加罗尔等主要软件园的"电信港"设施基本达到或超过了世界电信港的标准。

2. 建立大规模、多层次的软件外包人才体系

（1）依托知名高等院校培养软件外包尖端人才。印度软件业的腾飞与其人才基础、教育基础有密切关系。印度拥有科技人员总数居世界第三位，仅次于美国和俄罗斯，懂英语的技术人才居世界第二位，仅次于美国。印度高等教育在发展中国家名列前茅，有 237 所大学，10600 所学院，在校生 707.8 万名，教师 33.1 万名。20世纪 50 年代，印度参照美国麻省理工学院的模式，在全国陆续建起了 7 所"印度理工学院"，分别是：德里（Delhi）理工学院、坎普尔（Kanpur）理工学院、卡哈拉格普尔（Kharagpur）理工学院、马德拉斯（Madras）理工学院、孟买（Mumbai）理工学院、瓜哈提（Guwahati）理工学院和卢克里（Poorkee）理工学院。这 7 所学院为印度软件产业发展作出了不可磨灭的贡献，印度高级软件人才大都出自这些学校。印度每年培养 100 万名工程学毕业生，使软件技术人才十分充裕，软件编程人员达

140多万，这些世界一流水平的高校为印度软件公司成为世界级规模企业提供了人才保障。

(2) 依托职业教育大规模培养基础外包人才。印度除发挥理工技术学院在培养IT高级人才方面的优势外，还十分重视职业教育。在近400所大专院校、3000所中学开设不同层次的电脑软、硬件课程。班加罗尔除10余家科研院所、名牌大学之外，还有近80所小型工程技术学院，每年共培养3万名工程师，其中1/3是各种软件人才。职业教育大大缩短了软件外包人才培养周期，降低了培养成本。目前，印度每年约有50万新生软件人才，80%是职业教育与培训机构培养的。

(3) 大力发展各类培训机构教育。印度鼓励私营、外资培训机构参与信息技术人才培训。如，印度最大的私人电脑教育机构APTECH在印度设立1000家以上的分校，聘请具有丰富实践经验的企业家和软件工程师讲学，提高了学生的实际操作能力。仅私营国家信息技术学院及安得拉邦技术学院，每年就要对30万人进行IT资格培训。同时，政府还鼓励软件企业兴办培训机构。如，印度全国信息技术研究所有限公司，在20个国家设立了800个教育中心，每年培训15万软件人才。印度阿普特克计算机教育公司在30个国家设立了1500个教育中心。

(4) 注重培养"复合型"的软件人才。一方面，印度学校重视计算机学科与其他学科的交叉培养，也就是说，软件工程师不仅懂得软件程序设计，而且要具备哲学、历史、艺术等学科知识；另一方面，重视学生沟通能力的培养。

(5) 鼓励海外企业家与技术人员回流。海外印裔人口有近2000万人，主要集中在美国，美国硅谷的高科技人才中38%是印裔，软件工程师中印裔占1/3，这些人掌握了世界软件开发先进技术、熟悉国际商业规则、并拥有良好的客户关系。自20世纪80年代以来，印度政府在减免个人所得税、股权激励、金融支持、简化出入境手续、子女教育等方面制定了一整套优惠政策，以吸收大批海外科技人才回国。这些人才回国后为印度企业出谋划策、提供商业信息、直接投资等，成为印度软件外包发展的中坚力量。班加罗尔约有35000名印度人带着技术与工作经验从美国返回。

3. 注重软件科技园区建设

软件园区是印度软件产业发展的主要载体，也是印度政府促进软件产业发展的主要抓手。印度软件园计划应追溯到1982年，英·甘地在泰米尔纳德邦科塔吉里建设第一个科技园，进行软件、微电子、电信、药学、生物工程等尖端技术的研发，吸引了相当数量的回国科技人才，为软件产业发展奠定了基础。在拉·甘地和拉奥主政时期，先后成立了电子部和"软件发展促进局"（以下简称"SDPA"）。1991年，印度政府提出了"软件技术园区计划",并在班加罗尔建立第一个计算机软件技术园,经过十几年的发展,该园区已成为世界第五大信息科技中心,被誉为"印度硅谷"。目前,在班加罗尔、马德拉斯、海德拉巴、孟买、浦那、甘地那加尔、斋浦尔、加尔各答等地设立了 17 个国家级软件园区,园内企业共 6000 多家。为了帮助印度企业与美国市场对接,2000 年,印度在硅谷设立了软件园,一方面方便了中小企业对美国的出口,另一方面也为印度企业与美国金融、投资、贸易机构建立联系提供了方便。

在税收政策上,软件园在进口关税、所得税、劳务税实行减免政策;在引进外资上,印度政府规定可设立外商独资企业;在管理服务上,科技园内设立管理中心,为软件企业提供快速审批、简化出口手续、低价出租基础设施与公共服务设施等一系列服务;在硬件基础设施上,印度政府大量投资通信设施、高速数据通信线路和卫星地面接收站等服务设施;在金融上,印度储备银行在资金使用、股权处置方面提供了多种便利政策。

4. 建立与完善知识产权保护体系

印度知识产权法律体系比较完善,包括版权法、商标法、专利法、设计法、地理标识法等。《版权法》(1957 年)经过印度议会 1994、1999 年两次修订,2000 年 1 月正式实施,被认为是世界最严格、最接近国际惯例的版权法之一。《版权法》依据 WTO 中《与贸易有关的知识产权保护协议》(TRIPS)的基本原则,首次将计算机软件列入保护范围,对数据库知识产权、以源代码或目标代码表达的计算机程序、著作出租权的保护范围、权利限制与作品的合理使用等方面进行了重大调整。该《版权法》明确规定出售出租未经版权持有人授权的复制计算机软件属于违法行为,对侵犯版权的行为根据其违法情节可处以 5 万到 20 万卢比罚款,或 3 年以下 7 天以上的监禁。《版权法》降低了软件盗版率,保护了软件企业的利益和创新积极性,同时,吸引了大批外国公司在印度设立离岸中心并把更多离岸业务外包给印度企业,为发展软件和服务外包产业营造了有利的商业环境。印度还于 1999 年、2002 年、2004 年对《专利法》进行了修订,2005 年开始实施新的《专利法》,知识产权制度与国际体系全面接轨。此外,印度还制定了《信息技术法》、《半导体集成电路设计法》加强软件的知识产权保护。

同时,NASSCOM 于 1994 年开始联合各界大力推行软件正版化,提倡印度企业注意替客户保守商业秘密,严格履行合同;鼓励企业按照国际标准制造软件等企业道德诚信建设。印度电子部率先从美国引进了软件能力成熟度模型(CMM)大力推广。印度是世界上获得软件企业 ISO9000 认证最多的国家，也是获得 SEI—CMM5 级认证企业最多的国家。

5. 发挥行业协会作用

NASSCOM 是印度信息技术和软件业最具有影响力的组织，拥有 1100 家会员单位，其中 200 家是全球性公司，在全球服务外包产业具有权威性影响和地位。NASSCOM 在推动印度软件外包产业发展上发挥了重要作用，主要体现在政策推动、咨询顾问、政府协调等方面，保证了印度在全球离岸服务外包中的领导地位。如，NASSCOM 积极推动政府电信产业开放和私有化，使 ISP（互联网服务提供商）从 1 个发展到 150 个，VSNL 网络连接费用从原来的每小时 30 卢比降低到包月 500 卢比，降低了运营成本；积极推动政府颁布反盗版法、建立反盗版热线，加快完善知识产权保护制度；在行业规范发展上，NASSCOM 通过规范软件外包业务流程、创建服务外包发展论坛、组织企业国外参展、推动企业加强合作等形式，为国内企业承接服务外包业务搭建平台，营造了良好的商业环境和市场秩序。

二、爱尔兰促进服务外包产业发展的经验

（一）爱尔兰服务外包产业发展状况

软件和服务外包产业在爱尔兰的产业升级中发挥了龙头带动作用。目前，爱尔兰已经形成了以电子、计算机等高新科技产业为支柱的产业结构，被称为"欧洲软件之都"，目前欧洲市场 43% 的计算机、60% 的配套软件都是由爱尔兰生产的。据爱尔兰国家软件理事会统计，到 2008 年年底，爱尔兰有 900 多家软件企业，其中外资企业 140 多家，软件从业人员 2.4 万人，软件产品和服务出口额 230 亿欧元，占国内软件总产值的 95% 以上，成为全球软件和信息服务出口大国。

爱尔兰服务外包发展大致经历了 3 个阶段。第一阶段为起步阶段（1970~1985 年）。在起步阶段，外资发挥了十分重要的作用。爱尔兰政府为了营造良好的投资环境，建立了世界一流的电信通讯设施，同时利用自身的语言和文化优势，制定各种优惠政策，吸引外资进入。跨国公司进入爱尔兰主要是进行软件本地化、软件复制及销售服务，利用爱尔兰作为软件生产基地向全球出口。第二阶段为发展阶段（1986~1995 年），软件业逐步成为一个新兴产业。爱尔兰的公司开始进行软件的自主开发，同时向国际市场销售软件产品。第三阶段为高速发展阶段（1996 年至今）。这一时期，跨国公司和本土服务外包企业竞相发展；除软件外包之外，BPO 业务呈现

出快速发展态势。

目前，爱尔兰是摩托罗拉、IBM、Intel、Lotus 等公司在欧盟总部的所在地，世界十大软件公司有 7 家在爱尔兰办厂、设立研发中心。爱尔兰软件业 90% 以上的就业机会、销售收入、出口收入是由跨国公司创造的。爱尔兰企业主要从事软件开发和定制、本地化和版本翻译、生产和销售以及技术支持等商业活动，主要涉及领域包括通信产品、金融、软件工具及中间件、因特网工具及应用、多媒体与电脑辅助培训等，逐步在工业嵌入、移动通信、企业管理、中间件、加密技术和安全等领域成为国际领先者。在呼叫中心、商务服务外包等领域，爱尔兰逐步在欧洲处于领先地位。许多国际公司利用电信技术及本地制作的软件将爱尔兰作为远程销售和远程支持中心基地，主要职能是电话销售、计算机及系统软硬件的技术与客户支持，航空、酒店、其他住宿服务的预订及客户服务等。

(二) 爱尔兰促进服务外包产业发展的主要政策措施

爱尔兰政府为促进服务外包发展，1981 年制定和实施了"国际服务业鼓励计划"，1991 年成立了国家软件发展指导委员会，制订科技发展计划，设立专项研究基金。充分利用其区域和文化优势，在税收优惠政策、园区建设、知识产权保护等方面制定了一系列支持措施和政策。

1. 充分利用地缘文化优势开拓市场

爱尔兰是英语国家又是欧盟成员国，欧盟成员国公民在爱尔兰享有务工自由，有利于人力资本要素流动。欧盟市场有 20 多种语言的需求，爱尔兰可以吸引欧盟区其他国家双语和多语技术人才，将美国软件公司的产品欧版化，翻译成不同语言的软件产品，使爱尔兰成为美国公司进入欧盟市场的门户，这也是大量美国软件公司在爱尔兰设立基地的原因。此外，在美国的 4000 万爱尔兰侨民也促进了本土与美国 IT 产业的联系。

2. 发挥"欧洲低税港"的优势

爱尔兰素有欧洲低税港之称，实行 12.5% 的企业所得税，增值税为零，在加工过程中进口货物免征关税，对研发活动提供 20% 的税收信用金，并与 44 个国家有税收协定，可以长期以低税率吸引外资。为了吸引服务外包企业，爱尔兰对 1998 年 7 月 31 日前在当地注册的金融、批发、咨询等国际服务企业，在 2005 年前最高征收所得税 10%，2006 年提高至 12.5%，公司利润可以自由汇出爱尔兰；对工厂、建筑和设备给予折旧补贴；在爱尔兰获得专利并开发的产品免征所得税；在自由贸易区内注册的公司进口物品（包括主要设备）免征增值税；从非欧盟国家进口的用于储存、处理和加工的物品免征关税；出口到非欧盟国家的物品免征关税等。

3. 注重服务外包园区开发与建设

爱尔兰政府通过扶持开发区为服务外包产业提供支持。爱尔兰香侬开发区始建于1959年，是全球最早的经济开发区，并先后设立了世界上第一个免税工业区和第一个自由贸易区。在扶持政策方面，爱尔兰政府向香侬开发公司投入资金，由该公司以100年至130年长期租赁方式，向政府支付较低租金取得建设用地，然后低价转租给开发区企业，保证了园区地价平稳，并依托开发区吸引外资。香侬开发区现有本土公司610多家，国外公司120多家，英特尔、通用电气、汉莎技术、赛门铁克、戴比尔斯等10余家全球500强企业或知名公司均在区内投资设立了大规模研发机构和服务企业，涉及航空、信息通讯技术、计算机软件和电子产品、工程配送、化学及制药等领域。香侬开发区通过大力吸引外国高科技研发及服务外包企业，发展速度高于全国平均水平，不仅成为全球最重要的服务外包基地之一，也成为爱尔兰最大的外商直接投资聚集地。

4. 建立与欧洲国家接轨的知识产权保护体系

爱尔兰大幅修订原有的知识产权保护法律法规，使之与欧洲国家相关法律体系接轨。《2000年版权及相关权利法案》大幅度修订了爱尔兰版权及相关权利的立法，首次把道德权利、表演者权利、租赁及出租权利、数据库权力列入爱尔兰法律，使之与其他欧洲国家接轨。爱尔兰立法还明确将计算机软件作为文学作品来保护其版权。《2001年工业设计法案》大幅修订了有关工业设计保护的法律，使之与欧洲设计法律接轨。1988年及2003年的《数据保护法》为处理个人数据时所必须依从的保护原则提供了法律框架。此外，还有1997年发布、2003年修订的《信息自由法》；2002年通过的《通信管理法》等。

5. 创新服务外包人才教育培训体系

跨国公司投资爱尔兰的原因之一，就是其具有较强的研发能力和信息技术人才。爱尔兰良好的教育和培训体系为软件产业发展奠定了坚实的基础。其教育方式有其独特之处，软件专业前两年学习基础知识，第三年在生产一线实习，第四年进行独立设计，大学生毕业就具有了实际工作经验和项目领导能力，同时也具有较强的IT开发实力。

三、巴西促进服务外包产业发展的经验

(一) 巴西服务外包产业发展状况

从全球服务外包基地吸引力指数的排名结果来看，巴西服务外包发展水平处于世界前列。[①]巴西经济增长迅速、基础设施完善、劳动力成本相对较低，尤其是接近美国和欧洲的时区及文化优势，巴西主要大城市所在的时区仅比纽约早 1~3 个小时，并同美国具有相似的价值观和文化，这些构成了发展服务外包的天时和地利。巴西注重基础设施领域的投资，拥有便利的机场交通系统，可以在 8~12 小时之内到达北美和欧洲的主要商业伙伴地区；拥有发达的通信网络，2007 年年末拥有 1.25 亿移动电话用户、750 兆互联网接入带宽，巴西本土的 PC（个人计算机）制造商规模和价格优势已经超过了戴尔和宏基，主机安装数量位居世界第二位，在 Java 程序开放方面处于世界领先地位。

目前，巴西 IT 业已经聚集了约 170 万的专业技术人才。2008 年 IT 服务业产值达到 286 亿美元，占整个服务业的 35%。一些巴西 IT 企业已经开始在国外开展业务。巴西有 5800 家软件企业，以中小企业为主，但是软件企业质量管理水平普遍较高，通过 ISO9001/2 认证的企业超过 35%，约 20% 的软件企业达到 CMMZ 级以上水平。因此，尽管巴西人力成本在不断上升，但仍然可以通过技术优势保持服务外包产业的竞争力。

巴西国内 IT 服务市场容量约为每年 77 亿美元，吸引了很多国际大型 IT 技术公司进入。如，IBM 从 2004 年起陆续追加 1 亿美元资金扩展巴西的业务。同时，IBM 在巴西的雇员数量也随之快速增加。2007 年 IBM 在巴西的雇员达到 1 万人。惠普公司曾委托 IBM 巴西分公司为其提供葡萄牙语的计算机服务，2005 年惠普决定将部分在美国运营的计算机业务外包时，这部分业务又外包给 IBM 巴西分公司。

巴西软件园区主要分布在圣保罗、坎皮纳斯河、里约热内卢以及东北部的利沙福。

(二) 巴西促进服务外包产业发展的主要政策措施

1. 政府制定产业发展计划和政策

巴西政府、巴西信息和通信技术协会（BRASSCOM）是服务外包产业的重要推

---

① 中国商务部国际贸易经济合作研究院：《巴西服务外包的优势与劣势》，2011 年。

动力量。政府对信息技术产业部门的投资支持力度很大。2004年，巴西将服务外包作为优先发展的战略领域之一，软件服务成为国家科技发展《战略计划》所主要涉及的领域。2004年，科技部扩大到四大新的优先发展战略领域，即软件、制药、半导体与微电子、机械设备与交通工具，与生物技术、纳米技术及生物制药等新兴产业领域具有同等重要的位置。为了实施《战略计划》，科技部加大人力资源投入，国家科技发展理事会制订了各项奖学金计划，联邦政府计划自2006年起，全国每年培养博士生要达到1万人。2005年，巴西政府与软件生产私营行业签署鼓励软件生产协议，在IT行业实施软件出口服务一体化计划，该协议以增强中小软件生产企业的出口竞争力为目标，通过实施市场调研、组建贸易委员会、组织博览会和行业展览会、推动跨国公司向该行业投融资等计划，促进本国软件的出口。并将软件出口目标市场确定为美国、德国、日本、中国、西班牙、法国、墨西哥、阿根廷、沙特、俄罗斯、智利和安哥拉等。2008年，巴西工业与外贸发展部颁布了《促进IT产业发展政策》，具体措施包括加强IT行业基础设施建设、扩大IT产品产业链等，目标是将服务外包出口提高到2010年的350亿美元，同时在IT行业创造10万个就业岗位。

2. 出台多项税收优惠政策

税收优惠政策加上其他的激励政策，使得巴西成为有吸引力的服务外包基地。巴西、阿根廷、乌拉圭和巴拉圭4个南方共同市场成员国规定，从2006年1月1日起免征部分资本产品和软件产品等的工业产品税；巴西政府还制定了《信息产业法》为信息技术服务企业提供税收优惠，规定凡用于科技创新投资达到当年产值5%的企业，可减免50%所得税并免缴工业产品税，而信息处理机器用的软件CD或DVD母片出口可减免商品流通服务税。此外，还有《私人企业投资科技税收鼓励法》、《政府高技术含量产品采购法》等，既保证了政府对科技的投入，也鼓励了私人企业投资科技事业。巴西还制定并实施了新生产发展政策（New Productive Development Policy，简称PDP），IT企业将享受10%与雇佣劳动力有关的税收减免。中央和地方政府将给予设备和基础设施领域的税费减免。

3. 大力发展教育和IT培训

巴西高等教育率超过80%，有2270多所高校，在校人数达到580万人。每年有24.7万人从大学的IT专业或技术学校毕业。巴西的服务外包人才培训基地和再教育机构也比较多，尤其是IT产业的后备人才培训，有效地弥补了高校教育和专业工作之间的差距。系统化的教育制度为巴西构建了有利于知识人才聚集的环境，使其比拉美其他国家拥有更多的编程人才，在拉美服务外包市场中具有明显的人力资本优势，从业人员的可得性逐步上升。

4.具备较高的知识产权保护水平

作为拉美地区最大的服务外包承接国，巴西历届政府都非常重视知识产权的法律制度建设。20 世纪 70 年代以后，巴西政府出台了《工业产权法》（1971 年），对商标和专利保护作出了法律上的规定。1984 年颁布了《信息产业法》，1987 年国民议会通过了《计算机软件保护法》，成为世界上第一个用专门的法律法规来保护计算机软件的国家。1994 年 4 月 1 日，巴西签署了关贸总协定乌拉圭回合谈判中与贸易有关的知识产权协议，成为世界知识产权组织的成员国，同时也成为华盛顿专利合作条约和保护知识产权巴黎公约的成员国。1995 年颁布了《生物安全法》，1998 年颁布了《计算机程序著作权保护法》等法律法规，保护和激励知识创新。1996 年巴西修改了原有的《工业产权法》，新法于 1997 年 5 月 15 日生效。其中对泄露商业秘密作了特别规定，包括对于泄露已获得专利的商业秘密也可以追究刑事责任，同时处于 3 个月到 1 年的有期徒刑或者罚款。该规定比世界贸易组织《与贸易有关的知识产权协议》中的规定更为严格。因此，在 A. T. Keamey 的调查中，巴西的知识产权保护水平仅次于智利，排名第二。

四、俄罗斯促进服务外包产业发展的经验

（一）俄罗斯服务外包产业发展状况

俄罗斯是近年来发展服务外包的新兴国家，虽然起步晚，但发展快，起点高。据俄罗斯软件协会统计，2010 年，俄罗斯软件外包产业出口总额超过 31 亿美元。[①]超过千人的软件公司已有 15 家左右，有 7 家软件公司进入全球 100 大公司，这 7 家公司年营业额超过 5 亿美元。俄罗斯服务外包正在逐渐向提供整体解决方案、研发设计和系统集成转变。如，2010 年 Reksoft 公司收入增长 27%，有 55%来自信息技术服务，45%来自定制开发；Artezio 公司的收入定制开发占 60%；Epam Systems 公司收入增长 40%，定制开发占 61%，其他服务为信息技术服务和咨询；Spirit 公司借助"视频通信软件"，公司利润增长了 2 倍以上，公司主要从事嵌入式、应用类的软

---

①俄罗斯软件协会的统计没有包括非软件外包公司的软件业务数据。如果全部统计在内，2010 年俄罗斯出口软件外包年同比增长将达到 17%。

件研发。目前，俄罗斯市场上出售的大部分视频通信类软件都是由 Spirit 公司独立完成。俄罗斯提供 IT 服务的公司主要分为三大类。第一类是系统集成商。第二类为西方客户提供软件开发服务。第三类是跨国公司研发中心和科研机构，这类机构约占软件出口总量的 15%。目前已有十多家大型跨国公司在俄罗斯设立了软件研发中心。其中包括阿尔卡特、Borland、克莱斯勒、戴尔、爱立信、谷歌、惠普、华为、英特尔、LG Softlab、摩托罗拉、三星、西门子、Sun Microsystems、Teleca、T-Systems 公司等。

百万美元

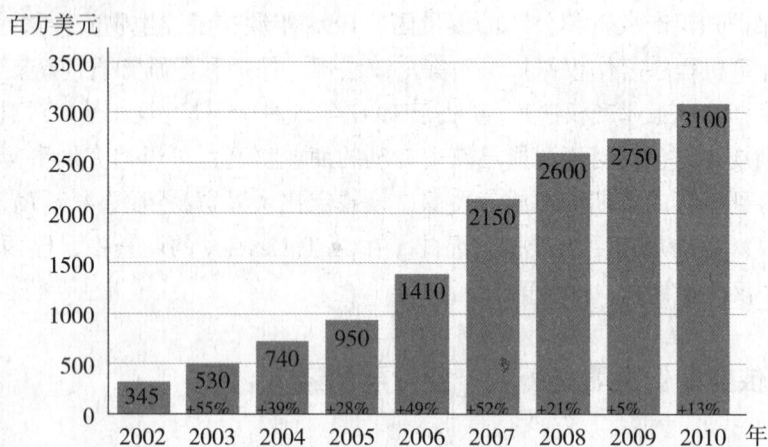

图 13-1　俄罗斯软件出口总额

资料来源：俄罗斯软件协会。

（二）俄罗斯促进服务外包产业发展的主要政策措施

1. 高等院校注重理工科人才教育培养

俄罗斯具有强大、深厚的理工科技人才基础，这是它区别于印度等国家的重要特征，也是近年来服务外包产业能够迅速发展的最关键因素。前苏联的教育体系非常重视工科和理科，所以俄罗斯拥有一大批计算机方面的高素质人才，而劳动力成本却比英国等西欧国家低得多。俄罗斯出色的教育机构、深厚的技术底蕴和训练有素的技术人员，是吸引跨国公司设立研发中心和发展 IT 外包的主要因素。俄国每年有大约 25 万名受过 IT 专业高等教育的人才进入市场，与印度大致相同。这些毕业生 88% 拥有受 5 年教育的专科学位，66% 拥有受 6 年教育的研究生学位。据联合国教科文组织（UNESCO）的报告，俄罗斯高校 50% 的毕业生的专业与科学专业相关，这个比例在软件出口国家中是最高的。据 Frost& Sullivan 统计，每千人中软件开发人员的数量俄罗斯排名世界第一，科学家和工程师数量排名第三。Aberdeen Group 研究发现，俄罗斯的工程师和软件开发人员主要从事核心应用程序开发、项目规划、需求分析、设计等方面的服务。

2. 政府加强产业规划指导

俄罗斯 2000 年成立了通讯协会（RCA），该机构由联邦政府指导，学术机构支持。2002 年发布了《IT 产业及服务外包报告》，将信息通信产业作为 10 年内优先发展的领域；同时，还推出了"电子俄罗斯"联邦专项规划，规划中指出软件出口已成为俄罗斯信息产业的重要组成部分，2002~2010 年，俄罗斯中央和地方政府将拨出 770 亿卢布用于支持信息产业发展，同时该国还将以政府采购的形式拉动国内需求，促进信息技术企业的发展。

3. 依托科研院所优势发展软件园区

俄罗斯在新西伯利亚的科学城建立了软件外包园区，该园区被称之为俄罗斯的"硅森林"。该园区的最大优势在于依托科研机构与培训机构。该地区汇集了俄罗斯顶尖的几十所研究院，并拥有 6500 多名科研人员。许多科学家从事的领域是与商业有关的编程、软件开发等实用技术领域。理论知识与应用技术的结合为俄罗斯服务外包发展提供了高级复合型人才。由于各类高端技术人才聚集，吸引了 IBM、Intel 等世界著名的 IT 企业和大量中小型技术公司进驻科学城。

4. 逐步建立知识产权保护体系

俄罗斯现代知识产权保护体系的建立始于 20 世纪 90 年代。1991 年 12 月，俄联邦与亚美尼亚、塔吉克斯坦、哈萨克斯坦、乌克兰、白俄罗斯、摩尔多瓦等 7 国签署了知识产权保护的临时条约。1992 年 9 月俄联邦杜马通过了包括《计算机软件与数据库保护法》在内的 4 个知识产权保护法律法规。1993 年，该国通过继承前苏联签订的多边知识产权保护条约，成为了伯尔尼公约、马德里协定、世界版权公约、巴黎公约的成员国。

五、菲律宾促进服务外包产业发展的经验

菲律宾突出的英语优势使之成为服务外包的后起之秀，在全球离岸服务外包中排名第三。2010 年服务外包业务收入 124 亿美元，从业人员达到 92.1 万人。涉及的主要行业有呼叫中心、软件开发、数据编译处理、动画制作、财务、人力资源、工

程设计等，菲律宾外包的主要市场为美国（占60%~70%）、日本（占20%）、韩国和欧洲（占10%）。菲律宾呼叫中心业务（Call Center）具有绝对优势。2010年呼叫中心服务营业收入约65亿美元，2011年，菲律宾呼叫中心协会（Contact Center Associations）数据显示，该国呼叫中心外包产业从业人员已达350000人，超越印度（330000人）成为该领域排名首位的国家。2011年更多的跨国企业在菲律宾建立呼叫中心。

剑桥Forrest研究中心的外包专家John McCarthy表示："菲律宾显然已成为美国公司首选的呼叫中心外包地"。

菲律宾促进服务外包产业发展主要采取了以下政策措施。

第一，菲律宾政府将软件与信息服务外包纳入"投资优先计划"，作为优先发展产业，并提供了特殊优惠政策。政府规定服务外包企业在任何区域或经营场所均可享受经济特区优惠政策。外国公司在经济特区开展业务，可享受4~8年的免税期，免税期过后仍可继续享受优惠待遇（交5%的营业税），外国公司进口特殊材料和设备时可减免税费、码头使用费免缴等。政府加大基础设施投入。菲律宾拥有发达的国际网络，取消了电话销售行业管制，宽带费用4年时间下降了70%，连接美国的E1线从2001年的每月14000美元降到2000美元、办公区租赁价格仅为印度、中国香港等地的1/4。

第二，注重提高服务外包人才竞争力。菲律宾具有较大的人力成本优势，普通劳动力工资为平均每月234美元，技术人员月薪在400~800美元之间，白领雇员平均工资水平仅为美国的1/4，同时精通英语，熟悉西方文化，便于交流。菲律宾政府为了增强人才竞争力，专门拨款5亿比索（相当于1000万美元）设立面向服务外包企业的"应用型人才培训基金"，为达不到公司录用标准的求职者发放培训券，免费提供各种技能培训，并将培训就业人员新增的个人所得税用于补充培训基金。目前，菲律宾有3200万英语流利、受过良好教育的年轻劳动力。瑞士国际管理发展学院2004年对亚太地区60个国家进行调查、作出评级，菲律宾在技术工人、高级管理人员、IT专业人士的提供上分别列第一、三和第四名，在会计和金融、工程师的提供上分别列第十、第十二名。

第三，建立较完善的知识产权保护法律体系及信息保密制度，制定《数据安全和隐私法》、《电子商务法》等法律。

六、埃及、墨西哥促进服务外包产业发展的经验

埃及政府制定《埃及 ICT 产业发展战略 2007–2010》（Egypt's ICT Strategy 2007–2010），其中重要一条是大力发展出口导向的 IT 服务产业。埃及计算机程序设计、系统制造和电子产品生产享受《投资保护鼓励法》，享受 10 年免税，不进行外汇管制，不强制结汇，部分城市免土地出让金，对新员工招聘培训给予补贴。埃及通过实施"Smart Village"建设计划，建立 Damietta 新技术园区、Maadi 呼叫中心园区等，汇集了 Intel、Ericsson、IBM、华为、中兴、Oracle、Vodafone、Mobinil、Etisalat、HSBC、HP 等企业，称为"沙漠硅谷"，园区以低成本高效率的服务宽带连接，吸引国内外企业入驻。同时，埃及还积极开展国家外包品牌宣传和推广活动。在法律上，积极推动打击网络犯罪、知识产权保护、电子签名法等相关立法工作。

墨西哥政府通过 PROSOFT（Program for the Development of the Software Industry）项目推动服务外包产业。MexicoIT 是软件产业出口和投资的主要推动机构。在优惠政策方面，对于外资软件与信息服务外包企业来说，可以得到最高 50% 的项目投资返还、30% 的研发投资返还，并建立了出口退税制度。墨西哥《工业产权法》、《版权法》、《电子签名法》、《数据保护法》等法律成为服务外包产业知识产权保护的主要依据。

七、促进我国服务外包产业发展的政策选择

近年来，我国政府逐步把发展服务外包放在促进发展方式转变、推动产业结构优化升级、外贸转变发展方式、解决大学生就业的重要战略地位加以高度重视，在政策层面不断加大支持力度。尤其是国际金融危机以来，发展服务外包已经作为应对危机的重要抓手。

（一）我国已经形成了较完善的服务外包政策支持体系

近年来，为了鼓励发展服务外包，国家针对不同时期特点出台了一系列重大政策和与之相匹配的专项政策。与此同时，地方政府也相继出台了一系列与中央政策配套、结合实际情况的政策，加大对服务外包产业支持力度。这种不同角度、不同侧面、上下结合、全方位的政策组合，形成了中国特色服务外包政策体系的基本框

架，为加快服务外包产业成长壮大营造了良好的政策环境。

1. 宏观政策层面高度重视

我国从"十一五"以来逐步在政策层面上鼓励服务外包产业。《"十一五"规划纲要》明确指出，要"建设若干服务业外包基地，有序承接国际服务业转移"；2007年《政府工作报告》强调要"大力承接国际服务外包，提高我国服务业发展水平"；2007年3月，国务院出台《关于加快现代服务业发展的若干意见》，要求具备条件的沿海地区和城市根据自身优势，研究制定鼓励承接服务外包的扶持政策，加快培育一批具备国际资质的服务外包企业，形成一批外包产业基地。《"十二五"规划纲要》也明确指出，发展服务外包，提高服务业国际化水平。

2. 陆续出台了一系列服务外包产业发展政策

（1）2006年10月，出台了《商务部关于实施"千百十工程"的通知》（以下简称《通知》成为"十一五"时期的主要政策平台。《通知》提出"建设10个服务外包基地城市，推动100家跨国公司将服务外包业务转移到中国，培养1000家取得国际资质的大中型服务外包企业，实现2010年服务外包出口额在2005年基础上翻两番，同时提出了人才培养计划。安排服务外包公共培训专项资金，支持大学生服务外包专业知识和技能培训，力争在5年内培训30万~40万服务外包人才，吸纳20万~30万大学生就业，有效解决服务外包产业人才短缺和大学生就业问题。截至2007年10月底，商务部已经会同科技部认定两个服务外包示范区（苏州工业园区、无锡太湖保护区）；认定11个服务外包基地城市，分别为：大连、成都、上海、西安、深圳、北京、天津、南京、杭州、济南、武汉，各基地城市也分别出台了促进服务外包发展的有关政策。

（2）2009年1月，出台了《国务院办公厅关于促进服务外包产业发展问题的复函》，确定了20个中国服务外包示范城市，并在税收优惠、财政资金支持、人才培训、特殊劳动工时、金融支持、海关监管、政府采购、通信设施建设、中西部基础设施建设等方面给予配套政策支持，标志着我国服务外包以示范城市为基础向全国范围逐步扩展的路径形成，通过示范城市的示范效应、聚集效应为服务外包产业政策创新积累经验。同时，也形成了我国服务外包政策的基本框架。

具体包括：①对符合条件的技术先进型服务企业，按减15%的税率征收企业所得税；职工教育经费按不超过企业工资总额8%的比例在企业所得税税前扣除；企业离岸服务外包业务收入免征营业税。②确因生产特点无法实行标准工时工作制的部分岗位，可以实行特殊工时工作制。③每新录用1名大专以上学历员工从事服务外包工作并签订 1 年以上劳动合同的，中央财政给予企业不超过每人 4500 元的培训支持；对培训机构培训的服务外包业务人才（大专以上学历）通过考核，并与服务外包企业签订 1 年以上劳动合同的，中央财政给予培训机构每人不超过 500 元的培训支持。④中央财政对示范城市公共服务平台设备购置及运营费用和服务外包企业创建品牌、知识产权保护、参加境内外各类相关展览、国际推介会、取得国际资质认证等给予必要的资金支持。⑤中西部地区国家级经济技术开发区内的服务外包基础设施建设项目贷款，可按规定享受中央财政贴息政策。⑥鼓励政府和企业通过购买服务等方式，将数据处理等不涉及秘密的业务外包给专业企业。电信企业经营者为服务外包企业网络接入、国际线路租赁提供便利，做好服务外包园区直达国际通信出入口的国际专用通道的调配和相关通信服务工作。⑦建立和完善与服务外包产业特点相适应的通关监管模式。⑧制订符合服务外包企业特点和需要的信贷产品和保险险种。对服务外包企业对外支付一定金额以下的服务贸易、收益和经常转移外汇资金，免交税务证明。⑨建立国际服务外包业务人才库和服务外包人才网络招聘长效机制。⑩设立服务外包研究机构和行业性组织。

(3) 2009 年 4 月，教育部、商务部出台了《关于加强服务外包人才培养促进高校毕业生就业工作的若干意见》，重点解决服务外包人才培养问题。

具体包括：①指出高校要根据服务外包产业发展的需要，在高职高专、本科、研究生等层次培养高质量的服务外包人才，力争在 5 年内培养和培训 120 万服务外包人才，新增 100 万高校毕业生就业。建立服务外包人才库，加强服务外包人才储备。示范城市的各类高校应增设服务外包专业方向，可引入社会培训机构开设服务外包课程。可将企业岗位培训前移至校内完成，帮助高校毕业生能够直接上岗工作。②建立服务外包人才培养培训体系。商务部和教育部负责联合认定示范城市设立"服务外包人才培训中心"，并制定"培训中心"、社会培训机构、从业人员等标准。③鼓励服务外包企业接纳高校学生实习和社会实践。认定符合条件的服务外包企业、社会培训机构和高校为"服务外包大学生实训实习基地"。服务外包企业要积极接收高校学生实习和勤工俭学。商务部、教育部将服务外包企业接收高校学生实习实训工作情况作为服务外包示范城市评价的重要指标之一。高校要积极改革原有的实习模式，与服务外包企业共同制订实习方案，共同指导学生实习。深化高校与服务外包企业的合作。④成立服务外包校企合作联盟，推进企业和高校的战略合作、人才培养、产品和技术研发、高校毕业生就业等方面积极开展多边和双边合作。⑤建立服务外包课程教师培训网络平台，大力培训服务外包课程教师。各地商务部门、教育部门要按照每年促进服务外包领域全国新增 20 万高校毕业生就业的目标，制订本地区的具体工作目标及实施方案。

（4）2009 年 9 月，财政部等九部委出台了《关于鼓励政府和企业发包促进我国服务外包产业发展的指导意见》，这是国家第一次出台鼓励在岸服务外包业务的文件，标志着我国服务外包进入在岸与离岸的融合互动发展阶段，为服务外包产业做大做强奠定了有力基础。

文件强调要把促进政府和企业发包作为推动我国服务外包产业的重点，在政务信息化和企业信息化建设过程中，鼓励政府将信息技术的开发、应用和部分流程性业务发包给专业服务供应商，扩大内需市场，培育国内服务外包业的发展。鼓励政府采购将信息技术咨询，运营维护，软件开发和部署、测试、数据处理、系统集成、培训及租赁等业务发包给专业企业，尤其是指导中央企业和地方企业加大外包力度、让服务外包企业有更多的机会参与国内企业外包业务。要积极搭建大中型企业和服务外包企业之间的桥梁。

（5）2010 年 4 月，《国务院办公厅关于鼓励服务外包产业加快发展的复函》，针对实践中的问题，对前一阶段的政策进一步完善，重点在技术先进型服务企业认定、税收优惠、平台建设、财政资金支持、金融服务、服务外包人才培养和引进等方面加大了力度，并提出了编制我国国际服务外包产业"十二五"发展规划的任务。标志着服务外包产业已经成为我国战略性新兴服务业的重要组成部分。

具体包括：①将技术先进型服务业务收入占本企业总收入 70% 的比例降低到 50%，将营业税免税政策扩大到示范城市所有离岸服务外包业务。②对于全部面向国外市场的服务外包企业经营呼叫中心业务，在示范城市实施不设外资股权比例限制的试点。③2010~2012 年，中央财政每年安排示范城市各 500 万元资金用于服务外包公共平台建设。④2010 年，中央财政安排 500 万元资金用于服务外包境外投资促进活动，支持服务外包企业开拓国际市场。⑤放宽服务外包企业及培训机构申请服务外包人才培训资金的条件，将服务外包业务额由 150 万美元下调至 50 万美元，离岸业务额占服务外包业务额比例由 70% 下调至 50%。⑥鼓励服务外包企业取得国际资质认证，扩大国际资质认证资金支持范围。⑦大力支持符合条件的服务外包企业境内外上市，特别是创业板上市。⑧将示范城市技术先进型服务企业实行的特殊工时制度推广到全国其他地区符合条件的服务外包企业。⑨通过体制改革和组织制度创新，积极培育在岸服务外包市场，促进国际国内服务外包业务协调发展。

除上述重大阶段性政策之外，国家还先后出台了其他配套性专项政策。主要有：

①扶持软件、动漫外包、呼叫中心等行业发展方面：《财政部、国家税务总局、海关总署关于鼓励软件产业和集成电路产业发展有关税收政策问题的通知》（2000 年 9 月），《振兴软件产业行动纲要》（2002 年 9 月），财政部、国家税务总局《关于扶持动漫产业发展有关税收政策问题的通知》（2009 年 7 月），《工信部关于鼓励服务外包产业加快发展及简化外资经营离岸呼叫中心业务试点审批程序的通知》（2010 年 11 月），《国务院关于印发进一步鼓励软件产业和集成电路产业发展若干政策的通知》（2011 年 1 月）。②鼓励服务外包企业方面：《财政部、国家税务总局、商务部、科技部关于在苏州工业园区进行鼓励技术先进型服务企业开展试点工作有关政策问题的通知》（2006 年 12 月），商务部《关于支持和鼓励服务外包企业海外并购的若干意见》（2010 年 9 月），商务部、中国人民银行《关于服务外包企业人民币跨境贸易结算有关问题的通知》（2010 年 10 月）。③加强金融和财政税收支持方面：商务部、中国进出口银行《关于服务外包产业发展融资支持工作的指导意见》（2008 年 5 月），中国人民银行、商务部、银监会、证监会、保监会、外汇局《关于金融支持服务外包产业发展的若干意见》（2009 年 9 月），财政部、商务部《关于做好 2009 年度支持承接国际服务外包业务发展资金管理工作的通知》（2009 年 3 月），《财政部商务部关于支持承接国际服务外包业务发展相关财税政策的意见》（2008 年 2 月），财政部、国家税务总局、商务部《关于示范城市离岸服务外包业务免征营业税的通知》（2010 年 7 月），财政部、国家税务总局、商务部、科技部、国家发改委《关于技术先进型服务企业有关企业所得税政策问题的通知》（2010 年 11 月）。④统计方面：商务部办公厅关于执行《服务外包统计报表制度》的通知（2007 年 4 月）。⑤加强通信基础设施建设方面：工业和信息化部（以下简称"工信部"）《关于支持服务外包示范城市国际通信发展的指导意见》（2009 年 3 月）。⑥信息保密和知识产权保护方面：商务部、工信部《关于境内企业承接服务外包业务信息保护的若干规定》（2009 年 12 月）。⑦吸引外资服务外包方面：《外商投资产业投资指导目录》（2007 年修订版）规定，鼓励外商以承接服务外包方式从事系统应用管理和维护、信息技术支持管理、银行后台服务、财务结算、人力资源服务、软件开发、呼叫中心、数据处理等信息技术和业务流程外包服务。⑧鼓励中西部地区发展服务外包方面：商务部办公厅关于中西部等地区国家级经济技术开发区服务外包基础设施项目享受中央财政贴息政策的通知（2009 年 4 月）。⑨特殊工时制度方面：人力资源和社会保障部《关于服务外企业实行特殊工时制度有关问题的通知》（2009 年 3 月）。⑩进口货物保税方面：《海关总署商务部关于全面推广实施国际服务外包业务进口货物保税监管模式的通知》（2010 年 6 月）等。

3. 政策组合基本形成了中央和地方政策相互呼应的局面

根据国家服务外包的有关政策，多数示范城市和一些省份都有相应的配套政策出台，并根据地方的财政状况和发展实际，设立专项资金，加大了地方在税收优惠、资金奖励、财政补贴、土地优惠、房租减免、通信设施、培训支持、平台建设、鼓励人才引进等方面的力度。

表 13-1　部分地区近年来出台的促进服务外包产业发展政策

省份	促进服务外包产业发展政策
江苏	《江苏省促进国际服务外包产业加快发展的若干政策措施》（苏政发〔2008〕37 号）
安徽	《安徽省人民政府办公厅关于促进服务外包产业发展的意见》（皖政办〔2009〕9 号）
浙江	《浙江省人民政府关于支持和鼓励国际服务外包产业加快发展的意见》（浙政办发〔2011〕2 号）
南京	《推进南京市国际服务外包产业发展的若干政策实施办法》的通知（宁财外金〔2009〕57 号）
武汉	《武汉市促进服务外包产业发展暂行规定》（武服外包领〔2009〕1 号）
苏州	《苏州市对中央财政服务外包专项扶持资金进行配套的实施细则》（苏府〔2009〕36 号）
无锡	中共无锡市委、无锡市人民政府《市政府关于加快服务外包产业发展的意见》（锡政发〔2007〕327 号），《关于推进我市行政事业单位和直属国有企业服务外包的指导意见》（锡委发〔2009〕11 号）
大庆	《大庆市人民政府印发关于支持服务外包产业发展优惠政策的通知》（庆政发〔2009〕16 号）
成都	《成都市人民政府关于促进成都服务外包发展的若干意见》（成附发〔2007〕37 号）
西安	《西安市鼓励承接离岸服务外包业务财政扶持实施细则》（市发〔2007〕7 号），《西安市人民政府关于进一步加快发展软件和服务外包产业的若干意见》（市政发〔2009〕56 号）
重庆	《重庆市促进国际服务外包产业发展若干政策措施实施办法》（渝府发〔2009〕78 号）
上海	《上海市人民政府关于促进本市服务外包产业发展的实施意见》（沪府办发〔2009〕16 号），《上海市促进服务外包产业发展专项资金使用和管理试行办法》（沪府办发〔2009〕49 号）
北京	《关于促进本市服务外包产业发展若干意见的通知》（京政办发〔2009〕27 号）
大连	《大连市进一步促进软件和服务外包产业发展的若干规定》（大政办发〔2008〕183 号）
天津	《关于印发天津市促进服务外包发展若干意见》（津政发〔2007〕12 号）
杭州	《杭州市人民政府办公厅促进杭州市服务外包产业发展的若干意见》（杭政办〔2007〕32 号）
深圳	《深圳市服务外包公共平台发展专项资金管理暂行办法》（深贸工财字〔2009〕21 号）
广州	《关于加快我市服务外包发展的意见》（穗府办〔2008〕19 号），《广州市服务外包发展专项资金管理办法》（穗外经贸法〔2009〕2 号）
长沙	《长沙市人民政府关于加快发展服务外包产业的若干意见》（长政办发〔2009〕1 号）
南昌	《南昌市推进服务外包产业发展的若干政策》（洪府发〔2009〕33 号）

（二）我国服务外包产业政策存在的主要问题

目前，我国服务外包产业促进政策仍然存在不够细化、企业享受政策门槛过高、政策覆盖范围过窄，政策目标不够明确，针对性不够强等问题，难以适应服务外包产业发展和区域发展的需要。要求我们从宏观层面、行业层面、区域层面加以调整。

第一，政策门槛标准过高，多数服务外包企业享受不到优惠政策。虽然目前我国服务外包产业政策很优惠，但多数服务外包企业享受不到。其原因是，目前政策适用范围主要是针对技术先进型企业和离岸业务，而目前这两类企业在整个服务外包行业中还是少数。技术先进型服务企业的认定标准，实际上是高技术企业和离岸服务外包双重条件的叠加。企业一方面要满足高技术企业的要求，同时还要达到50%的离岸业务。现在全国只认定了800家左右，大多数企业达不到要求。从示范城市的情况来看，实际离岸业务大概只占20%~30%左右。许多BPO企业，如：金融后台服务、数据处理、呼叫中心、人力资源管理等，这类企业目前数量很大，但由于技术先进性、离岸业务标准都达不到要求，即便企业达到规模也享受不到税收优惠政策。此外，还有一些企业虽然拥有发明专利，符合高技术企业标准，但离岸业务标准满足不了，也享受不了优惠政策。

第二，政策范围主要适用于21个示范城市，全国其他地区享受不到优惠政策。近年来，越来越多的省、市、地区有热情，也有条件发展服务外包产业，许多城市和省份将服务外包作为重点产业领域列入当地"十二五"规划，还有一些城市，如青岛、宁波等，服务外包已经形成了规模效应，但不是示范城市，所以享受不到优惠政策。这无疑是不公平的，也影响了全国服务外包产业发展。

第三，政策覆盖行业主要集中在软件信息服务外包，业务流程、知识流程等领域缺乏规划引导。近年来，我国BPO和KPO外包发展十分迅速，不仅规模急剧扩大，而且专业日益细化，尤其是面向客户服务、内部管理的业务流程外包，以及咨询、研发、设计的知识流程外包，正在成为未来的新增长点，但这些企业很难享受到优惠政策。

第四，政策对高端人才培养力度不够，重点高校的作用没有得到发挥是导致我国服务外包以低端业务为主的重要原因。承接外包的业务链和价值链主要取决于人才结构的高低。从印度、俄罗斯等国家的经验来看，国家品牌高等院校的毕业生进入外包行业，尤其大量理工科院校的人才培养，是提升服务外包高端业务水平的关键所在。目前，我国服务外包的人才培养和培训工作主要依靠二、三类院校，职业院校，培训机构来完成。这是造成高端人才短缺的主要原因，也成为制约发展的瓶颈。

第五，知识产权保护仍然存在力度较弱、执行力差、处罚轻等问题。诚然，近年来，我国在服务外包知识产权保护问题上采取了许多措施。在相应文件中作出了接包方不得侵犯发包方依法享有的知识产权权利，承接服务外包业务需要妥善保护保密信息等规定，并安排专项资金用于示范城市与国家知识产权保护网的建设，建立知识产权投诉举报中心等。但至今没有出台一部关于知识产权细则方面的相关政策，各地在执法上也存在地方保护主义、对山寨版打击不力等问题。因此，知识产权保护仍然是影响跨国公司离岸的主要因素之一。

第六，服务外包统计政策不健全，行业数据缺乏影响了服务外包产业的政府决策、研究和企业发展。目前，我国没有发布公开的服务外包统计数据，服务外包统计工作仍存在数据统计不完善、透明度较差，缺乏在岸外包统计、重复统计等问题。此外，目前服务外包统计主要使用国际数据公司（IDC、Gartner 等）的数据，在口径、核算方法等方面都存在差异，在一定程度上影响了对行业发展的判断。

（三）政策建议

1. 针对服务外包产业发展实际完善创新财税优惠政策

应该看到，目前发展服务外包产业对国家经济结构调整中的主要作用是解决大学生就业，提高生产性服务业的规模、质量和国际化水平，这个新兴服务业正处于发展初期阶段，主要矛盾是解决上规模、上层次的问题。

为此，①政策制定要充分考虑对服务外包企业的适用性，尤其是在离岸标准、技术先进性等标准上要放宽，力争让大多数服务外包企业能够享受到国家优惠政策。②继续加大财政补贴、税收优惠政策力度。从上述国际经验可以看出，各国政府为了促进服务外包发展，纷纷加大扶持力度，实施激励政策，多数采取了大幅度的财政补贴和税收优惠政策。主要用在专项资金扶持、增加教育投入、基础设施投入、高端人才引进奖励、人员培训补贴、支持国际市场拓展、培育内需市场、企业认证奖励、融资担保补贴、通信费用补贴、服务平台建设补贴、重大项目引进招商奖励、海外品牌推广、行业协会建设等方面。从不同角度，鼓励服务外包企业和园区发展，为服务外包提供良好的政策支撑。

2. 强调离岸外包与服务业发展、在岸外包的政策组合

大力发展国际服务外包是推动国内服务业发展和开放的重要途径。《"十二五"

规划纲要》明确指出，要把推动服务业大发展作为产业结构优化升级的战略重点，并提出探索适合新型服务业态发展的市场管理办法，调整税费和土地、水电等要素价格政策，在特大形城市形成以服务经济为主的产业结构，这将为服务外包发展提供良好的政策环境。因此，应把服务外包作为重要内容在服务业发展政策中体现，并加强商务部、国家发改委等部门的协调配合。同时，把离岸政策向在岸外包企业延伸。从印度等国家来看，发展在岸外包对于促进离岸业务发展具有重要推动作用，国内政府、大企业释放外包业务是促使服务外包产业做大做强的重要因素。

3. 政策适用范围应由示范城市向全国覆盖

我国服务外包产业政策经过"十一五"时期在示范城市的实验和试点，已经具备了向全国推广覆盖的条件。"十二五"时期是服务外包产业发展壮大的关键时期，应该充分鼓励有条件、有意愿的城市和省份，利用国家优惠政策加快发展。

4. 加强服务外包产业政策的分行业、分区域研究

针对不同领域、不同地区的特点，对政策进行分类和细化。尤其是物流、金融、人力资源、呼叫中心、财务会计、咨询、研发、设计等发展较快的流程外包领域，应结合行业特点分类制订发展规划和细则。中西部等基础薄弱的城市，还可以在准入门槛、离岸标准、税收等方面进一步放宽政策。

5. 加大教育和培训投入及高端人才引进政策的力度

在已有政策的基础上进一步强化、深化和细化，尤其要在高端人才培养、产学研相结合，高校、培训机构与企业互动等方面要有更加具体的办法和措施。

6. 建立与国际接轨的知识产权保护法律法规体系

加强知识产权保护法律法规建设、从严执法是各国促进服务外包发展的重要经验。尤其要加大处罚力度，提高违法成本，维护发包企业信息安全和知识产权。同时，要引导和培养国内接包企业诚实守信，依法经营，为国际服务外包营造良好的法制环境。

7. 建立与国际接轨又适合国情的统计标准体系

鉴于我国是服务外包大国，应根据国际统计标准建立有中国特色的服务外包统计体系，为行业发展提供数据平台。目前，服务外包统计难度大、统计信息缺失、统计口径不一致等问题还很突出，给行业管理、政府和企业决策、理论研究都带来较大的困难。由于新兴行业的特点，存在统计不合理的问题。如，一些西部城市反映，许多总部在北京、上海等城市的服务外包企业，将交付中心设立在西部，但统计数据却体现在总部，中西部地区服务外包发展的实际不能得到全面反映。又如，

由于国家政策重点针对离岸业务，且离岸标准又很高，一些企业为了套取政策往往瞒报在岸业务。此外，海关通常按照货物贸易的特点，要求企业将外包项目刻成光盘进行统计，但服务产品完成后主要通过网络交付，许多项目没有报关也无法纳入统计。为此，要健全统计制度，探索创新统计方式，不断完善统计口径和核算方法，提高统计的科学性和准确性，及时发布统计数据，将在岸外包纳入统计体系，不断细化具体外包领域的统计。

参考文献：

1. 李辉. 爱尔兰、印度、俄罗斯发展服务外包比较研究.

2. 中国产业发展促进会主编. 中国国际服务外包产业发展研究报告. 2011.

3. 王子先. 我国服务外包产业政策演变、评价及建议. 中国产业发展促进会主编. 中国国际服务外包产业发展研究报告. 2011.

4. 廖万红. 东盟国家服务外包的发展对广西的启示. 东南亚纵横，2008(6).

5. 王晓红. 我国服务外包产业的地位及发展思路. 中国发展观察，2011(8).

后 记

长路奉献给远方，白云奉献给蓝天，江河奉献给海洋，鸟儿奉献给森林，草儿奉献给大地，玫瑰奉献给爱情，岁月奉献给季节，我拿什么奉献给你——我的祖国。正值金秋十月，阳光灿烂，鲜花怒放，硕果飘香，在迎来伟大祖国62华诞之际，我完成了这部新作，作为献给祖国母亲的生日礼物。此时此刻，我的心情无比激动，波涛荡漾。

中国通过改革开放30多年的努力探索，创造了连续30年高速增长的经济奇迹，成为第二大经济体巍然屹立于世界之林，作为一个中国人我感到无比骄傲，当我们走在世界各地的时候，无时无刻不感到祖国强大带给我们的自信、自豪和尊严，也深深感到作为一名经济学者肩负的责任重大。我们在"十二五"时期还面临着严峻的形势和挑战，转变发展方式、结构调整、节能减排、扩大就业的任务仍然十分艰巨，这更加要求我们解放思想，把握机遇，改革创新，突破传统的思维模式，在新兴产业培育上下大力气。服务外包就是这样一个朝阳产业。如何认知它、如何破解发展中的难题、如何实现健康发展，都是我们需要认真研究思考的。为了做到比较深入的研究，在本书的写作中，我查阅了上百份国内外文献资料，对10余个示范城市、100多家企业、30多家园区进行了调研，尽可能对国际国内研究趋势，以及我国服务外包产业发展状况有比较深刻的把握。

在本书写作过程中，我首先要感谢中欧国际工商学院院长朱晓明教授。我在参加《"十二五"中国国际服务外包产业发展规划纲要》的编制工作中，获得了大量调研素材和文献资料，为本书写作奠定了较好基础，他作为课题组负责人不仅为我提供了各种机会，还欣然为本书作序，让我十分感动。朱院长为人谦和、治学严谨，让我受益匪浅。

我要感谢中国产业发展促进会张龙之副会长、刘治副秘书长在调研中所给予的许多指导和帮助。感谢北京市服务外包企业协会会长曲龄年教授，苏州工业园区管理委员会杨建忠副书记、黄建明副局长，苏州经济和信息化委员会陈卫明副主任、徐国良处长，成都市商务局李皓副局长、陈晓兵处长，合肥市商务局王可健副局长、吴淞江处长，瑞友科技股份有限公司庞雁副总裁，西安商务局李志军副局长、麻晓勤处长，昆山市发改委副主任王建平，维多利亚加中教育集团总裁孙善勤、副总裁王秉权，欧索软件有限公司戴巧兰经理，成都服务外包协会秘书长徐洁，大连高新区副主任孙永祥、李强等同志，他们为我开展调研提供了许多帮助，并提供了大量相关材料。

感谢中国服务外包研究中心副主任金世和教授、石磺同志，IDC公司武连峰总经理，华北电力大学吴忠群副教授、对外经贸大学殷国鹏副教授，以及北京物资学院李耀辉同志，北京工商大学杨双慧、李玉梅同志，对外经贸大学范黎波教授，他们在写作、文献搜集方面提供了许多帮助和支持。

同时，感谢国家发展和改革委员会产业所姜长云研究员，感谢山西经济出版社社长赵建廷、编辑部主任李慧平同志，对本书出版的大力支持和辛勤工作。

此外，我还要感谢我的儿子彭玉麒，他在北京大学软件学院读硕士之余，花费了许多时间帮我校对整理书稿；也感谢我的父母，他们年逾七旬，我很难有时间照顾他们，反而是他们在生活上对我照顾得无微不至。

由于时间仓促和我的知识所限，本书存在许多不足之处，期待同行批评指正。

光阴似箭，岁月如歌，复兴路上，催人奋进。愿这部拙作能够为我国服务外包理论研究、政府决策和企业发展提供有益的帮助。愿这份深深的祝福汇入10月这歌声和鲜花的海洋……

作 者

2011 年 10 月 3 日于北京

图书在版编目（ＣＩＰ）数据

中国服务外包：跨越发展与整体提升/王晓红著. —太原：山西经济出版社，2011. 12

ISBN 978-7-80767-478-8

Ⅰ. ①中… Ⅱ. ①王… Ⅲ. ①服务业—对外承包—研究—中国 Ⅳ. ①F719

中国版本图书馆CIP数据核字（2011）第275322号

中国服务外包：跨越发展与整体提升

著 者：	王晓红
责任编辑：	李慧平
助理责编：	解荣慧
装帧设计：	兰翠芹

出 版 者：山西出版传媒集团·山西经济出版社

社 址：太原市建设南路21号

邮 编：030012

电 话：0351-4922133（发行中心）
　　　　0351-4922085（综合办）

E-mail：sxjjfx@163.com
　　　　jingjshb@sxskcb.com

网 址：www.sxsjjb.com

经 销 者：山西出版传媒集团·山西经济出版社

承 印 者：山西省美术印务有限责任公司

开 本：787mm×960mm　1/16

印 张：17

字 数：304千字

印 数：1-3 000册

版 次：2012年1月　第1版

印 次：2012年1月　第1次印刷

书 号：ISBN 978-7-80767-478-8

定 价：42.00元